消費者私法の
比較法的研究

日中の比較を通じて

周 勇兵 著

大学教育出版

はしがき

　1980年代からスタートした中国の改革開放は地球規模の経済再編をもたらした。社会経済情勢の変化に伴い、さまざまな問題が発生し、研究者の自覚としてこれらの問題を直面しなければならない。言うまでもなく、消費者問題はそのなかでもっとも重要な問題の一つである。

　1993年に成立した「消費者権益保護法」は消費者保護の「無法時代」に終止符を打ち、中国の消費者保護事業に大きな貢献を果たした。学術においても、消費者法分野の研究が活発となり、これらの研究成果の多くはさまざまな通路で日本に紹介された。故に、中国における消費者法整備の進展状況は日本の学界ならびに実務界にとって決して完全未知の分野ではない。消費者保護に限らず、あらゆる分野において行政主導型が圧倒的多かった「中国特色」は日本社会に伝えられたもっとも深い印象であろう。

　一方、消費者法整備の先進国として、日本は早くも1968年に「消費者保護基本法」が策定されだが、長い間に「行政法中心主義」の姿勢が崩れず、消費者を主役とする消費者私法の法整備はあまり進まなかった。かような背景のもとに、数多く先輩の研究者の方々が先駆けに行政主導型消費者保護体制の限界を指摘、「法の実現における私人の役割」を重視し、保護から自立へ、そして「行政法中心主義」から「消費者私法中心主義」への転換を呼びかけた。

　こうした考え方は1990年代の後半から次第に主流となり、後に成立した「消費者契約法」および「消費者保護基本法」の抜本的見直しを推し進める大きな力となった。幸運なことで、この壮大な消費者法構造転換の真っ最中に日本で留学生活を送ってきた。書斎に没頭するではなく、数多くの講演会や研究会を参加し、身近な体験でその法構造転換の「脈」をとることができた。これらの体験は今日の研究生活を支える大変貴重な財産となっている。

　規制緩和という世界的流れの中、日中の共通課題として、私法による消費者の自立を支援する法体制づくりがともに急務となっている。比較法の視角から、中国における消費者私法の歴史・現状・問題を紹介することによって、消費者私法

体系をマクロ的な視座に立ちながら、ミクロ的な考えを深く理解することが本書最大の願いである。

　本書は 2009 年 1 月に提出した博士学位請求論文の一部を加筆・修正したものである。一橋大学在学中に終始丁寧なご指導をいただいた恩師の松本恒雄教授をはじめ、ならびに温かいご助言・ご協力をいただいた大学院法学研究科先輩・後輩の方々にも心より感謝の意を申し上げる次第である。論文完成時点の制約で、急速に発展している中国の法整備の現状に追いつかないといった客観的事情にもあるが、2009 年帰国後に身近に発生した消費者問題を再認識することに伴って、これまで自分自身が消費者法分野における研究・勉学の足りなさを一層痛感した。これらは今後の研究対象であるとともに、研究生活を支える原動力にもなるはずだと信じている。

　なお、本書の編集にあたっては、大学教育出版の佐藤守氏から多くのご協力をいただいた。この場を借りてお礼を申し上げる。

2011 年 10 月

周　勇兵

消費者私法の比較法的研究
― 日中の比較を通じて ―

目　次

第1章　問題の提起 …………………………………………… *1*

第1節　問題意識　*1*
（1）消費者保護法制のあり方　*1*
（2）消費者保護のあり方　*4*
（3）消費者私法の必要性と位置づけ　*8*
（4）消費者権利の実現　*11*

第2節　本書の構成　*13*

第2章　消費者問題の歴史・現状・課題 ………………………… *16*

第1節　消費者問題の発生　*16*
（1）中国における消費者問題の歴史　*16*
（2）消費者問題の現状　*21*

第2節　消費者政策の変化　*24*
（1）消費者政策の展開　*24*
（2）消費者政策の形成と調整　*26*

第3節　消費者行政の限界　*28*
（1）中国における消費者行政の構造　*28*
（2）消費者行政の不在　*31*
（3）小結　*39*

第3章　消費者私法の法理 ………………………………………… *43*

第1節　消費者契約の法理　*43*
（1）意思表示論と消費者保護　*43*
（2）公序良俗と消費者保護　*52*
（3）信義則と消費者保護　*60*
（4）公平性、合理性原理と消費者保護　*66*

第2節　不法行為の法理　*74*
（1）中国における不法行為論の展開　*74*
（2）日本民法における不法行為論　*78*
（3）競合法理と実務　*80*

　　　　（4）不法行為法と消費者訴訟　*82*
　第3節　いわゆる懲罰的損害賠償と消費者訴訟　*84*
　　　　（1）立法背景　*84*
　　　　（2）「消費者権益保護法」49条の捉え方　*85*
　　　　（3）懲罰的損害賠償の法理　*86*
　　　　（4）法49条に対する批判　*91*
　　　　（5）「王海現象」をめぐる議論　*92*

第4章　法制度のアプローチ―中国法を中心に― ……………… *103*
　第1節　民法とその変容　*103*
　　　　（1）歴史的展開　*103*
　　　　（2）「民法通則」の功績とその限界　*106*
　　　　（3）民法と消費者法　*109*
　　　　（4）法典化の動き　*110*
　第2節　契約法制度―統一契約法の制定をめぐる議論―　*112*
　　　　（1）契約法制度の検討―構造的問題―　*112*
　　　　（2）契約法の再構成―立法の動き―　*115*
　　　　（3）統一契約法―立法試案の若干考察―　*117*
　　　　（4）統一契約法―完成法の考察―　*119*
　　　　（5）統一契約法に対する評価　*132*
　　　　（6）消費者契約との関わり　*139*
　第3節　特別法からみる消費者私法　*147*
　　　　（1）消費者保護の立法　*147*
　　　　（2）消費者保護の基本法―「消費者権益保護法」―　*148*
　　　　（3）消費者権益保護法改正の動き　*150*

第5章　消費者権利の実現 ……………………………………… *158*
　第1節　集団訴訟と消費者権利の実現　*158*
　　　　（1）基本概念の整理　*158*
　　　　（2）集団訴訟の実際と問題点　*161*

第2節　消費者組織と消費者団体訴訟　*165*
　　　　（1）消費者組織の役割　*165*
　　　　（2）法律援助制度　*168*
　　　　（3）日本の消費者団体訴訟制度　*168*
　　　　（4）小結　*170*
　　第3節　少額訴訟と簡易裁判手続の活用　*171*
　　　　（1）簡易裁判手続について　*171*
　　　　（2）簡易裁判手続と少額訴訟制度　*172*
　　　　（3）日本の少額訴訟制度　*174*
　　　　（4）小結　*175*
　　第4節　民事抗告制度　*176*
　　第5節　消費者公益訴訟　*181*
　　　　（1）私訴による公益訴訟　*181*
　　　　（2）公訴による公益訴訟　*183*
　　第6節　訴訟外解決（ADR）の活用　*185*
　　　　（1）中国におけるADRの基本構造　*185*
　　　　（2）消費者紛争とADR　*190*

第6章　比較法からの示唆 …………………………………… *196*

　　第1節　消費者の概念を求める　*196*
　　　　（1）消費者の概念　*196*
　　　　（2）法律学における消費者概念　*199*
　　第2節　消費者保護の原点に戻る　*203*
　　　　（1）消費者保護の原点　*203*
　　　　（2）社会資源としての消費者　*206*
　　　　（3）懲罰的損害賠償制度の再検討　*208*
　　第3節　消費者私法の未来を考える　*210*
　　　　（1）消費者政策と経済政策　*210*
　　　　（2）消費者保護の第三の道を探る　*213*

消費者私法の比較法的研究
― 日中の比較を通じて ―

第1章

問題の提起

第1節　問題意識

(1) 消費者保護法制のあり方

　消費者保護基本法の立法方式として、日本の「消費者保護基本法（旧法）」は消費者基本政策を内容とする「基本政策方式」をとり、これに対して、中国の「消費者権益保護法」は一般実体法的規定を内容とする「一般法律方式」をとっている。

　中国では、「消費者権益保護法」の立法段階において、どのような立法方式が中国の実情に合うのかについて盛んに議論が行われた。中国の立法の慣習、法システムの構造特徴を鑑み、消費者保護法制の中心的役割を果たす消費者保護基本法の必要性が立法者・有識者の間に認識の一致に至っていたが、立法方式の採用をめぐってその見解が分かれた。消費者保護の法先進国には、基本法の立法方式は概して「基本政策方式」（日本の基本法）と「一般法律方式」があり、両者はそれぞれ特徴や長所を持ち、もちろん弱点や不足をも持っている。

　消費者法は時の流れとともに、いろいろな法部門から法理論の成果を吸収し、実体法ルールの借用が頻繁に行われ、今日に至り、もはや孤立した単一の法律ではなく、一つの消費者法のグループになったわけである。このグループの中で、中心的な役割を果たすのは消費者保護基本法である。このようなリーダーシップとして大いに期待される基本法の実効性は、消費者保護法制全体の行方に重大な影響を与えるため、重要視されるのは当然であろう。

　日本の「消費者保護基本法（旧法）」の立法方式は基本政策方式に属するといわれる。これは、法には消費者保護の基本政策、目標、責務を定め、広義的に国

の責務、事業者の責任および消費者自身の役割を明記したのである。つまり、法には直接的に国、地方自治体および事業者の一般法律意義上の具体的な義務を定めることがなく、ただ方向としてそれらがやるべきことを挙げ、一般意義上の任務と責任を宣言することにすぎない。立法の重心は事業者の義務に置くことではなく、国や各地方自治体に消費者保護についての施策を策定・施行するよう、行政にその責務を課すのである。言い換えれば、法の主体部分は国および行政機関に対して具体的な施策の要求ともいえる。法には事業者の具体的な義務は課されず、事業者の責任についての規定があっても、一種の訓示のようなものにすぎないと見られる。

中国の学者が指摘したように、このような法律は関連法律、法規および強力な行政力がなければ、とんでもない机上の空論である[1]。日本においては、基本法を制定した後、立法機関と政府は基本法の精神に基づいて、速やかに一連の消費者保護に関する法律や省令・通達などを制定し、同時に、すでに制定した法律の修正、解釈などの手段によって、消費者保護の基本精神に一致するようになったのである。これら一連の対応によって、消費者保護基本法を中核とし、基本法の原則に従う直接的、あるいは間接的に消費者権利を保護する法律・法規を補い、一つの消費者法システムが構築されたのである。

松本も、現行の消費者保護基本法（旧法）は、政府の消費者保護政策の大筋を表明するプログラム規定を列挙したにとどまり、その具体化はその後に制定される個別の法規に委ねられていると指摘している。なお、個別法領域の中で、消費者保護に関して相対的に見ていちばん進んでいるのは、消費者行政法の分野であろうと説いた[2]。したがって、日本の消費者保護基本法は国・政府の役割・任務を中心になされ、市場のもっとも重要な主体である消費者と事業者の権利義務はかえって軽視されるので、後の消費者立法、司法、行政および消費者行動に大きな影響を与えた。消費者保護基本法（旧法）が描いた消費者像は、「賢い消費者」像、選択の際に行使される「消費者主権」像は想定されているが、被害を実際に受け、または受ける恐れがある場合に、自ら立ち上がって権利を行使する積極的な消費者像は出てこない[3]。

こうした印象を払拭するため、2004年5月26日、20世紀後半の消費者政策を基礎づけた「消費者保護基本法」（1968年に制定）が改正され、「消費者基本

法」と名前を変えた。「保護から自立へ」という基本理念の下で、改正後の「消費者基本法」が描いた消費者像が、保護の客体から権利の主体へと転換し、消費者の権利実現と自立支援のためのより積極的な政策を求めている。だが、改正法は適合性原則の導入と同時に、自主的かつ合理的に行動する[4]ことを消費者に促すところは消費者の責務と解されるのではないかと、懸念する声も聞こえる。

たしかに、日本の消費者保護法制は中国には欠如した完備かつ強力な行政執行体制の下で作られたものである。こうした事情を考え、日本の「基本政策方式」は中国の実情に合わない、あるいは合っても副作用が大きいといった結論を導くことが普通に理解できると思われる。

中国において、消費者基本法にあたる「消費者権益保護法」は一般法律方式をとっている。しかし、一般法律方式といわれても、多くの法律と同様、公法規範と私法規範、実体法規範と手続法規範が混ざっているのが特徴である。このような「諸法一体」の特徴は、一種の「立法慣習」として理解してもよい。ただし、法全体から見れば、消費者保護の基本理念、国の消費者政策などが法に取り込まれるものの、消費者の権利および事業者の義務が立法の原点にあることは忘れてはならない。「消費者権益保護法」は、消費者の権利と事業者の義務を定めたが、消費者の義務と事業者の権利を定めていない。このような立法上の明らかな「不平等」から、消費者保護における立法者の基本姿勢がはっきり見える。さらに、法に定める事業者の義務は単なる努力義務ではなく、私法意義上の責任義務として取り込まれる。行政法の色はまだ一部残されるが、民法学者からはほぼ一致して民法の特別法として位置づける。日本の消費者保護基本法と同様に「基本法」と呼ばれるが、国の消費者保護立法を牽引し、あるいは法で定める諸施策の具体化を指導する「母法」ではなく、消費者保護法のグループの中において、もっとも重要で、かつ中心的な役割を果たす法律として見なされるのである。日本のような政策法の性格を持たず、一般の実体法と変わらない権利義務の規定、すなわち裁判に用いられる民事ルールが法に刻まれるという観点から、「一般法律方式」といわれるのである。もっとも典型的な例といえば、同法の49条に導入された懲罰的損害賠償の規定が、その後広く民衆に認知され、消費者自己救済の手段として頻繁に使われる。もちろん、このような立法方式のプラス面の効果としては、権利義務の明確化によって法的責任をはっきりさせることなどが挙げられる

が、マイナス面の問題も指摘される[5]。すなわち、

① 市場経済におけるもっとも重要な２大主体――消費者と事業者の間に起こった衝突は、さまざまな複雑な社会関係の変化をもたらす。消費者問題を全面的、徹底的に解決するために、マクロの立場に立ち、基本法の角度から消費者と事業者の関係を調整せざるをえない。というのは、「母法」としての基本法の以外には、このような指導力をもつ法律がないからである。基本法は市場経済における消費者と事業者の力関係をコントロールして、両者の関係に関わるすべての法律を制約する力を持たせることによってその基本法の権威を保つべきである。そうすれば、直接的な関係にある消費者保護法律、法規が基本法の要請に応じて設計、修正を行うことができるし、間接的な関係にある刑法、民法などの重要な法律も、常に市場経済の展開に応じてその修正、改善、突破を試みることができるようになる。

② 消費者に対して事業者は直接的な義務主体であるが、政府もその行政管理機能によって保護義務が問われる。政府およびその被用者が自らの行政行為によって対消費者の義務主体に転じる可能性は十分あり得る。しかし、もし法が定める行政保護は宣言的なものに過ぎず、実体法の義務を課さなければ、政府およびその被用者の過失により問われるべき法的責任が排除され、行政という重要な義務主体が法外に放置されることになる。とりわけ、行政主導による地方保護主義が横行している中国において、長年に渡って形成した行政は義務主体ではないといった固定観念を打破し、政府に具体的な消費者保護義務を課すことによって、政府の責任を追及することができる体制作りは、消費者法制の健全化にとって大きな意義がある。

このように、行政法中心主義[6]の日本の消費者保護法制と比べると、生まれてから私法色の強い中国の消費者保護法制は大きな可能性を秘めている。日中の消費者私法の比較法的研究を通じて、きっと相互の啓発を促すことができると信じている。

(2) 消費者保護のあり方

消費者権利の実現にはさまざまな道がある。概して自主規制・行政保護・刑事責任・司法（私法）保護などが考えられる[7]。そのうち、事業者の刑事責任の

追及を通じて、消費者の権利を守るのは極めて悪質な行為に限られ、一般の消費者権利の実現にあまり意義がないと考えられる。前述したように、日本固有の社会、行政、法律システムによって、司法保護と比べて、事業者の自主規制および官庁の行政保護は発達しており、消費者保護のもっとも重要な手段となっているのである。言うまでもなく、事業者の自主規制は消費者法の目標として、消費者法の目的の実現と一致している。しかし、自主規制は事業者の道徳水準で決める一方、刑事、行政、司法手段を通じて外部からの圧力がなければ、事業者の内部からの道徳力によって自主規制を行うことはもはや信じる人はいないだろう。そうすれば、自主規制とは消費者保護の方法といっても、むしろ消費者保護の結果であると考えられる。

したがって、消費者にとって、自らの利益を守る手段としては、行政保護と司法保護はもっとも確実なものとなっている。

さて、行政保護における現状はどうなるだろう。日本の場合、より具体的規範レベルでは、消費者法を構成する各法領域の中で相対的にみていちばん進んでいるのが、消費者行政法の分野であろう[8]。これは、必ずしも行政の消費者保護への積極的取組みを意味しているのではなく、消費者被害防止のための事前規制は行政法でないと困難であることによるところが大きい。それも問題が顕在化した後の後追い立法であり、かつ当該業界を所管する官庁の縦割行政にそった規制がなされる[9]。にもかかわらず、司法保護と比べて、歴史的には立法者および消費者は行政への期待が大きく、企業と行政官庁の関係も密接であり、消費者紛争の大部分は各官庁および各地方自治体の消費者保護組織を通じて解消したのである。

しかし、竹内の指摘のように、一般に消費者保護を図るのは、国・政府の責任と考えられている。消費者保護基本法も、国と地方公共団体は消費者の保護に関する施策を策定し実施する責務を有すると定めている。しかし、国が消費者保護の責務を負うといっても、消費者が自ら弱者であることに甘えて、国に対し、いわば「おんぶにだっこの消費者保護」を期待するとすれば、それは決して好ましいことではないし、正しいことではない。政府を動かすにはコストがかかり、それは結局納税者の負担となるはずであるし、何よりもそのような考え方は、消費者の自主性・自立性を害することになろう。消費者保護の分野においても、どう

いう方法で消費者は自己の利益を自ら守りうるか、そのためにはどのような法律、制度が必要かを考え、その実現を図るべきではないかと考える。つまり政府がなすべきことと消費者が自らなすべきことを振り分けた上、後者については、消費者は、政府による保護を求めるのではなく、「自衛のための武器を我らに」という声をあげるべきではないかと考えている[10]。

そして、竹内は、消費者が使いやすい権利や制度を作っていき、それによって消費者が自分の利益はできるかぎり自分で守りえるような仕組みを考えていくことは、もっとも必要ではないかと考える。そのためには、使いやすい権利であると同時に、使って損をしない権利でなければならない。手続きからも、権利を行使し、実現するための簡易な、そしてコストのかからない裁判制度を考える必要がある[11]。

こうした考え方は1990年代の後半から次第に主流となり、後に成立した「消費者契約法」および「消費者保護基本法」の抜本的な見直しを推し進める大きな力となった。「法の実現における私人の役割」を重視し、行政による消費者の保護のための法律群である「消費者保護法」から「保護」色が落ち、私法による消費者の自立（自律）支援の法律群である「消費者法」へと転換する[12]ことが提唱された。

現実における消費者立法から見れば、1994年の製造物責任法の制定を皮切りにして、消費者法は、民事法の時代に突入したといっても過言ではない[13]。2000年に成立した「消費者契約法」と2006年に行われた同法の改正、そして2004年に行われた「消費者基本法」の改正はその指標的な出来事だともいえよう。

中国の場合、計画経済時代においては、行政管理は統制経済の主たる手段として使われる。計画経済を止め、市場経済への移行の過程において、このような構造は少しずつ変化が見られるようになった。とりわけ、WTO加盟以降、政府の職能は管理からサービスへと機能転換が求められ、日本の規制緩和の流れと似たような現象が起きている。しかし、全体からみれば、中国は依然として行政主導の構造が変わっていない。行政の統制力、ないし調整力の前に、司法の力は十分に発揮できていないのが現状である。

消費者保護行政の現状から見れば、その体制づくりはまだ不十分であることは

認めざるを得ない。経済優先という基調の下で、消費者保護行政は縦割り行政の一部に過ぎず、その役割が限定的なものだとの見方が大勢である。しかし、消費者保護行政の増強の必要性に認識が一致しているものの、過去の苦い経験から、無条件で消費者行政の拡大を支持しているものはむしろ稀である。行政の肥大化といった時代に逆行する動きに対する反発をはじめ、縦割り行政の下で日々に増強される行政権限は結局省庁の利益につながり、消費者保護の本意から遠く離れる結果となってしまうからである。それに加え、難症固疾といっても過言ではない地方保護主義の土壌が改良される前に、たとえ消費者保護行政の体制が整っても政権の末端までその形を保つことは決して容易なことではない。「打假、假打、越打越假」（偽物の撲滅は偽り撲滅で、撲滅すればするほど、もっと偽物が増える）という諺の流行はまさにこのような現状を語っている。

　このような反省から、1990年代から、指導部は方針を転換し、全能の政府の実現を目指さず、私人の力を借りて法の実現を目指すようになった。1993年に成立した「消費者権益保護法」はまさにそのような立法思想の反映だともいえる。「消費者権益保護法」は、懲罰的な損害賠償の制度の導入をはじめ、一連の民事ルールの創設によって、消費者の提訴条件を大きく緩和していた。

　しかしながら、「消費者権益保護法」はあくまでも消費者保護法群の中に中心的な役割を果たす一つの法律に過ぎず、消費者法全体に等しくすべきではない。消費者保護に関わる諸業法をみれば、日本と同じく行政法中心の色がまったく落とされていない。「契約法」でさえ行政による契約監督の権限が留保されるから、業法から行政の影響力を薄めるのは不可能に近いのだろう。

　このような背景の下で、行政権力の拡張を抑制する対策として、「行政処罰法」（1996年）「行政許可法」（2003年）と「立法法」（2000年）が制定された。とはいえ、行政の影響力は消費者法領域から縮小ないし撤退するわけではない。例えば、「消費者権益保護法」は行政に甚大な権限を設ける。法50条によれば、工商行政当局は違法な事業者に対し、改正させる勧告を出すほか、事情にとって単独あるいは併用の形で、警告、違法所得を没収、違法所得の1～5倍までの罰金を取る（違法所得のない場合、1万元以下の罰金）ことができる。極めて悪質の場合、営業停止を命じることができる。学者は、行政の5倍の罰金は消費者が得られる2倍の懲罰的な損害賠償と比べて、両者の間にはるかに差があり、事実上

消費者と行政（国）の不均衡が生まれると指摘した。事業者の違法所得はもともと消費者の合法的な財産であり、その分は懲罰的賠償の倍数のアップあるいは直接に消費者に返却させる法的仕組みによって、被害者としての消費者に返すべきと主張している[14]。

規制緩和という世界的流れの中、日中の共通課題として、私法による消費者の自立を支援する法体制づくりがともに急務となっているが、消費者保護行政の取り扱いについてそれぞれ国の事情によって見方が分かれるだろう。中国の場合、行政に対するいろいろな不満、懐疑、排除など、さまざま複雑な心境を持っているが、消費者保護行政はまだ不十分であり、また強化すべき分野におかれるという点について、有識者の間にほぼ争いがない。したがって、中国における消費者保護法制の将来は、車の２つの車輪のように、私法と行政とともに同時に前に進んでいくだろう。

（３）消費者私法の必要性と位置づけ

消費者法の体系の編成方法について、伝統的（近代的）な法領域別の編成方法、すなわち、法規範の性質に従って、消費者私法、消費者手続法、消費者行政法といった分け方がある[15]。消費者法には、統一した法源がないので、体系化する必要がある。日本の場合、基本法としての「消費者基本法」のほか、民事実体法の分野において、消費者契約法をはじめ、数多くの民事特別法や業法によって消費者私法群を構成するのである。中国にも似たような状況にある。体系思考の必要性について、大村教授は①体系は問題の解決を助ける。新たに現れた問題の解決にあたっては、類似の問題に対する解決が参考にされるが、援用すべき解決を見出すには、自分の直面した問題を解析し体系の中に位置づけるという作業が有用である。②体系は問題の発見を促す。既存の問題を整理した結果、ありうる問題の所在が明らかになる。③体系は学習を容易にする、と体系化のメリットを指摘する[16]。消費者私法の体系的整理は、分断した公法、私法、手続法を、関連要素のつながりによって再び有機一体のものとなり、消費者私法の全体像を捉えることができると考えている。したがって、研究ないし実用のレベルから見ると、このような試みは有益であり、必要でもあると思っている。

消費者私法は民事ルールとして理解され、消費者私法と聞くと自然に民事訴

訟を連想するのはごく一般的な考え方である。確かに、民事ルールとしての消費者私法は「裁判で使うことを念頭に置いて」[17]作らなければならない。本書における消費者私法の比較法的研究にも基本的には民事訴訟を想定し議論を展開する。

ところが、同じ東洋の価値観の下で、中国にも日本と似たような裁判を軽視する社会的な風土がある。法体制から見れば、「濫訴」の危険は常に警戒されたため、事前規制が重視され、訴訟による紛争の解決は最後のやむを得ない選択肢として法体系に取り込まれる。もちろん、訴訟を奨励することは控えている（近年、懲罰的な損害賠償制度の導入などいくつかの訴訟を奨励する措置がとられたが、立法の理念上において根本的な変化が見られない）。このような傾向は消費者訴訟の分野にも反映され、訴訟を敬遠し、行政保護に依存するといった現象が見られる。

確かに、竹内教授が指摘したように、消費者としては、業者との相対交渉でまず自らの苦情の解決に当たるべきであるし、業者としても合理的な苦情処理体制を作ることが、その利益にもなる。しかし、消費者紛争についても、最終的な決着裁判によってつけるほかないし、また裁判による解決が他の解決の基準にもなる。その意味では、裁判による解決は、その数がいかに少なくても、極めて重要な意味を持つ。したがって、消費者保護について、裁判になった場合に消費者の利益が正当に保護されるような法律が整備されているかという点についてだけでなく、裁判所が果たして利用しやすいものとなっているかどうか、という観点からの反省をつねに加える必要があろう[18]。

日本において、1990年代以降、規制緩和が重視され、市場メカニズムの下で各当事者の自己責任が強調されるようになった。消費者法の基本発想としては、消費者の保護から消費者の自立の支援へ、そして規制の基本的手法は事前規制から事後規制へ、とこのような転換が求められる。このような背景の下で、私法ルールの違反者に対して訴訟を通じて、司法的に処理によって最終結論を導くという考え方が広く受け入れ、消費者私法制定、整理、改正の大きな原動力になった。比較してみれば、同じことがWTO加盟後の中国においても起きていた。

一般民事訴訟と比べて、消費者訴訟が持つ独自の性格は次のように考えられる。それは、

① 消費者訴訟は常に一方的に行われる。消費者訴訟は消費者対事業者の戦いと定義され、その攻撃・守備の役割分担は一定したものであり、すなわち、消費者は常に攻撃的な原告の立場に立ち、事業者は常に守備的な被告の立場に置かれるのである。極めて珍しいケースであるが、事業者は原告として、消費者を訴えるケースも十分ありえる。しかし、こういう場合はもはや消費者訴訟といえない。

② 消費者訴訟の方向の単一性はその訴訟活動の参加主体の不平等性を決める。原告としての消費者は、その経済的、社会的弱者の地位に置かれるので、事業者の有形または無形的な威圧の下に、自信と意志が傷つきやすくて、特別な配慮が必要である。消費者訴訟のこのような性格から、一般民事訴訟と区別して、特別なルールあるいは体制を設けなければならない。

③ とはいえ、消費者訴訟はあくまでも司法活動の一環であり、行政保護と比べると、その強制力が強く、権威性もはるかに高いが、柔軟性についてはおそらく行政措置に負けるだろう。しかし、消費者訴訟において何よりも大切にされた「手続上の正義」が確保される。その意味で、消費者訴訟の双方は極めて平等的な地位に置かれるともいえる。

しかし、消費者私法は単に裁判規範として存在するわけではない。民事ルールといいながら、実は事業者の行動に対して影響を与えていくという側面からみれば、行為規範としての機能が大きい[19]。この点について、組織された日本の各業界に与える影響は、ばらばらとなっている中国の業界と比べれば、はるかに大きいと思われる。したがって、事業者の自律、自主規制にも消費者私法と関わるのである。

さらに、訴訟を通らなくても、裁判外の紛争解決を図るとしたら、消費者私法が決めたルールは公平・公正の判断基準として援用され、紛争の解決に寄与するところが大きい。

ゆえに、消費者法体系の中に、消費者私法の影響力は日々増大している。日本においても、これからの消費者法は、私法中心のものにならねばならないと指摘される[20]。消費者私法に関する研究は消費者保護に法の実現の道を拓くことに限らず、新たな可能性を広げる次のステージとしても十分期待できると思っている。

（4）消費者権利の実現

　消費者私法における権利の実現は訴訟による権利実現と訴訟によらない権利の実現と区別することができる。

　中国において、「消費者権益保護法」第34条は、消費者と事業者との間にトラブルが起こった場合、次の道を通じて解決することができる。

　① 事業者との協議による和解。
　② 消費者協会（消費者組織）に調解を求める。
　③ 行政部門に訴える。
　④ 事業者と結ばれた仲裁合意を基に、仲裁機関に仲裁を申請する。
　⑤ 人民法院に提訴する。

　消費者の行政保護による権利の実現ついては、本書の研究対象から大きく逸脱するため、ここで割愛することになる。

　裁判による権利の実現について、手続法の観点から見れば検討に値する点が数多く存在している。

　中国においては、1991年の新民事訴訟法が実施して以来、幾度かの修正が行われたが、抜本的修正ではなかった。急速に変貌する司法現場の実情に対応するため、最高裁は大量の司法解釈を公布し、その数は民事訴訟法の条文をはるかに超え、その結果、法と司法解釈の位置づけが逆転されるのではないかとたびたび批判される。さらに、体系化されていないまま逐次に公布された司法解釈は立法趣旨から逸脱し、あるいは司法解釈の間に矛盾を生じる場面もしばしば見られる。

　消費者訴訟の分野において、裁判制度の改革案としてもっとも注目されるのは集団訴訟制度と少額訴訟制度の導入である。民事訴訟法はクラス・アクションのような集団訴訟の制度を定めていないが、共同訴訟および団体訴訟の制度が確立されている。いかに現行の法制度を活用して消費者利益の実現につながるかについて、興味深い問題である。また、少額訴訟制度について、現行法はまったく触れていないが、既存の簡易手続を活用して消費者少額訴訟に対応していくといった理論と司法現場における模索が続いている。

　裁判によらない権利の実現について、計画経済時代から多くの経験が蓄積され、消費者私法の分野においても十分に活用する余地がある。改革開放以来、法

のグローバル化の波の中、訴訟外の紛争解決は非法律要素に満ちた過去の遺物として一時期軽視・排除される経緯があったが、近年はADR概念の導入により再び活発に議論され、重視されるようになっている。

訴訟外の紛争処理手段として、もっともよく利用されるルートは消費者協会などの消費者組織を通じて消費者紛争を解決することである。法には消費者協会を独立した民間組織と定めるが、実際には資金力と人員の不足で、行政官庁である工商管理機関に依存している（もちろん、独立した民間団体は政府のコントロールから脱げ出すという政治的な配慮もありうる）。準行政組織といわれる中国独自色のある消費者組織こそ、日本の消費者組織と違って、行政権力を背景にするから事業者と交渉するに際して有利な立場に立つことができる。それに加え、必要に応じてマスコミを動員し、裁判を超える絶大な影響力が期待されるから、迅速かつ効果的な消費者紛争の解決手段として広く受け入れられる。

消費者紛争の仲裁について、現状では利用するケースはまだ少ない。もともと、国内取引の仲裁機関は政府部門である工商管理機関の内部に設けられ、仲裁員もほとんど政府官僚の場合が多かったが、1994年「仲裁法」の制定によって、そのような状況は大きく変わった。仲裁機関は政府部門から独立させ、仲裁員も弁護士、学者などの有識者から選ばれ、仲裁結果の公正・公平性への期待感が一気に上げられた。しかし、消費者紛争の仲裁は事業者との合意が必要な上、仲裁結果の執行でも裁判所に任せざるをえない（裁判所は仲裁結果の執行に積極的でないという傾向がある）。さらに、仲裁は本来ビジネス向けに設計された制度であるので、たとえ消費者紛争の仲裁を受け入れても、消費者に有利な特別措置を設けず、消費者にとって魅力が薄いのが現状である。

また、中国特有の制度として、検察機関による民事事件への介入が法によって認められる。消費者訴訟ないし公益訴訟の分野において、いかにこの制度を活用するかについて、検討する必要がある。

第2節　本書の構成

前述した問題意識の下で、本書は次のような構成で研究を展開する。

第1章は、問題意識を提起し、本書の研究方向、内容構成を紹介する。

第2章は、まず、中国における消費者問題の歴史と現状を紹介し、新しい時代に向けて消費者保護が直面する課題を取り上げる。その上、中国における消費者政策の形成と変化についての考察を行い、消費者政策が消費者私法に与える影響を念頭に置きたい。続いて、消費者行政の構造的問題から議論を開き、消費者行政の組織上、制度上、機能上の欠陥を説明し、消費者保護の分野において、行政の限界を指摘する。

第3章は、消費者私法の基礎理論となる意思表示論・公序良俗・信義則・公平原則および不法行為など消費者私法の法理を中心に、日中比較の方法を用いて、その理論・学説の到達点に関する基礎研究を展開しておく。消費者権益保護法が導入しできた懲罰的損害賠償制度について、法理からその真意を分析した上、法実務に起きたさまざまな矛盾を取り上げる。

第4章は、中国法を中心に、消費者私法法制度のアプローチを展開する。法制度の考察は民法通則から始まり、民法通則の歴史的地位、功績およびその限界を説明する。次に、本章のメイン部分として、統一契約法が制定される以前の段階、試案段階、そして完成法に対し、それぞれの特徴を紹介・分析する。続いて、消費者保護の特別法として、消費者保護の基本法を紹介する。そして、最後に、地方における消費者立法の概観を踏まえ、本章を終える。消費者私法の体系化の試みが本章最大の狙いともいえる。

第5章は、消費者保護に関わる手続制度の検討を中心に、既存制度の活用および新たな制度導入の可能性をめぐって、議論を展開する。本章においては、比較法的視点から、中国独自のものと日本の経験を取り上げ、消費者権利実現のため、手続制度の改善を目指している。

第6章は、実体法と手続法の考察をベースに、比較法的視角から、消費者の概念、消費者保護のあり方、そして消費者私法の将来などの課題を取り上げ、議論を展開する。

消費者保護について、従来、行政保護が重視される傾向がある。民事ルール整備の視点から消費者保護を検討する論説がたくさん出されるが、体系化する研究はそれほど多くない。また、本書は、比較法的研究といっているが、メインとなるのは中国における消費者私法の整理・検討にある。この点について、あらかじめ説明しておきたい。

〈注〉

1) 李春芳「中外消費者権益保護若干問題之比較」『山西師大学報』1996年1号 p.29、許思奇・高岷・呉彦書「関於消費者保護総政策和法律体系的探討」『社会科学輯刊』1994年1号 p.57参照。
2) 松本恒雄「消費者の権利と『民活』のススメ」『法律時報』65巻12号、p.2。
3) 松本恒雄「消費者保護基本法30周年と消費者法の構造転換」『法律時報』70巻4号、p.2。
4) 「消費者基本法」第7条、「消費者は、自ら進んで、その消費生活に関して、必要な知識を修得し、及び必要な情報を収集する等自主的かつ合理的に行動するよう努めなければならない」。
5) 許思奇・高岷・呉彦書「関於消費者保護総政策和法律体系的探討」『社会科学輯刊』1994年1号 p.58参照。
6) 松本恒雄 前掲論文 p.2 参照。
7) 竹内教授は、国による消費者保護の方法という場合、少なくとも次の2つの意味がある。第1は、そのための政策という意味であり、第2は、そのような政策を実現するために用いられる法律的・行政的手段という意味である。前者は、例えば、商品の価格の合理性を確保するため市場における公正・自由な競争を維持・促進するという政策をとるか、それとも商品の価格を法律または行政によって統制するという政策を取るか、という問題である。後者は、例えば、市場における公正・自由な競争を維持・促進するという政策をとることとした場合、私的独占やカルテルをどういう方法で防止しまたは排除して右のような政策目標を達成するか、という問題である。縦の角度から消費者保護の分類を行うと考える。竹内昭夫『消費者保護法の理論総論・売買等』有斐閣 1995年 p.42 以降参照。
8) 日本における消費者法制の行政法中心主義について、松本前掲論文 p.2 参照。また、落合誠一教授からも、「消費者行政は、市場メカニズム重視の経済社会においても依然その重要性は失わないとしても、これまでのような主役的役割から後退していくであろうし、またそうすべきであると考える。わが国では従来から消費者問題は主として行政が対応してきたのであり、従って消費者法においては業法を主とする行政法の比重が圧倒的である」と指摘する。落合誠一「消費者法の課題と展望」『ジュリスト』(No.1139) 1998年8月1・15日合併号、p.7。
9) 松本恒雄「消費者私法ないし消費者契約という観念は可能かつ必要か」『講座・現代契約と現代債権の展望──第6巻 新種および特殊の契約』日本評論社 1991年。

10) 竹内昭夫『消費者保護法の理論　総論・売買等』有斐閣1995年 p.7。
11) 竹内昭夫 前掲書 p.37。
12) 松本恒雄「消費者保護基本法30周年と消費者法の構造転換」『法律時報』70巻4号、p.3。
13) 松本恒雄「消費者法の立法課題」『法律時報』70巻10号 p.7。
14) 劉栄軍「懲罰性損害賠償与消費者保護」『現代法学』1996年5号 p.38、許思奇＝高岻＝呉彦書「関於消費者保護総政策和法律体系的探討」『社会科学輯刊』1994年1号 p.58 参照。
15) 大村敦志『消費者法』(法律学大系) 有斐閣1998年、p.40。
16) 大村敦志　前掲書 pp.37-38。
17) 松本恒雄他「新春座談会：コンプライアンスと消費者取引—消費者保護をめぐる第三の道の展望（上）」『NBL』No.752（2003年1月1日）、p.12。
18) 竹内昭夫　前掲書 pp.9-10。
19) 松本恒雄　前掲文 p.12。
20) 落合誠一「消費者法の課題と展望」『ジュリスト』(No.1139) 1998年8月1・15日合併号、p.8。

第2章
消費者問題の歴史・現状・課題

第1節　消費者問題の発生

(1)　中国における消費者問題の歴史
　新中国における消費者問題の略史は3つの段階に分けることができる。
1)　第1段階(1980年代初頭〜90年代初頭)
　1979年の改革開放以前、中国は長期に渡って、計画経済体制の下で商品の生産と交換が制限され、モノの足りない時代であった。このような背景の下で、人々はまずモノの入手に精一杯だったから、消費者問題の発生はありえないだろう。
　消費者保護は80年代に入ってから現れた新しい問題である。国の改革開放政策の下で、各分野に渡ってさまざまな制限が解除され、社会生産力は飛躍的な進歩を果たした。それと同時に、外国の製品が中国に入ってきて、庶民の日常生活と密接に繋がった。従来の国産品に慣れた彼らにとって、外国製品の機能・品質の良さに感動されることのみならず、これらの製品に通じて商品というものに対しての考え方が変わるのである。この時期において、家電製品、化学製品、医薬品、衣料品、食品などが大量生産、大量販売され、庶民の日常生活を支えると同時に、粗悪品・偽造品の氾濫は大きな社会問題となり、消費者意識が喚起される起爆剤にもなる。とりわけ、電化製品の発火・爆発・電気漏れ、温水器のガス漏れ、大規模な食中毒など、人々の身に感じる危険性は、消費者に大きな刺激を与えた。この時期、粗悪品・偽造品の氾濫に歯止めをかける手段として、刑事手段と行政手段が常用されたが、効果が見られず、ますます蔓延していく傾向が見られた。1985年7月12日、最高人民法院・最高人民検察院・公安部・司法部(法

務省に相当）の4者合同で「偽薬・麻薬および有毒食品の製造・販売など深刻に人民の生命健康に害する犯罪活動を厳しく打撃することに関する通達」を下した。刑事処罰の強化によって粗悪品・偽造品の撲滅を努めることは明らかである。

このような背景の下で、1983年3月21日、中国初の消費者協会は河北省新楽県に誕生した。その後、広州、ハルビンなど地方レベルの消費者協会が次々に設立され、そして、1984年12月26日、中央レベルの消費者組織として中国消費者協会は正式に成立した。中国消費者協会は15名の正式職員からなり、本部は北京に置かれ、活動資金はすべて政府から提供される。協会の出版物は「中国消費者」（雑誌）と「中国消費者報」（新聞紙）がある。協会の主な職能は次の通り（1993年10月31日に公布する「消費者権益保護法」第32条により再確認）。

① 消費者に消費情報および相談を提供する。
② 関係行政部門が商品およびサービスに対し行う監督・検査を参与する。
③ 消費者の合法な権利・利益の問題について、関係行政部門に報告、尋問、提案する。
④ 消費者の苦情報告を受け、ならびに苦情報告事項に対し調査、和解活動を行う。
⑤ 苦情報告は商品またはサービスの品質にかかわる場合は、鑑定部門に鑑定を求めることができ、鑑定部門は鑑定結論を告なければならない。
⑥ 消費者の合法な権利・利益を損なう行為がある場合、被害を受けた消費者の提訴を支持する。
⑦ 消費者の合法な権利・利益を損なう行為に対し、マスメディアを通じてそれを摘発、批判する。

中国消費者協会は中央政府の決定に基づき成立した全国的な社会団体であり、地方の消費者協会も同じ政府背景がある[1]。その意味で、消費者協会は普通の民間団体ではなく、「役所経営の民間団体」と解してもよい[2]。

2）第2段階（1990年代初頭～2000年代初頭）

90年代に入って、消費者保護の問題がますます社会的関心を呼んだ。

消費者問題に社会的関心が高まる要因として、その時代的背景を無視してはならない。10年の改革開放政策を経て、中国の国民生活は大きく変わった。モ

ノ不足の歳月と決別し、家電製品の急速な普及が代表するように、人々の生活が改善され、豊かになった。収入の増加、国民消費力のアップは市場成長を支えるもっとも重要な柱の一つと評価しても過言ではない。それは消費者問題が顕在化する内因ともいえる。

外部環境からみると、90年代以降、表現の自由が緩和され、とりわけ消費者問題のような民生と関わる表現の自由が容認され、消費者はマスコミを通じて、自らの不満を社会に訴えることができた。それに、法的環境の整備もその要因の一つである。1993年が成立した「消費者権益保護法」を機に、消費者運動の機運は一段と高まり、増えつつある消費者訴訟はまさにその現象を物語っている。

しかし、90年代後半から、中国社会はモノ不足からモノ溢れに転身し、消費の冷え込みは悩みの種になっていた。転換期に向かい中国社会は、旧来の制度が崩壊したが、新たな保障制度が確立されず、現在に至ってもその問題は完全に解消されていない。人々は未来への不安を抱え、国民貯蓄の増加傾向がはっきり見える。もちろん、その時期も商戦のもっとも惨烈な時代でもあり、改革開放以来、消費者はより完全な競争から初めて甘味を味わった。

消費者保護に関する研究が盛んに行われており、数多くの成果を収めた[3]。

消費者保護に関する立法活動はまず地方レベルでその動きを見せはじめた。中央レベルの法律、法規の制定が遅れているから、各地は地方法規の先行きに力を入れた。1990年まで、消費者保護に関する地方法規を作ったのはすでに28カ省、自治区、直轄市にのぼっていた。これら地方の立法はその後の「消費者権益保護法」の制定に非常に貴重な経験を与えた。

1993年10月31日、「消費者権益保護法」が可決され、中国消費者保護の歴史において大きな意義を持つ事件である。この法の誕生は中国消費者保護政策を形成するシンボルとして評価される[4]。

「消費者権益保護法」の公布に伴い、消費者協会の役割も高まっている。言うまでもなく、消費者苦情の処理は消費者協会のもっとも重要な役割である。各地の消費者協会を指導し、その役割をより明確にするため、1995年12月、中国消費者協会は「消費者苦情報告の受取りに関する規定」を作った。この規定によれば、消費者協会は自願、合法、合理、公正原則の下で、事実と証拠に基づき、調査、和解活動を行う。消費者苦情の処理は原則として無償とすべきである。同時

に、消費者の声を正しく聞くため、規定は消費者苦情のデータ収集・分析・公表制度を作った。

2000年3月15日、ちょうど国際消費者日にあたって、全国統一の消費者苦情報告フリーダイヤル12,315番が開通され、1996年以来全国各地が開通した315番を統合する形で収めた[5]。消費者の利用に大変な利便を与えたため、国際消費者連合（IC）にもこれを称賛し、世界に紹介することに値すると表明した[6]。

「消費者権益保護法」第32条6号[7]に定める「支持消費者提訴」制度をより確実に遂行するために、2000年3月15日、中国消費者協会が消費者法律支援金制度を正式に発足した。支援金は経済能力の弱い消費者をバックアップし、裁判所の訴訟費用、弁護士費用、商品の検査・鑑定費用およびその他の文書作成費用、調査費用などを賄うことにした[8]。

消費者訴訟の分野においても、活発な動きが見えた。一連の消費者訴訟を通じて、さまざまな分野で残された拘束を打ち破り、新しい判例理論が創出できた。しかも、法実務のみならず、学説・立法にも大きな影響を与えた。

この中で、特筆に値するのはいわゆる「王海現象」である。王海という人物は1973年10月28日青島で生まれ、当時は父の工場の北京駐在員事務所で働いていた。1995年3月、法律を独学している王海は北京のある書店で立読みをしているところ、偶然に「消費者権益保護法」を開き、同法49条懲罰的賠償の規定を知っていた。3月25日、彼は北京隆福大厦で偽造品と疑われるソニー製のヘッドフォンを見つけ、2セットを購入した。その後、同じ店でさらに10セットを購入した。王海は隆福側が偽造品を販売するのは消費者に詐欺行為があるとして、「消費者権益保護法」第49条に基づき2倍の懲罰的損害賠償を求めるが、隆福側は最初に購入した2セットの偽造品につき2倍の賠償を認め、後に購入した10セットの商品は購入当時にすでに偽造品であることを知っていたことを理由に、王海の被害者の立場を否定し、2倍の懲罰的損害賠償を拒否した。王海は自らが隆福大厦に経験した挫折・疑問を「中国消費者報」に投書し、マスコミに支援を求めた。1995年8月4日、「中国消費者報」は「悪才か、それとも賢い消費者か」という題の下に、隆福事件およびそれをめぐる諸問題に関して有識者の意見を披露した。賛否両論であったが、大きな社会関心を集め、「王海現象」と呼ばれた。王海はその後も偽造品の疑いある有名ブランド品を次々と買い集め、

大きな成功を収めた。しかも、彼はこれを生業として北京大海商務顧問有限公司という会社を設立し、自らが社長を務め、十数人の従業員を雇っている[9]。「王海現象」の影響で、全国各地で王海をまねする人が次々と現れ、中国特有の風景となった。しかし、やがて「王海現象」が逆風を迎えた。最初は「王海現象」に対する地方の差が見えてくる。地方政府、さまざまな勢力引いて消費者組織と絡んで、王海らに対抗する業者が増えてきた。安易に妥協しないからしばしば事件が裁判所に持ち越し、長期化になるのみならず、精力・費用のかかるゲームになった。さらに、同じ事件に対し、各地の裁判所、時には同じ裁判所の別の裁判官によって、それぞれの判断が下され、中にもまったく正反対の判断は決して珍しくない。有権解釈に頼る中国の裁判においては、いまだ「消費者権益保護法」第49条に関する何らかの解釈もなく、当局は司法現場の混乱局面を座視するのは極めて異例なことである。そんな乱象の中、ついにマスコミは「王海現象」がすでに黄金期を去り、そろそろ「王海現象」の終結を迎えるのではないかという疑問の声が現れた[10]。

3) 第3段階（2000年代初頭〜現在）

2001年11月10日、カタールの首都ドーハで開かれた世界貿易機関（WTO）閣僚会議で、中国の加盟が全会一致で承認された。これを機に、消費者運動が新しい時代を迎えた。

WTO加盟に伴って、中国の内外経済環境が大きく変わった。2003年以降、5年連続で2桁の経済成長を実現し、人々の生活に大きな変化をもたらした。

貧富格差がさらに拡大した一方、新たに中間層[11]が生まれた。中国社会科学院の調査によると、今、中国の中間層は7億4,000万人の就労者の16％を占め、言い換えれば、約1億2,000万人の規模の中間層が存在することである。中間層の多くは壮年を迎え、高学歴、高所得を背景に、その旺盛な消費意欲を示している。とりわけ、住宅やマイカーなど高額消費財の分野において、中間層はその高い購買力で大きな市場の牽引力となっている。高額消費財市場の拡大に伴って、その被害額も賠償請求額も高額化され、「消費者権益保護法」が定める2倍の懲罰的損害賠償制度と絡んで、新たな社会問題として注目されている。

また、1980年代に一人っ子政策の下で生まれたいわゆる「80後（ポスト80)」の世代が、新たに社会人に加え、消費の新勢力となっている。彼らの多くは子

供の時代から両親や祖父母に「小皇帝」と呼ばれ、過保護の環境で育っていたため、消費観念は親世代と比べると大きく変わっている。収入に見合った消費という親の世代の消費観念と一線を画し、貯金もせず、とりあえず目の前にあるほしいものを買うといった消費スタイルに馴染んでいる。市場の流行に敏感な一面があるため、IT・デジタル家電業界にとって軽視できない存在となっている。

　他方、沿海部と内陸部、都市部と農村部の所得格差がますます拡大し、分断された市場のように見える消費構造が消費者運動の展開に大きな影響を与える。都市部から追放された大量の粗悪品・偽造品が農村部や貧しい地域に投げ売られ、甚大な消費者被害をもたらした。2004年に摘発された安徽省の阜陽粉ミルク事件[12]、そして2008年に起きた河北省の三鹿粉ミルク事件、その被害者はいずれも農村部や内陸部に集中している。低所得層を狙って、安売りを武器に、不正な行為を繰り返す悪徳業者の摘発は行政・司法当局にとって大きな課題となっている。

　2000年代の初頭から、インターネットの普及につれ、電子商取引が急速に拡大していた。2008年6月の時点で、中国のインターネットユーザー数はすでに2億5,300万人に達し、世界一の規模になっていた。また、中国の携帯電話ユーザー数が6月末現在、2008年7月末の日本の人口の概算値1億2,772万人の約4.7倍に相当する延べ6億100万人に達した[13]。それに伴って、過去に経験のない新しい形態の消費者問題が発生し、立法と研究の分野に大きな刺激を与えた。

　法整備から見ると、この時期において新たに消費者保護と直結する法律は誕生していないものの、消費者の利益に関わる独占禁止法の立法は長い歳月を経てようやく採択された。また、地方においては、1990年代に制定した消費者保護の地方立法が次々と修正され、時代の変化と合わせて実効性の高い法的ルールとして期待される。

（2）消費者問題の現状

　中国消費者協会は全国各地の消費者協会に寄せられた消費者苦情報告の基本情報を整理・データ化し、定期的に消費者苦情分析報告を公表している。これらの報告から、中国における消費者問題の現状をみることができる。

　2002年以降の消費者苦情報告の概観は図1の通りである。

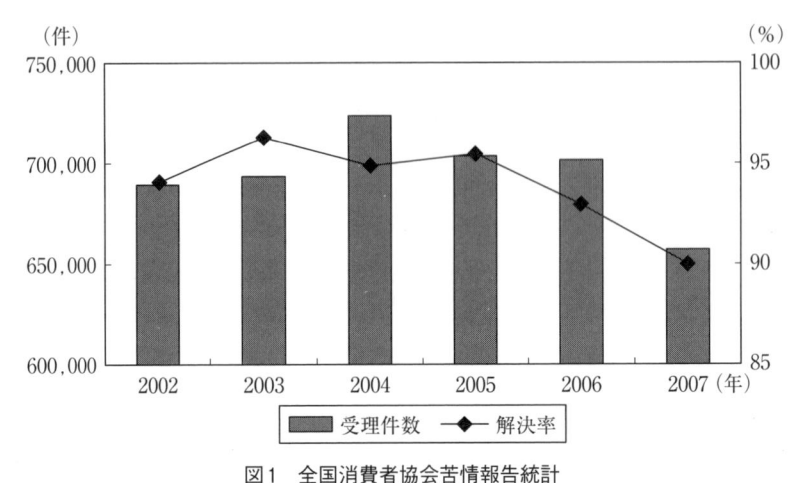

図1　全国消費者協会苦情報告統計
出所）中国消費者協会www.cca.org.cnデータに基づき筆者作成

　中国消費者協会がまとめたデータによると、2008年の上半期、全国各地の消費者協会に寄せられた苦情報告は30万7,626件に達し、2007年上半期と比べて2.7%の上昇となり、うち29万1,274件が解決され、消費者に2万8,934万元の経済的被害を挽回したという。事業者に2倍の懲罰的損害賠償を請求した例は6,219件に達し、課した2倍賠償金額は416万元を上回った。また、消費者協会の告発を受け、行政部門の職権発動によって事業者に課した行政処罰の金額は1,577万元に達している[14]。

　もちろん、中国における消費者問題の現状について、その全体像を正確に把握するのは容易なことではないが、中国の消費者保護に抱える課題として、少なくとも次のような問題点が挙げられる。

① 消費者保護の領域において、依然として深刻な問題を抱えているのが中国の現状である。しかも、生産性の向上、流通の改善とともに、時には消費者問題を一層悪化する傾向が見える。2000年の冬ほぼ中国全土にわたって、米市場を大きく揺れる有毒米事件[15]、農村を中心に深刻な被害をもたらした2004年の安徽省の阜陽粉ミルク事件、そして国境を越え、被害を世界中に拡散した2008年の河北省の三鹿粉ミルク事件などがその例として挙げられる。

(件)

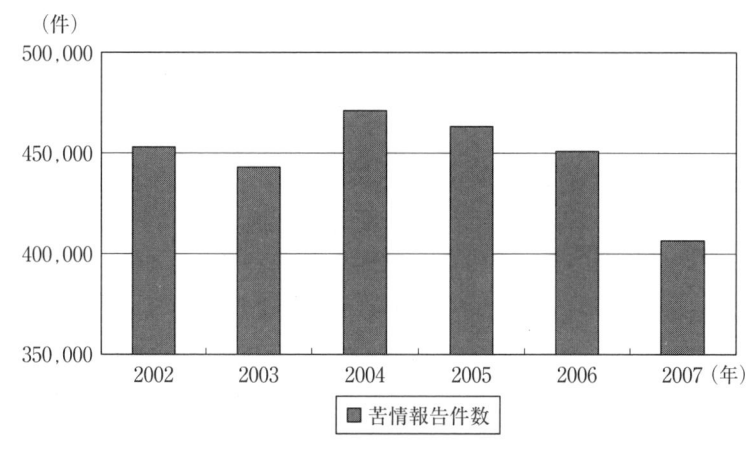

```
500,000
450,000
400,000
350,000
        2002   2003   2004   2005   2006   2007 (年)
```
■ 苦情報告件数

図2　商品・サービスの品質に関わる消費者苦情報告の推移（2002〜2007）
出所）中国消費者協会www.cca.org.cnデータに基づき筆者作成

② 商品およびサービスの品質問題は最大の課題であり、おそらく将来も、このような状況が続くだろう。

　先進国と比べ、中国市場の競争はまだ不十分だが、市場経済体制の確立により、市場競争が確実に進んでおり、一部の生産・サービス領域において、市場シェアの大企業への上昇・集中という傾向が見られる。すでに先進国が経験した産業構造の変化は中国においても静かに起こっている[16]。他方、消費者のブランド意識もますます高まっており、ブランドへの信頼感と粗悪品への恐怖感はこのような意識を形成する原動力ともいえる[17]。大企業による市場の独占というものは競争を阻害する弊害がある一方、政府の監督、消費者の監視、企業の自主規制にプラス面があるのは否定できない。今後、このような構造的変化は少しずつ品質改善に働きかけ、最終的に粗悪品の市場追放の実現を期待している。

③ 市場構造、消費者意識の変化とともに、消費者問題の重点も変わりつつある。さらに、新商品の開発、新サービスの普及によって、新型の消費者問題が次々と生まれた。すでに分析したように、医療紛争が消費者問題の新たな焦点となる背景には公費医療体制の縮小ないし崩壊にある。大量の通信領域における消費者苦情の発生は近年急速に膨張してきた通信市場とともに現

れたものである。インターネットの普及により、対消費者電子商取引に関わる消費者問題のほか、ネット環境における消費者の言論自由の限界につき、新たに問題となり、社会的注目を浴びている。なお、近年、消費者がマイカー、マイホームを早期所有する希望に応え、金融部門が消費者ローンの開発に力を入れ、おそらく新たに消費者金融の問題が発生するだろう。消費者問題の中でもっとも典型的なものとして、品質問題の重点を変わることも感じられる。改革開放初期にほぼ全製品領域に起った商品品質問題は、90年代に入って少しずつ変化が起こった。80年代に多発していた家電製品による人身事故、および商品の耐久性・安定性に関わる問題が、90年代に入って大きく改善され、逆に、消費の拡大により、食品、医薬品などの領域において品質問題はますます深刻化され、大きな社会問題となる。消費者問題のこのような変化を把握し、常に消費者保護の最新課題を握ることが実務においては重要であり、研究の推進にも値すると考えている。

第2節　消費者政策の変化

（1）消費者政策の展開

　消費者政策とは、政府が消費者問題を解決するため、消費者関連法律および制度を整備し、それに基づいて消費者保護と関わる諸プラン・計画を策定する一連の過程を意味する[18]。消費者政策の第一要務は消費者問題の解決にある。ゆえに、消費者政策の方向を把握するため、消費者問題発生の背景と性格を究明しなければならない。また、消費者問題の解決が国民経済全体に影響を及ぼすことをも十分に認識し、経済政策との連帯関係を明確に保たなければならない。

　消費者政策は広義と狭義的解釈がある。広義の消費者政策とは、国が消費者保護立法によって確立した特別政策、および他の立法と政策の中に含まれる消費者政策、例えば独占禁止法、不当競争禁止法、広告法、商標法、製品品質法などの関連法律のなかに取り入れた消費者保護の立法政策。これに対し、狭義の消費者政策は消費者保護法のなかに定めた政策に限定する。

　競争政策も広義の消費者政策の一部と解してもよい。なぜなら、独占禁止法に

せよ、不当競争禁止法にせよ、いずれ消費者利益の保護を目的とする重要な法律だからである。市場競争は商品の品質を高め、商品の価格が抑えられ、その最終的受益者は消費者であることは明白である。言い換えれば、競争の保護は消費者利益の保護に等しい。狭義解釈の観点から見れば、競争政策と消費者政策の重点の置き方が異なる。競争政策は市場競争原理の維持することによってその恩恵を消費者に還元し、根本から消費者の利益を保護する。そのため、競争政策の保護対象は消費者の一般的、根本的、深層的な利益の保護と対照に、消費者保護特別立法の多くは具体的、特別な方法を用いて消費者の特定の財産または人身的利益を保護する[19]。

　消費者政策の特徴として、次のような3つの性格が挙げられる[20]。

　その1、消費者政策はマクロ的なものである。消費者政策のなかに盛り込んだ内容はマクロの視点から策定した消費者保護の基本政策である。消費者政策の制定者はマクロの次元で国やその他の組織、および事業者と消費者の間にある相互関係を定め、とりわけそれぞれの基本地位と基本義務、または一般措置の規定に重点を置き、全体の観点から消費者保護の基本問題を総括する。

　その2、消費者政策は抽象的なものである。消費者政策は、消費者保護の施策の過程で現した各種の具体的問題を要約または総括することによって一般的問題に化し、これに対し原則的規定を定める。消費者政策は一種のプログラム規定であり、裁判規範ではない。

　その3、消費者政策は指針的なものである。消費者保護の基本政策は消費者利益に関わるすべての民事商事立法、あるいは消費者利益保護の特別法の立法、および消費者利益と関わる法の執行ないし司法活動に指針的な波及効果がある。これらの立法機関、行政、および司法部門は消費者政策に基づき、具体的立法あるいは司法活動を通じて消費者政策を実行しなければならない。

　消費者政策の社会機能として次のように2つが挙げられる[21]。

　その1、消費者保護の基本政策を明確に社会全体に示すことによって、国やその他の組織、事業者と消費者の間にあるべき相互関係、またそれぞれが演じる役目を明確化し、消費者保護の展開に寄与する。

　その2、関連政策または立法の策定に有益な土台を与える。消費者利益と関わるすべての経済・社会政策の策定または立法活動を行うに際して、消費者政策を

順守しなければならない。国が産業政策、経済政策を策定するとき、消費者政策を反してはいけない。いかなる経済関連の法律・法規は国の消費者政策を反映しなければならない。国は消費者政策に基づいて消費者保護の立法活動を行う。

（2） 消費者政策の形成と調整
1） 消費者政策の形成

1993年の「消費者権益保護法」が誕生する前、中国の消費者政策は非常に混乱した局面にあった。

1993年の「消費者権益保護法」は中国の消費者政策の形成を意味する法律である。本法によれば、中国における消費者政策の要点は次のようにとることができる。

① 中国消費者政策の目的としては、消費者の合法な権益（権利・利益）を保護し、社会経済秩序を維持し、社会主義市場経済の健全的な発展を促進することである（1条）。

② 事業者と消費者間の取引につき、意思の自由・平等・公平・信義誠実の原則に従わなければならない（4条）。

③ 国は消費者の合法的な権益が侵害を受けないように保護を与える。国は措置を取り、消費者法に従い権利の行使を保障し、消費者の合法的な権益を守る（5条）。

④ 消費者の合法的な権益を保護することは社会全体の共同責務である。国は消費者合法的な権益を損なう行為に対し、いかなる組織・個人の社会的な督促を奨励・支持する。マスコミは消費者の合法的な権益を守ることを宣伝し、消費者合法的な権益を損なう行為に対し世論の督促を行う（6条）。

⑤ 国が消費者権益に関わる法律、法規および政策を制定するに際して、消費者の意見と要求を聞かなければならない（26条）。

⑥ 各レベルの人民政府はリーダーシップを発揮し、関係行政部門を組織、協調、督促して、消費者権益保護の事業を遂行する。各レベルの人民政府は監督を強化し、消費者の人身・財産の安全を脅かす行為の発生を予防し、早速に消費者の人身・財産の安全を脅かす行為を阻止しなければならない（27条）。

表1　消費者の基本権利

①安全を求める権利	消費者は商品を購入・使用し、役務を受ける際、その人身・財産の安全を損なわれない権利を有する。消費者は事業者に対してその提供する商品または役務が人身・財産安全の保障を満たすことを求めることができる（第7条）。
②知らされる権利	消費者はその購入・使用した商品または受けた役務の真実状況を知る権利を有する。消費者は商品と役務の状況によって、事業者に商品の価格・産地・製造者・用途・性能・規格・主要成分・製造日・品質検査の証明・マニュアル・アフターサービスまたはサービスの内容・価格・費用など事情説明を提供させる権利を有する（第8条）。
③選ぶ権利	消費者は自主的に商品または役務を選ぶ権利を有する。消費者は自主的に商品または役務を提供する事業者を選び、自主的に商品の種類または役務の方式を選び、自主的にある商品を買うか買わないか、ある役務を受けるか受けないかを決める権利を有する。消費者は自主的に商品あるいは役務を選ぶ際、それを比較・鑑別・選択する権利を有する（第9条）。
④公平取引権	消費者は公平取引を求める権利を有する。消費者は商品を購入あるいは役務を受ける際、品質保障・合理価格・正確計量など公平取引条件を受け、事業者の強引な取引を拒絶する権利を有する（第10条）。
⑤賠償を求める権利	消費者は商品の購入・使用あるいは役務により、人身・財産の被害を受けた場合、法に従い賠償を求める権利を有する（第11条）。
⑥結社権	消費者は法に従い、自らの合法的な権利と利益を守る社会団体を結成する権利を有する（第12条）。
⑦教育権	消費者は消費と消費者保護についての知識を得る権利を有する。消費者は商品あるいは役務についての知識と使用技能を知り、正しく商品を使い、自己保護の意識を高めることに努めなければならない（第13条）。
⑧人格権	消費者は商品を購入・使用または役務を受ける際、その人格尊厳・民族風俗習慣が尊重される権利を有する（第14条）。
⑨監視権	消費者は商品・役務および消費者保護事業に対し監視する権利を有する。消費者はその権利・利益を損なう行為、国およびその職員の消費者権益保護事業において違法・職務上の怠慢行為を告発する権利を有し、消費者権益保護事業に批判・提案する権利を有する（第15条）。

　消費者の基本権利として「消費者権益保護法」は表1のように9つの消費者の権利を定めている[22]。

　消費者の権利に続き、同法は事業者の義務、消費者行政、消費者組織、紛争の解決および法的責任、罰則について詳しく定めている。

　中国の消費者政策の実質は、市場経済体制の下で事業者と消費者の間に利益の衝突を認め、一部の事業者は利益追求のため消費者の利益を損なう行動を行うの

は当然なことという事実を意識している。事業者は強い経済力を持つ組織体であるので、分散的、経済力の弱い消費者は事業者と対抗することが困難であり、そのため、国は消費者保護の責務を担い、立法、行政などの手段を通じて消費者に特別な保護を与え、消費者の弱者的地位を補強し、よって事業者と消費者間の利益均衡を維持し、健康、ルールの正しい市場経済秩序を創り、さらにそれを守ることが不可欠である。このような消費者政策の中心は、市場経済のマイナス面に対する補修および被害を受けた消費者に対する救済にあると認識してもよい[23]。

2）消費者政策の調整

90年代の後半から、2つの要因で中国の消費者政策の調整をもたらした。1つはアジア金融危機の影響で、中国の経済成長が頭打ちになることである。輸出不振のため、政府は国内市場に目を転じ、内需拡大によって経済を牽引することを狙っている。公共投資の拡大と同時に、民間消費も重視される。しかし、90年代半ばから消費の冷え込みが深刻な問題となり、物価指数が下がりつつあり、デフレが心配される。このような背景の下で、政府は民間消費を誘導、促進し、消費の道を開くことに力を入れた。消費者政策も、単純な消費者保護ではなく、国の経済政策の一環として扱う。そして、2つ目の要因は、WTO加盟の背景に、政府は消費環境と市場環境の改善を急ぎ、従前より消費者政策が重視されるようになった。

ゆえに、今中国の消費者政策は、市場経済のマイナス面に対する補修および被害を受けた消費者に対する救済という保護政策のみならず、国の経済政策の重要な一環として、消費を誘導、促進し、内需拡大の役割を果たすことに寄与するところが大きい。換言すれば、今中国の消費者政策は積極的な消費者政策に転じつつある[24]。

第3節　消費者行政の限界

（1）中国における消費者行政の構造

中国には、消費者保護庁のような消費者行政専門部署は存在していない。「消費者権益保護法」第28条によれば、各級人民政府の工商行政管理部門お

よびその他の関係行政部門は法律・法規の規定に従い、各自の責務範囲において、措置を取り、消費者の合法的権益を保護しなければならない。したがって、本来市場全体の経済活動を監視する部署として発足した工商行政管理機関は消費者行政の分野においても重要な一役を担っている。しかし、実際に長年にわたって工商行政管理機関の内部においては、消費者行政の専門部署を設けていなかった。ただ市場取引管理の一環として、中央レベルにおいては公正取引局の下で消費者権益保護処を設置し、また地方レベルにおいては市場管理処の下で消費者苦情の受理機構を設けた。90年代の後半から、国の消費者政策の調整に伴って、消費者保護の機運が高まり、消費者行政は従前より重要視されるようになった。そして、1998年に国務院の批准を経てようやく国家工商管理局の下で消費者権益保護司が設置された。1999年以降、地方レベルの各工商行政管理局でも順次に消費者権益保護処・科が設置され、これによって全国において消費者行政の基本ネットワークが整備された。

　消費者行政から見る工商行政管理局の基本職権はまず消費者保護に関する諸制度の整備にある。法によって行政機関としての工商行政管理機関の立法権限が限られているが、独自に省令を発し、あるいは法の実施方法の公表の形で法解釈を行うことができる。また、消費者権益侵害事件に対して、事件の深刻さ重大さに応じて各レベルの工商行政管理局によって調査・処分を行う。とりわけ地方における各工商行政管理局が行う偽造品・粗悪品・不正食品などに対する市場取締りはもっとも日常的な業務ともいえる。さらに、消費者の苦情報告を受け付け、苦情解決のため消費者と事業者の間に立って調停活動を行うことができる。

　中国消費者協会は中央政府の決定に基づき設立された全国的な社会団体である。地方の消費者協会にも同様の政府背景がある。地方の場合、消費者協会の職員は工商行政管理局から出向し、経費も工商行政管理局から提供される。協会は国家工商行政管理局の指導の下で活動を行い、中国消費者協会会長が中国消費者協会理事会で行った報告によれば、協会は「法律によって名称、性質、職能および行為規範が定められた政府によって経営される社会団体」であり、日本の国民生活センター、韓国の消費者保護院に相当する準行政組織であると見ることができる。したがって、中国の消費者協会は消費者権益保護法第12条が定める「消費者結社権」に基づき消費者が自発的に結成する民間消費者団体ではない。実際

に消費者の目から見ても、消費者協会は工商行政管理当局の関係部署あるいは外郭団体のようなイメージが強くて、本来消費者の利益を代弁するはずの自らの組織が行政の一部にすぎないのではないかという不信感がなかなか払拭できない。2007年、中国消費者協会の年間運営経費750万人民元の全額が政府から割り当て、マスコミはこのニュースを集中的に取り上げ、大きな反響を呼んでいた。賛否両論だが、消費者協会は行政の末端組織と変身し、言い換えれば消費者組織の完全行政化に対する危機感は論者の共通認識ともいえる[25]。とりわけ、近年になって消費者協会の本来持つべき消費者自治組織という性格が強調される一方、資金難・人材難・権力空白など現実の壁を前に挫折したから、一層行政に近づくようになったといった傾向が見られる。もちろん、消費者協会の行政背景色はマイナスばかりではない。消費者を代表して事業者と交渉する際、このような行政背景色は間違いなく業者にとっては威圧的なものであり、公平公正か否かは別として消費者紛争の効果的解決に資するものだろう。

　工商行政管理機関のほか、消費者行政に関わる行政機関はまたいくつか存在する。例えば、独占禁止防止の所管機関は中央政府の商務省、物価規制の所管機関は政府の価格管理当局、製品品質の管理は品質検査監督部門の職権となっている。中でも、長年に渡り解決のめどが依然立たない粗悪品・不正食品の氾濫の問題を背景に、政府の製品品質検査監督機関の役割が大きく注目される。

　工業製品・農産品・食品の品質検査・監督は国家質量監督検験検疫総局[26] (State General Administration of the People's Republic of China for Quality Supervision and Inspection and Quarantine AQSIQ) の職責の一環と位置づけられる。もちろん、消費者にとってもっとも身近な存在である工業製品や食品関係の検査・監視・調査・処分などの職権行使はもっとも広く認識され、AQSIQイコール品質の管理という概念はかなり民衆に浸透している。

　ところが、2003年、元の医薬品監督機関をベースに国家食品薬品監督管理局[27] (State Food and Drug Administration SFDA) が発足され、食品安全もその職責の一環となっている。もともと、SFDAはアメリカ食品医薬品局（FDA）を手本に立ち上げた部署であり、FDAのような強力的な指導力が期待されたが、内外の理由で不調に終わった。SFDAは医薬品の許認可を利用し、業者から多額な不正利益を得ていた。結局、行政トップが賄賂の罪で死刑宣告を受け、

SFDAの内部にも多数の逮捕者が出るという異常事態に陥って、大きな打撃を受けた。

（2）消費者行政の不在

　2008年、「毒ミルク事件」が世界に激震を走った。この事件の発端は、河北省石家荘市の食品メーカー、三鹿集団が製造した粉ミルクによる健康被害が指摘され、調査の結果、有害物質メラミンが混入した毒ミルクを飲んだ乳児が腎臓結石になったことがわかった。原料の牛乳に含まれるタンパク質の量を増やすため、違法にメラミンが混入されていたという。その後、調査の進行に伴って事件の深刻さが改めて浮き彫りになって、空前規模の健康被害が発生したことが明らかになった。中国衛生部は12月1日、三鹿集団などが製造した有毒物質のメラミンを含むミルクを利用したことで、11月27日午前8時までに29万4,000人の乳幼児に腎臓障害など泌尿器の健康被害が出たと発表した[28]。なぜこのような事件が防げなかったのか。乳製品業者による無理な生産規模拡大の原因で原材料の品質チェックを怠っていることは事件発生の最大要因の一つだが、行政の責任は免れない。

　もともと三鹿集団という乳製品メーカーは河北省石家荘市の有力企業であり、外国資本も参入したがあくまで地元政府の資本がその統制権を握っている。業績好調のため、企業は地元の就職先の確保に多大な貢献をしたと評価され、有望な税収源としても大いに期待される。そのため、最初に有害ミルクによる児童の健康被害が報告された時に、地元の政府は直ちに情報を公開せず、健康被害のさらなる拡大をもたらした。事件後石家荘市の行政トップは責任をとって更迭されたが、三鹿集団事件のような業者と行政の利益癒着は根絶できない。

　さらに、製品品質監督部門の責任が問われる。食品安全について、前述のように、製品品質監督部門（AQSIQ）のほか、食品薬品監督部門（SFDA）でも管理・監視の責任を負う。いずれも法によって認められる職権なので、実務において両者は管轄を巡ってしばしば対立したことがある。このような対立を解消するため、2004年9月、国務院は「食品安全の強化に関する決定」[29]の中で生産・加工・流通段階のことに次のように各省庁の責務分担を定めた。つまり、農業管理部門は農産品の生産段階、製品品質監督部門は食品の加工段階、工商行政管理

部門は食品の流通段階、衛生管理部門は食品の消費段階において生じた食品安全の問題をそれぞれ責任を持って対処する。食品薬品監督部門は総合的立場で食品安全全般を監視し、さらに、重大な食品安全事件が発生する場合、その調整役を務める。したがって、今回の「毒ミルク事件」は生産過程で有害物質の混入によって被害が発生すると認めたため、製品品質監督部門の責任が問われ、事件の直後に製品品質監督部門（AQSIQ）のトップが辞任に追い込まれた。

しかし、行政トップの交代は食品安全問題の解決に何の役にも立たない。改革開放以来、食品安全事件は全国各地で多発し、おそらくこれからも後を絶たないだろう。政府は食品安全の監視体制の強化を目指し、アメリカ食品医薬品局（FDA）のような強い権限の持つ組織を立ち上げたが、さまざまな原因で思ったように動かなかった。政府は食品薬品監督機関に司令塔の役割を与えたが、農業省・衛生省など食品安全関連の部署はいずれ「省」格であり、SFDAの「庁」格よりも上の存在である。上下関係の厳しい中国の官僚社会においては、他の省庁を「指揮」することは言うまでもなく、「調整」することさえうまく行かないだろう。たとえ「省」に昇格しても、長年に渡って固定化した各省庁の牙城を簡単に打破することができない。

このような縦割り行政の弊害を党の指導部および政府はまったく意識していないわけではない。有識者の中でも早くから消費者行政を一括した消費者保護庁あるいは消費者保護委員会の創設を提言していた。すでに一部の地方からは消費者行政一元化の試みが始まっている。例えば、上海の場合、もともと工商行政管理部門の内部に置かれた消費者権益保護委員会が市の直轄部署へ移行させ、運営経費の全額は市の財政から支給され、市の指導の下で業務を行う。

従来、中国は行政主導型の社会だとよくいわれる。社会全体から見ればまさにその通りと思われる。各省庁は自らの利益を確保するために省令・通達などさまざまな形でその権限を強化・拡大し、管理強化の名目でより多くの実権を握ることを狙ってさまざまな分野で暗躍している。このような状況を是正するため、全人代は「行政処罰法」[30]（1996年）「立法法」[31]（2000年）「行政許可法」[32]（2003年）などの法律を次々と制定した。

「行政処罰法」は行政処罰が守るべき公正・公開の原則を定めた。法によれば、行政処罰の設定および実施は事実に基づき、違法行為の事実・性質・情状および

社会危害程度と相当するものでなければならない。違法行為に対する行政処罰の規定は公布しなければならず、公布されていないものは、行政処罰の根拠としてはならない。(行政処罰法4条)

　行政処罰の手続きについて、従来の簡易手続と一般手続に加え、公聴手続が新設された。法によれば、行政機関が生産・営業停止の命令、許可証または免許の取り消し、金額の大きい科料などの行政処罰を決定する前に、当事者に公聴会の実施を求める権利があることを告知しなければならない。当事者が公聴を求める場合、行政機関は公聴会を開かなければならない。行政機関が公聴会の実施に際して発生した費用について、当事者は負担しない。公聴は次の手続規定に基づき実施する。

① 当事者が公聴を求める場合、行政機関より告知された3日以内に提出しなければならない。

② 行政機関は公聴の7日前に、当事者に公聴会実施の時間・場所を通知しなければならない。

③ 国家秘密、商業秘密又はプライバシーにかかわるものを除いて、公聴は公開で行わなければならない。

④ 公聴は行政機関が指定した本件担当主査以外の者の主催のもとで実施し、当事者は主催人が本件と直接の利害関係があると判断した場合、回避を求めることができる。

⑤ 当事者は直接に公聴に参加することができ、1～2名の代理人を委任することもできる。

⑥ 公聴を実施する際に、調査人より当事者の違法の事実、証拠および行政処罰の素案を提出し、当事者はそれに対して弁解と尋問を行う。

⑦ 公聴につき記録を作成しなければならない。公聴記録は当事者の確認を経て署名又は捺印をする。

　当事者は人身自由の制限に関わる行政処罰に異議がある場合、治安管理処罰条例[33]の関係規定に基づいて執行する。(行政処罰法42条)

　また、行政処罰と民事・刑事責任の関係について同法は、公民・法人またはその他の組織は違法行為によって行政処罰を受け、当該違法行為が他人に損害を与えた場合、法に基づき民事責任を負わなければならない。違法行為が犯罪の要件

を満たす場合は、法に基づきその刑事責任を追及しなければならず、行政処罰をもって刑事処罰を代替してはならない、とされている。(行政処罰法7条)

　もちろん、「行政処罰法」は消費者保護のために作ったものではなく、公権力の暴走による社会不安を防ぐために作ったものである。消費者行政の領域に限って、事業者が行政処罰の対象になる確率は消費者と比べてはるかに高いとはいえ、消費者は行政処罰から直接恩恵を受けることはない。むしろ、行政処罰によって本来は得られるべきであった利益が奪われてしまうという危険性が潜んでいる。なぜなら、行政処罰と民事賠償が同時に存在する場合、「行政処罰法」は「公民、法人又はその他の組織は法律に違反して行政処罰を受け、当該違法行為が他人に損害を与えた場合、法に基づき民事責任を負わなければならない」(行政処罰法7条)にとどまり、行政課徴金と民事賠償の優先順位はまったく言及していないからである[34]。実際に、消費者と比べ、公権力を盾にする行政側は、情報収集力、資金力、行動力など、あらゆる面で優位に立っている。民事訴訟の決着がつく前に、すでに行政処分の手続きが終わり、しかも財産の執行がされているというようなケースは決して珍しいことではない。さらに、「行政処罰をもって刑事処罰を代替してはならない」(行政処罰法7条)というような当たり前のことがわざと条文の中に盛り込まれたのも、現実に氾濫している「以罰代刑（罰金をもって刑事責任を代える）」の現状を物語っているようなものであった。本来あるべきでない行政機関の利益追求の性格は、消費者行政の円滑な運営にとって最大の脅威ともいえよう。

　「行政許可法」は行政部門による行政許認可の乱立を是正するために制定した法律である。行政許可の設定および実施については、公開・公平・公正の原則に従わなければならないと定めている。(行政許可法5条)行政許可に関する規定は、これを公布しなければならない。公布を経ていないものは、これを行政許可実施の根拠としてはならない。行政許可の実施および結果は、国家秘密・商業秘密又は個人のプライバシーに関わるものを除き、これを公開しなければならない。(行政許可法5条)

　行政許可の設定事項について、同法は次のような関連事項を定めている。(行政許可法12条)

　① 国の安全、公共の安全、経済情勢の調整および自然環境保護と密接に関わ

り、ならびに人の健康および生命・財産の安全などに密接に関係する特定の活動について、法定条件に従い承認する必要のある事項。
② 限られた自然資源の開発利用、公共資源の配置および公共利益に密接な関係のある特定業種の市場参入許可等について、特定の権利を付与する必要のある事項。
③ 公衆サービスを提供し、かつ、公共利益に密接な関係のある職業および業種について、特殊な信用・名誉、特殊な条件又は特殊な技能等の資格または資質の完備を確定する必要のある事項。
④ 公共の安全、人の健康および生命・財産の安全に直接に関わる重要な設備、施設、製品および物品について、技術標準または技術規範に従い、検査、測定および検疫などの方式で審査決定する必要のある事項。
⑤ 企業その他組織の設立等について、主体資格を確定する必要のある事項。
⑥ 法律又は行政法規の規定により行政許可を設定することのできるその他の事項。

　行政許可を設定しない事項として、「行政許可法」は次のような4つの事項を掲げる。(行政許可法13条)
① 公民、法人その他組織が自主的に決定することのできるもの。
② 市場競争メカニズムが有効にコントロールすることのできるもの。
③ 業界組織又は仲介機構が自律管理することのできるもの。
④ 行政機関が事後監督等のその他の行政管理方式を利用して解決することのできるもの。

　また、行政許可の設定権について、同法は原則として行政許可の設定は法律によって決めると定めている。法律が整備されていない場合、行政法規は、行政許可を設定することができる。必要のある場合には、国務院は、決定発布の方式で行政許可を設定することができる。実施した後に、臨時的行政許可事項を除き、国務院は、遅滞なく全国人民代表大会またはその常務委員会に対し法律を制定するよう要請し、または自ら行政法規を制定しなければならない。(行政許可法14条) また、地方における行政許可の設定権について、国の法律および行政法規が整備されていないものに対し、地方の法規は行政許可を設定することができる。法律、行政法規および地方の法規が制定されていない場合において、行政管理上

の必要により、直ちに行政許可を実施する必要が確実にあるときは、省、自治区および直轄市の人民政府の規則によって、臨時行政許可を設定することができる。臨時行政許可が実施してから1年を満了し、継続実施する必要のある場合には、当該レベルの人民代表大会およびその常務委員会に対し地方法規を制定するよう要請しなければならない。（行政許可法15条）

　行政許可の設立の制限によって、意思自治優先、市場競争メカニズム優先、自己管理優先、事後規制優先といった市場経済体制に相応しい行政許可制度の諸原則が確立された[35]。一時氾濫していた省令・通達による行政許可の乱立はある程度抑えられた。

　「行政処罰法」に続き、「行政許可法」においても公聴手続が設けられた。同法によれば、法律・法規または規則の規定に従い行政許可を実施する前に公聴するべき事項、あるいは行政機関は公聴が必要であると認めるその他の公共利益に関わる重大な行政許可事項について、行政機関は社会に対してそれを公告し、公聴会を開かなければならない。（行政許可法46条）行政許可が直接に申請人と他人との間の重大な利益関係に関わる場合には、行政機関はその行政許可が決定される前に、申請人および利害関係人に対して、公聴を求める権利を有するという旨を告知しなければならない。申請人または利害関係人は公聴の権利が告知された日から5日以内に公聴申請を提出した場合には、行政機関は、20日以内に公聴を実施しなければならない。申請人および利害関係人は、行政機関が公聴を実施する費用を負担しない。（行政許可法47条）

　行政許可の公聴会は次の手続規定に基づき実施する。（行政許可法48条）

① 　行政機関は、公聴開催の7日前までに公聴開催の時間および場所を申請人および利害関係人に通知しなければならない。必要のある場合には、これを公告する。

② 　公聴は公開の形で開催しなければならない。

③ 　行政機関は、当該行政許可申請を審査する担当主査以外の者を公聴の主宰者として指定しなければならない。申請人または利害関係人は、主宰者が当該行政許可事項と直接的利害関係を有すると認める場合には、回避を申し立てる権利を有する。

④ 　公聴を開催する際に、当該行政許可申請を審査した担当主査は、審査意見

に係る証拠および理由を提出しなければならない。申請人および利害関係人はその場で証拠を提出し、弁解と尋問を行うことができる。
⑤　公聴につきその記録を作成しなければならない。公聴記録は公聴会の参加者に渡して誤りがない旨を確認させた後に署名させ、または捺印させなければならない。

　行政機関は、公聴記録に基づき、行政許可を決定する。

　公聴制度は後に鉄道運賃や電力・ガス・水道料金など公共事業の価格決定の過程で広く運用され、大きな成果を収めた。

　しかし、今まで公表した関係業法を考察すると、公法規範と私法規範が混在し、しかも制度設計上においては行政優先あるいは行政主導とされるものは圧倒的に多い。全人代が可決した数多くの法律は議員あるいは学者主導の下で完成したものではなく、委任立法の形で行政主導の下で完成したものである。さらに、行政法規から法律へ「昇格」という形で成立した法律も少なくない。このような背景を考えると、法の整備、とりわけ業法の整備から行政による影響を完全に排除することは無理があるだろう。立法法はこのような状況を少しでも改善しようという発想から行った新たな試みの一つである。

　立法法が確立した立法のプロセスはおおむね表2の通り[36]である。

　改革開放が本格的に展開して以来30年を経て、今の中国は決して過去のような法の未開地ではない。法整備の実績から見れば、全人代およびその常務委員会が制定した現行法律は229件を超え、内訳として行政法は79件、34.49%を占め、経済法は54件、23.58%を占め、憲法または憲法関連の法律は39件、17.03%を占め、民事商事法律は32件、13.97%を占め、社会法は17件、7.42%を占め、訴訟および訴訟外手続法は7件、3.0%を占め、刑事法は1件、0.43%を占める。また、数多くの法律は法の改正に対し慎重な姿勢を崩さない一方で、数回の修正を受け、時代の変化に合わせて法整備の改修工事を進めてきた。データから見れば、5回以上の修正を受けた法律は2件、2.8%を占め、4回の修正を受けた法律は2件、2.8%を占め、3回の修正を受けた法律は4件、5.6%を占め、2回の修正を受けた法律は14件、19.7%を占め、1回の修正を受けた法律はもっとも多い49件、69%を占めている[37]。

　法整備が進む反面、行政肥大化の弊害がますます顕著になってきた。数多くの

表2 中国の立法体制

立法機構の名称	行使する立法権
全国人民代表大会と全国人民代表大会常務委員会(国会)	国の立法権の行使、憲法改正、憲法実施の監督、刑事、民事、国家機構とその他の基本法律の制定と改正
国務院(中央政府)	憲法と法律に基づく行政措置の規定、行政法規の制定、決定と命令の発布
省、直轄市人民代表大会とその常務委員会(地方議会)	憲法、法律、行政法規に抵触しない前提の下で、地方法規を制定し、全国人民代表大会常務委員会に報告して、記録に留めることができる。
民族自治地方の人民代表大会(地方議会)	現地の民族の政治、経済、文化の特徴に応じて、自治条例と単独条例を制定し、自治区の自治条例と単独条例は全国人民代表大会常務委員会に報告し、批准されてから発行する。自治州、自治県の自治条例と単行条例、単独条例は、省または自治区の人民代表大会常務委員会に報告し、批准されてから発行し、同時に全国人民代表大会常務委員会に報告して記録に留める。

　行政機能が新法によって付与されるため、それに伴って政府の増員、財政負担の増加が避けられない。それにしてもなぜ消費者行政だけが取り残され、あらゆる場面でその無力感が漂い、時には消費者行政の不在がしばしば見られるのか。少なくとも次の要因にあると考えられる。

　まず、改革開放以降、社会全体が拝金主義に包まれ、政府官庁にも例外でない。省庁利益といえばさまざまな中味が挙げられるが、その第1位にあるのはやはり経済利益だろう。しかし、消費者からうまみを吸い上げるのは不可能に近いことは誰でも知っている。利益を得ようとするなら消費者でなく、事業者に向かうしかない。2000年から、中国消費者協会は事業者に向け、「安全・安心」製品の認可として「3.15マーク」発行し、多額の利益を得た。しかし、実際にはその審査基準が緩くて、認可を乱発する傾向がある。結局、2006年になって、ついに「欧典事件」[38]をきっかけに、「3.15マーク」は全面廃止に追い込まれた。消費者協会は消費者行政部門とはいえないものの、行政部門の外郭団体として行政に近い性格を持つから、消費者行政の内面を考える際には有益な参考となるはずだと思っている。実際にも、「3.15マーク」のほか、消費者保護の大義名分をもって許可、認可、表彰、評定など、利益を図って活動を展開する行政部門は少

なくない。

　また、公務員の素質の問題もしばしば指摘される。消費者行政へのアクセスが円滑ではないことは、制度上の問題ばかりではなく、公務員の怠慢、ときに高慢な態度は消費者の行政離れをもたらした要因の一つでもある。消費者による消費者行政の参加は苦情報告にとどまり、苦情が解決されるかどうかは行政側の努力次第で、消費者は関与できない。

　さらに、政府の末端組織としての地方政府は地元の雇用、税収、インフラ整備などを、最優先課題として位置づけ、業者に過度な保護を加えるため、いっそう消費者の行政への不信感を植えつける。地方保護主義は長年にわたって中央政府を悩ませる問題で、近いうちにその解決の糸口はまた見つからないが、社会的弱者としての消費者は特にその弊害を感じやすいだろう。

（3）小　結

　前述のように、中国においては今、消費者行政の分野においてさまざまな問題を抱えている。

　まず、制度上に問題がある。消費者行政はあくまで経済発展優先という国策の枠の中で動いて、限られた空間で制度革新のような新しい発想の翼が開かない。現状を見ればわかるように、現行の消費者行政の制度設計は他国の不完全コピーに過ぎない。

　そして、組織上に問題がある。消費者行政専門部署は存在していない。消費者行政の実質機能を行使している各行政機関においても、消費者保護が主な業務になっていない。

　さらに、組織内部にも問題がある。たとえ消費者保護の行政権限が付与されても、それを積極的に行使する原動力が乏しくて、消費者の期待に応えるものではない。

　しかし、消費者行政の改革は容易なことではない。司法システムと比べ、行政システムの規模ははるかに大きくて、その巨体を動かすには高度な意識統一および強い指導力が欠かせない。長年にわたって蓄積してきた各省庁の既得利権、省庁間の相互利害関係、行政慣習などが、いったん改革の視野に入れられると自然にアレルギー反応が出てきて、そして最大の抵抗勢力となっていく。

計画経済体制から脱却して30年を経た今、世界規模の規制緩和の波が押し寄せている。もちろん、中国も例外ではない。行政の保護に頼らず、自らの力で自分自身の利益を守ろうといった自己責任・自己保護の消費者意識の変革が急務となっている。一方、早急に消費者私法の整備を進め、消費者私法の議論を展開することは学界、実務界の責務だと認識しなければならないと思っている。

〈注〉
1)　地方の場合、消費者協会の職員は工商行政管理局が出向させ、経費も工商行政管理局が提供する。協会は工商行政管理局の指導の下で活動を行う。統計によれば、1999年10月末まで、全国県レベルの消費者協会はすでに3,138所に達し、消費者協会の支部は3万9,845所があり、さらに消費者苦情相談所は10万3,182所に及んだ。（中国消費者協会会長曹天玷氏が中国消費者協会第2届9回理事会で行った工作報告による。『中国消費者』2000年1号、p.13）。
2)　中国消費者協会会長である曹天玷は中国消費者協会が「法定名称、法定性質、法定職能、法定行為規範のある政府が経営する社会団体」であると指摘。『中国消費者』2000年1号、p.12参照。なお、比較の視点から、中国の消費者協会は日本の国民生活センター、韓国の消費者保護院に相当する準行政組織であるとの見解がある。したがって、中国の消費者協会は「消費者権益保護法」第12条が定める「消費者結社権」に基づき、消費者が自発的に結成する民間消費者団体ではない。梁彗星「中国的消費者政策和消費者立法」『法学』2000年5号、p.22注2参照。
3)　この時期に出版した代表的消費者保護関連の教科書として、謝次昌『消費者保護法通論』（1994年）中国法制出版社、戚天常『消費者保護法』（1995年）中国政法大学出版社、李昌麒・許明月『消費者保護法』（1997年）法律出版社などが挙げられる。
4)　梁彗星「中国的消費者政策和消費者立法」『法学』2000年5号、p.20。
5)　「中国開通全国統一的消費者投訴電話」2000年3月16日、中新社ニュース。
6)　「国際消連主席盛賛中国開通消費者投訴専線電話」2000年3月16日、中新社ニュース。
7)　「消費者権益保護法」第32条6号、「消費者の合法な権利・利益を損なう行為がある場合、被害を受けた消費者の提訴を支持する」。
8)　「中国消費者協会設立首筆法律支持金」2000年3月16日、中新社ニュース。報道によれば、初の80万人民元の法律支援金は保健品製造販売会社から寄付され、保健品に関わる消費者訴訟に指定適用することとなる。なお、中国においては、消費者訴訟支援金制度のほか、司法部（法務省）が提唱、設立した「法律援助」制度があり、一般訴訟を対象に、弁護活動の支援を中心として役割を果たしている。
9)　王海・劉元・輿今『我是刁民―王海自述』作家出版社、1997年。
10)　「新聞追踪：王海現象終結？」2000年9月30日、『南方週末』報道参照。報道によれば、9月に王海は広西南寧市のホテルで精神異常状態に陥り緊急入院となった。

11) 中間層という概念の定義について、2006年、新中間層に関する調査を依頼された中国国情研究会の事務局長を務める張仲梁により、6つの判断基準が提示された。それは、①比較的に高い学歴を持つ、専門的訓練を受けていた、②主にホワイトカラー、③給料で生計を建てている、④社会問題に一定の発言力または影響力を持つ、⑤自立・自己実現を重視し、社会観念の形成に相当な影響力を持つ、⑥平穏な生活を支える必要な財産と時間。しかし、月収の下限が2,000元と低く設定されたことに対し、社会からは受け入れ難いという反発の声が大きかった。

12) この事件は、まったく栄養成分のない粉ミルクを食べた赤ちゃんが栄養失調に陥り、併発症状で命を失う。国務院が行った最終調査によると、この事件で死亡した乳児は12人に達した。

13) 「中国の携帯ユーザー6億突破―日本総人口の4.7倍に」サーチナ記事、2008年7月24日。
http://news.searchina.ne.jp/disp.cgi?y=2008&d=0724&f=it_0724_001.shtml
　また、中国消費者協会の発表によると、2007度に受理した携帯電話関連の消費者苦情報告は8万470件に達し、全体の12.3%を占め、種類別から見ると苦情報告のもっとも多い分野となっている。

14) 「2008年上半年全国消協組織受理投訴情況統計分析」(2008年9月28日)中国消費者協会ホームページにて公開。
http://www.cca.org.cn/web/xfxx/picShow.jsp?id=41468

15) 最初に有毒米が発見されるのは広東省の米市場である。米に工業用油を混ぜ、その見た目を改善することによって米の等級を引き上げ、暴利を図るのである。しかしこのような手法で作られた米は強い毒性を持つ。広東省の次、全国各地で相次ぎ同じ手法で作られた米が見つかり、米市場の恐慌を引き起こした。衛生部は全国に緊急通達を下し、厳戒、摘発を急ぐように各地方当局に命じた。有毒米のルートは河南省からであると解明され、容疑者が逮捕されたが、事件をきっかけに多くの有毒食品が摘発され、改めて食品安全問題の深刻さを語った。「広州出現掺了石蝋油的有毒東北大米」2000年12月4日『羊城晩報』、「衛生部発出緊急通知厳査大米及食用油市場」2000年12月11日、www.xinhua.org 新華ネット、"有毒大米"源頭已被査明、4名渉案人員被拘主犯在逃」2000年12月11日、『北京青年報』。

16) この10数年間中国の家電産業の構造変化を分析すればわかる。

17) KFC, Mc Donaldなどの外国食品が中国消費者に受け入れられ、しかも大流行となるのは、食文化の違いから生まれた魅力のみならず、その背後にある国際企業の衛生・品質管理システムが消費者の人気を募る一要因でもあると、しばしば中国の有識者に指摘される。

18) 張厳方　『消費者保護法研究』法律出版社　2002年　p.161参照。

19) 張厳方　前掲 pp.162-163参照。

20) 金福海　『消費者法論』北京大学出版社　2005年　p.26以降参照。

21) 金福海　前掲 p.27参照。

22) 周勇兵　「中国・消費者主役にいすえた法整備の進展」『アジ研ワールド・トレンド』2003年8号、p.9参照。

23) 梁彗星「中国的消費者政策和消費者立法」『法学』2000年5号、p.20。

24) 梁彗星　前掲 p.20 参照。
25) 「楊涛：消協可以吃皇糧、但不能行政化」http://www.sina.com.cn　2007 年 4 月 16 日　長城在線（燕趙都市報）、「劉俊海：中消協改吃皇粮是真正的依法達標」http://www.jrj.com　2007 年 4 月 17 日　法制日報。
26) 国家質量監督検験検疫総局ホームページ　http://www.aqsiq.gov.cn/
27) 国家食品薬品監督管理局ホームページ　http://www.sda.gov.cn/
28) 「空前の健康被害、メラミン・ミルクで 29 万人に障害」2008 年 12 月 2 日、サーチナ記事。http://news.searchina.ne.jp/disp.cgi?y=2008&d=1202&f=national_1202_011.shtml
29) 「国務院関於進一歩加強食品安全的決定」、2004 年 9 月公布。
30) 「中華人民共和国行政処罰法」、1996 年 3 月 17 日に可決、1996 年 10 月 1 日から施行、全 8 章 64 条からなる。
31) 「中華人民共和国立法法」、2000 年 3 月 15 日に可決、2000 年 7 月 1 日から施行、全 6 章 94 条からなる。
32) 「中華人民共和国行政許可法」、2003 年 8 月 23 日に可決、2004 年 7 月 1 日から施行、全 8 章 83 条からなる。
33) 2005 年 8 月 28 日からは「治安管理処罰法」と改める。
34) これと対照的に、「証券法」は、民事賠償と課徴金が同時に存在し、余剰財産が両方を満足させることができない場合は、民事賠償が優先されることになっている（証券法第 232 条）。民事賠償優先制度が法に取り込まれたのは証券法が初めての試みであって、違法行為による利益の吐き出し制度の健全化に寄与している。さらに、証券取引に限らず、消費者取引全体に有効な啓発になっていると思われる。また、2000 年「質品品質法」改正によって、PL 法分野においでも民事賠償優先制度が確立した。
35) 周漢華「『行政許可法』的亮点与難点—写在『行政許可法』実施之際」『科学諮詢』2004 年 13 号。
36) http://japanese.10thnpc.org.cn/ja-shuzi/1/zti-lifa.htm 参照。
37) 李林「改革開放 30 年中国立法的主要経験」2008 年 8 月 16 日、新華ネット　http://news.xinhuanet.com/theory/2008-08/16/content_9371663.htm 参照。
38) 「欧典事件」とは、自称ドイツ系床製品メーカーの欧典は、優良製品として認められ、中国消費者協会から「3.15 マーク」の使用許可を得て販売を展開していたが、後にドイツとまったく無関係の国内メーカーであることが判明した。

第3章

消費者私法の法理

第1節　消費者契約の法理

(1) 意思表示論と消費者保護
1) 中国民法における意思表示論
　「民法通則」第4条は、公平、等価有償、信義則などとならび、自由意思の原則を定めている。第55条は「意思表示が真実であること」を法律行為の成立要件としている。
　1980年代における「民法通則」の制定によって、意思自治原則ははじめて民法の基本原則として位置づけられ、その後経済の自由度の向上に伴い、その地位は確立しつつある。しかし、意思自治原則は当事者の自由な意思を国家権力および他の当事者の不法干渉から守ることを責務とし、あくまでも中央集権的な計画経済体制の対立面に立つのである。そのため、市場経済体制への移行において、計画経済時代から定着していた政府の企業への干渉および国家公権力の個人生活への介入が、社会から強く反発されるのは当然であると思われる。立法においても、学者を中心に、意思自治原則を徹底させ、一部の学者は「市場経済は意思自治の経済」という命題に至り、市場経済における意思自治の中心的な役割に熱い視線を注いでいる（長い間にわたる計画経済に対する反動であって、立法面よりも政治的意味が大きいと思われる）。一方、先進国における意思自治原則の興廃、とりわけ消費者法領域における意思自治原則の変容を見ながら、市場経済体制に突入した中国において、意思自治原則の全面拡張を反対する慎重論者もいる。その代表的な一人は尹田である。彼は中国民法における意思自治原則の有すべき地位について、意思自治原則は市場経済の客観的要求であり、民事関係とりわけ契

約関係の一般法律準則に関する高度な要約でもあり、民事立法の基本指導原則の一つとして位置づけるべきであると述べていた。しかし、中国で現在進展している市場経済は19世紀の自由主義市場経済と違って、その産業規模は相当のレベルに達している。法先進国と同じく、中国も消費者労働者保護、独占、不正競争などの問題に直面している。ゆえに、中国民法において反映、確認すべき点は国際市場と共通性のある現代的取引ルールである。すでに修正を受けつつある意思自治原則を絶対化、神聖化させるのは、民法発展の流れに反するものであると主張している[1]。

　意思表示は民法のもっとも重要な概念の一つであり、中国の学者は「民事法律関係を設立、変更または終了する意思を外部に表す行為」と定義付ける[2]。意思表示は法律行為と密接な関係があり、意思表示は法律行為の必要要素であり、意思表示がなければ法律行為も存在しえないのである。法律行為のこの特性は法律事実と区別する重要なポイントである。

　史浩明氏は、意思表示を形成する心理過程を3つの段階に分けると主張している。すなわち、動機、効果意思および表示行為である。この中で、動機は、通常法律的意義をもたず、意思表示の構成要素にならないと解される。意思表示にとって、効果意思と表示行為はもっとも重要なことである。意思表示の内容は効果意思によって決め、そして人の内心活動である効果意思は表示行為によって、外部に表し、他人に認識させるのである[3]。その内心的効果意思と外部的表示行為の一致が常に法によって求められ、両者が一致しない場合、不真実な意思表示または意思表示の欠陥などの法的問題が生じるのである。

　内心意思と表示意思が一致しない場合、法はどれを真実意思とみなすかについて、従来、外部的表示意思を基準とする表示主義、内心的効果意思を基準とする意思主義、および両者を折衷する折衷主義がある（早期の学説においては、中国独自色の「弁証主義」[4]という主張があった）。現代民法の流れとして、意思主義あるいは表示主義を原則に、折衷主義を取るのが普通である。中国の場合、法がどのような立場に立つのかは不明であるが、学説は折衷主義を支持するほうが多い。ただし、折衷主義のベースとなる原則は意思主義か表示主義か、学説は一致していない。一部の学者は、意思表示の態様に応じて、それぞれ適当な原則を適用すると主張している。それによれば、瑕疵のある意思表示の場合、表意者

自分自身に責を帰すべき事情があるから、相手の利益と取引の安全を保護するため、表示主義を原則とすべきであり、一方、意思の欠缺の場合、外部から不当な干渉によってもたらされた結果であるから、表意者の利益を保護するため、意思主義を原則とすべきであるとしている[5]。この説は、興味深い発想ではあるが、現実においては困難があると思われる。もともと中国においては意思の欠缺と瑕疵のある意思表示という区別がなく、あえて分けると意思表示を一層複雑化する恐れがある。立法から見れば、「民法通則」は心裡留保のような純粋な内心的表示の規定を設けず、裁判体制に応じてより明瞭で効率性の高い表示主義に近づけるというのが立法趣旨にあるのではないかと思われる。

中国民法と学説においては、日本のような意思の欠缺と瑕疵のある意思表示という区別はなく、大雑把に「不真実な意思表示」という表現が使われる。「民法通則」第58、59条によれば、このような不真実な意思表示は次のように分けられる。

① 詐欺による意思表示。最高裁の解釈によれば、「一方当事者は故意に相手に嘘である情報を告げ、または故意に真実である情報を隠し、相手当事者に錯誤的な意思表示を誘う場合、詐欺行為と認めることができる」[6]。

② 脅迫による意思表示。最高裁の解釈によれば、「個人およびその親友の生命、健康、栄誉、名誉、財産などに損害を与えること、あるいは法人の栄誉、名誉、財産などに損害を与えることをもって強要し、相手に真実に反する意思表示を迫る場合、脅迫行為と認めることができる」[7]。

③ 人の危難に乗じて行われる意思表示（乗人之危）。後述するように、伝統的暴利行為論から分離、独立した概念である。最高裁の解釈によれば、「一方当事者は相手の危難に乗じて、不当な利益を図り、相手に不真実な意思表示を迫り、ひどく相手の利益を損なう場合、乗人之危と認めることができる」[8]。

④ 重大誤解による意思表示。「誤解」とは、認識と対象が一致しないことを指す。すなわち、民事行為の内容あるいはその他の事情を間違って認識し、意思表示と内心意思が一致しない結果をもたらすことである[9]。中国民法においては、「錯誤」の規定はない。法理上、重大誤解の規定を参考にして対処するのが通説と判例の立場である。重大誤解について、最高裁の解釈

においては、「(民事行為の) 行為人は行為の性質、相手当事者、目的物の種類、品質、規格および数などについて、間違って認識し、自分の意思と違った結果をもたらし、かつそれにもたらした損失が大きい場合、重大誤解と認めることができる」[10]とする。日本などの法規定と比べて、かなり限定されていることがわかる。立法者は取引の公平・合理の保護を重視し、法の各利益間の衡平的機能を強調し、裁判の社会的効果に力を入れている。なお、その誤解が「重大」であるか否かについても、公平原理に照らして、誤解による双方利益の不均衡が重大であるか否かによって判断するのである。

⑤ 悪意により通謀して、国家、集団または他人の利益に損害を与えるために行う意思表示。

2）日本民法における意思表示論

中国と違って日本の場合、契約自由の原則は早くから確立されていた。通常その契約の自由は、①契約締結の自由、②契約の相手方選択の自由、③契約内容決定の自由、④契約方式の自由と4つの面から具体化される。長い間にわたって、契約自由の原則は忠実に守られてきたが、今日に至って、多くの修正を受けている。特に、経済的強者と経済的弱者間の契約において、大幅な修正を受けている。

そのような修正はおおむね契約内容決定の自由に集中している。約款規制または約款の適正化はその領域においてもっとも目覚ましい変化が見られるところと思われる。戦後、高度経済成長に伴い、大量生産、大量取引時代に至り、契約の内容や条件を個別に取り決めていては、その目的を達することができない。そのため契約内容や条件を事業者があらかじめ定型的に作成した取引約款を用いることによって、容易にかつ一律に契約を処理することができ、その目的にかなうことになる[11]。商取引においては特に問題がないが、消費者取引の場合、経済的に、あるいは知識、情報面で優位に立つ事業者が一方的に作成した約款が契約内容となり、消費者には契約内容について事実上交渉の余地はなく、拒否または受入れの意思表示しか行わざるをえない。この問題に対応するためには、行政規制、自主規制のほか、立法規制として、特別法において、約款規制の法理が運用され、裁判による司法的規制としても、公序良俗則、信義則の活用によっ

て、約款規制の役割を果たしている。

　意思表示の形成についての認識は日中間で基本的に大差がないと思われる。すなわち、意思表示（契約意思）は、①動機→②内心的効果意思→③表示意思→④表示行為という4段階からなり、①の動機は意思表示に含まれないのである[12]。

　意思表示について、現行民法第93条以下の規定は、通常2つに分けられ、心裡留保・虚偽表示・錯誤が意思の欠缺といわれるのに対し、詐欺・強迫は、瑕疵ある意思表示といわれている。意思の欠缺とは、表示があっても内心の意思が欠けていることを意味し、瑕疵ある意思表示とは、意思表示自体に欠陥はないが、ただ意思を形成する動機の段階に欠陥があることを意味する。このような考慮の下に、民法は、意思欠缺の場合は無効を問題とし、瑕疵ある意思表示の場合は取消しを問題とした[13]。

　意思欠缺の中で、消費者契約で問題となるのは錯誤である。さらに、錯誤の類型の中で動機錯誤の問題はもっとも複雑である。前述したように、動機は意思表示を構成するものではないから、法的に評価の対象となっておらず、契約の効力には影響のないのが原則である。

　瑕疵ある意思表示について、民法96条は、瑕疵のある意思表示をさせるに至った原因が相手方の詐欺による場合と強迫による場合について規定している。さらに、民法120条にいう「瑕疵アル意思表示」は、民法96条で定める詐欺、強迫による意思表示を意味するものと解され、この表意者は意思表示を取消すことができると定められている。長尾によれば、この法律制度は、表意者は自由な状態での意思表示をしたのではないから保護に値し、他方、不当な干渉者については、相手方の意思表示上の効果を受けさせることは妥当でないという双方の状況に対する公平な評価に基づいている。表意者に対する干渉の不当性から、詐欺、強迫は不法行為として評価される。それに、意思表示は詐欺により生じた錯誤や、強迫により生じた恐怖心に基づいてなされたことが必要であって、錯誤、恐怖心と、なされた意思表示との間には原因結果の関係がなければならない。しかし、瑕疵ある意思表示を干渉行為の違法性を重視する不法行為的立場から把握するのではなく、自由な選択決定への侵害として把握する立場からすれば、自由な意思決定が妨げられたということを要件とせざるをえないからである[14]。従

来の「違法性」から「権利侵害」への復帰といえるかもしれないが、「自由な意思決定」への侵害を「損害」として評価することができるか否かについては、いまだ問題として残っていると思われる。

3) 法律行為とその効力

前述したように、中国民法における意思表示制度は日本などのものと比べて、大きな差異はない。しかし、意思表示の効力について、表3が示したように、日本など伝統的大陸法の国と比べて、いくつかの違いが見られる。

無効な民事行為について、「民法通則」第58条によれば、①民事行為無能力者が行ったもの、②制限的民事行為能力者が、法によって独立して行うことができないこと、③一方が、詐欺、脅迫の手段を用いて、または人の危難に乗じて、相手方に真実に反する状況で行わせたもの、④悪意により通謀して、国家、集団または他人の利益に損害を与えるもの、⑤法または社会公共の利益に反しているもの、⑥経済契約で、国家の指令性計画に違反しているもの、⑦合法な形式を取って、法に反する目的を隠蔽するもの、と挙げられる。そのうち⑥は市場経済体制の確立によって、その存在の意義が失われる。

取消しうる民事行為について、「民法通則」第59条によれば、①行為者が行為内容について重大な誤解をしているもの、②明らかに公平を失するものに対して、当事者の一方は、人民法院または仲裁機関に、変更または取消しを請求する権利を持つ。

大陸法の伝統と違って、中国民法においては、無効の範囲が拡大され、詐欺、脅迫など通常取消しうるものに帰される瑕疵のある意思表示を無効とし、制限行為能力者が許可なしで行った効力未定の意思表示も無効とする。現行中国の民事立法における無効の範囲の幅の広さが感じられる。中央集権の計画経済体制と社会公益優先の社会主義理念から出発した中国の民事立法においては、国家が民事活動をコントロールすることと不法行為に対する制裁することが強調されたのである。しかし、それでは無効の範囲が広すぎ、その直接的悪影響として無効契約の割合が高いレベルにとどまっており、データによれば裁判において無効契約の割合はすでに契約全体の10～15％に達している[15]。

王利明は、現行民法における無効制度のマイナス面を次のように指摘した[16]。

① 余計な損失と無駄をもたらす。無効契約の効果として、原状回復が原則で

ある。すでにかかった費用は回収不可能なうえに、契約解消、相互返還のため、新たに費用が必要である。
② 当事者の意思の尊重と利益の保護に障害をもたらす。詐欺、脅迫はある程度の違法性があるが、主に意思表示の瑕疵の問題であり、被害者の意思を尊重し、取消しうる行為として、取消すか否かは被害者自らの利益判断によって決めるべきである。
③ 取引の活発に障害をもたらす。法の目的は取引の活発化を促進することであるが、無効は契約の消滅を宣言している。過当な無効宣言は法の目的に反している。

ゆえに、王氏は現行法を修正し、無効契約の内容をより明確にし、無効契約の範囲を縮小し、無効契約の消極面を解消していき、他方、取消しうる契約の範囲を拡大し、詐欺、脅迫を取消しうる契約に取り込むべきである、と主張している。このような考え方は大陸法の立法通例と一致し、契約効力領域において絶対無効から相対無効への現代民法の流れにも合致することから、学説上おおいに支持を受けている[17]。

なお、中国民法によれば、取消しうる民事行為について、取消しの申請を民

表3 日中民法における無効と取消の比較 [19]

		日本	中国
意思の欠缺	通謀虚偽表示	×	×
	意思無能力	×	−
	心裡留保	×	−
	錯誤	×	△
瑕疵のある意思表示	詐欺	△	×
	強迫	△	×
	乗人之危	−	×
	行為無能力	△	×
	制限行為能力	△	×
その他	公序良俗違反	×	×
	強行法規違反	×	×
	顕失公平	−	△

×無効。
△取消うべき意思表示・法律行為。
−対応する規定なしまたは不明。

事行為がなされた後1年内にこれをしなければならない。中国民法で定めた時効は訴訟時効と呼ばれ、訴訟の時効期間が満了すれば、権利者は請求権、すなわち実質的な訴権(勝訴権)のみを喪失する。手続的意味における訴権(起訴権)および権利自体は、訴訟の時効期間が満了しても消滅せず、債務者は依然として自由意思により履行することができる。債務者は自由意思によって履行した場合、訴訟の時効期限満了を知らずにいたことを理由に、返還を請求することはできない[18]。取得時効が認められないという点を除き、日本民法と同じ態度をとっている。

4) 意思表示論と消費者保護

　消費者取引契約は、事業者による情報提供(契約の申込の勧誘)→消費者の動機の形成→意思決定→意思の表示(契約の申込)→契約の締結(事業者の承諾というよりも契約の申込の勧誘の成功による顧客の獲得)の順序を踏むが、現代における大量・定型的消費者取引にあたっては、対等な交渉力を持った当事者同士による契約内容の確定と締結というモデルはまったくあてはまらない。不可避的に制約された消費者の意思の現代的な再構築も必要になってくるし、消費者教育や消費者自身の自覚によって消費者個々の選択判断の能力を強化することなどにより、消費者の自立を図ることも重要な施策となる[20]。

　長尾は、現代における消費者意思は自覚的意思と不確定的な合理的な意思(一般消費者としての理性)からなると整理されている。消費者の意思は、事業者の行為により、動揺し律されやすく、ないしは、誤った判断に導かれやすい微弱な体質を有している。従来、取引の安全性をはかるため、契約あるいは意思表示の効力を判断するに際して、表示行為を重視する法理論が支配的であった。そのため、消費者が欲しなくても、事業者の支配力の下で一定の表示行為をしたとき、消費者の上に不利益な義務が課されることが少なくなかった[21]。民法上の意思表示概念はいうまでもなく一個の法技術概念である。この法概念は、完全で、かつ、自由な意思を基底としている。この完全性は具体的な人の能力との関係で、意思の完全性を問題にし、法はこれを欠く者を保護するための理論と制度を設けている。他方において法は、完全な意思についてその自由性を確保しようとするが、民法ならびに従来の民法学は、とりわけ効果意思を自由の対象として取り上げ、その上で、意思と表示とが不一致の場合には、意思表示の効果を表意者の

知、不知を主軸として定めることとし（民法93条ないし95条）、あるいは、瑕疵ある意思表示として、その法的処理を、回復された当事者の自由意思にゆだねることにしている（民法96条）[22]。それら伝統的な民法意思表示論の反省から、消費者の合理的な意思表示をベースに新たな消費者意思表示論の構築は世界各国の共通な課題になるのである。

中国の場合、計画経済時代には消費者の意識がなく、消費者契約という概念はほとんど提起されなかった。改革開放以来、国民所得の向上に伴い、消費者利益集団が形成されつつあり、一方、自由化された市場において粗悪品と悪質なサービスが氾濫し、消費者と事業者間にトラブルが多発している。それを背景に、消費者保護への関心が喚起され、立法と学説においても力が入れられるようになった。

司法による消費者救済はいくつかの道があるが、裁判官の資質の問題をはじめ、中国の法システムの不備な点がまだ多く存在しているので、立法者は信義則、公序良俗などの一般条項の適用について極めて慎重な態度をとる。そのため、相対的に、意思表示論による消費者の司法的な保護はもっとも利用しやすく、法の安定性を損なうリスクももっとも小さいと思われる。しかし、中国においては、意思表示についての研究は「民法通則」の制定と同時に、さかんに行われているが、消費者の意思表示の問題まであまり触れず、まだ民法一般論のレベルにとどまっているのが現状である。とはいえ、中国法は伝統的大陸法と旧ソ連社会主義法からの影響を受けており、今日に至っても、その独自の法律構造を無視することはできない。契約について、長い間民法以外に経済契約法が存在しており、商取引は経済契約法によって対処されるのに対して、消費者契約などの「民事契約」は民法の調整対象となる（通説）。もちろん、各自の法原則の下に、商取引と消費者取引における意思表示の構成、利益均衡の判断基準などは同一であるわけがない。ここで消費者取引の意思表示論を作り出す隙間が生まれたのである。このような「経済契約」と「民事契約」の共存は学者から強く批判され、修正の方向としては両者の統合にあるといえるが[23]、これまで積み重ねられた裁判の経験は、消費者意思表示論の形成に貴重な参考になると思われる。

なお、最近では約款規制の問題も注目されており、消費者意思表示と関わる議論が目立つ。

消費者意思表示論を明文で定めたのは1993年に制定された「中華人民共和国消費者権益保護法」である。同法第49条は「事業者は商品あるいは役務を提供する際、詐欺行為のある場合、消費者の要求に応じて賠償額を増加しなければならず、増加の賠償額は消費者が商品を購入する価格あるいはサービスを受ける料金の2倍となる」と定めている。詐欺の意思表示による消費者契約を無効とし、特別法によって確認されている。さらに、詐欺の意思表示の要件について、消費者取引における独自の構成要件が成立しうるか否かという問題をめぐって、激しい対立が見られた。

(2) 公序良俗と消費者保護
1) 中国民法における公序良俗

中国民法においては「公序良俗」という概念が使われていない。それはもともとソ連民法とその理論からの影響を受けた結果であるといわれる[24]。1949年以降、中国では3回にわたって民法典の制定が試みられたが、その作成したいくつかの草案において、いずれも「公序良俗」の概念が用いられていない[25]。

しかし実際に、「公序良俗」という概念に代わって、「民法通則」では「社会公共利益」「社会公徳」などの言い方を使い、公序良俗と同じ効果を果たしている。

王利明は初期の体系書である「民法新論」において、公序良俗という概念を使わず、現行法に忠実に従って、社会公徳と社会公共利益を尊重する原則を用いるが、社会公徳と社会公共利益を分けて、それぞれ以下の通り説明している。「社会公徳、すなわち、社会公共生活の準則であり、人々の社会公共生活において守らなければならない基本準則を指す」。社会公徳原則は「財産関係に適用するに限らず、人身関係にも適用しうる」。特に、財産関係の分野において、「わが国民法は民事活動において詐欺・不正競争などを禁止し、不正広告・消費取引において瑕疵のある商品、偽造品をごまかして宣伝したり、販売するなどあらゆる行為を禁止している」。消費者取引はその社会公徳原則によって対処することが念頭に置かれていると思われる。次に、社会公共利益は「社会構成員全体の共同利益」であり、「法律が社会公共利益を保障するのは、全人民の共同利益を保護することであり、同時に、国民の個人的利益を保護することを意味する」「社会公共利益に違反する行為は時には社会主義公共道徳違反、あるいは社会生活と経済

秩序を破壊し、人々の正常な生産と生活に悪影響を与える形で現れる。しかし、社会公共利益を尊重する原則と社会公共道徳を尊重する原則は決して等しいものではない。前者は正常な経済と生活秩序の保護に重点を置き、後者は社会主義公共道徳関係の保護に重点を置く」[26]。

これに対して、梁慧星は、社会公共利益原則は公序良俗に相当する概念であり、解釈上、社会公共利益原則と社会公徳原則を分け、それぞれ公序と良俗に対応して理解してもよいと主張している。梁は、かつては「社会公共利益原則は極めて抽象的概念であり、これはわが国の社会生活の基盤・条件・環境・秩序・目標・道徳準則および善良風俗・習慣などすべて含めるものである」[27]と社会公共利益原則の定義付けに努めていたが、やがてこのような解釈の空洞さを痛感し、裁判官の判断基準になれないことを理由に、自らの説を否定した。梁は、権力高度集中の計画経済体制から社会主義市場経済体制への変容において、「市場経済条件の下で公序良俗の地位と役割を研究し、市場経済の発展した国や地域における公序良俗に関する立法・判例・学説を参考ないし吸収することは、わが国の市場経済法制の改善と健康な市場経済法律秩序の確立にとって、重大な意義を持つことである」[28]と指摘した。とくに、梁は公序良俗の歴史的変化を分析しながら、現代社会における消費者・労働者保護等の分野で公序良俗の新しい役割を強調していた。

なお、一部の学者は「民法通則」の社会公共利益・社会公徳を尊重する原則を権利濫用禁止原則に読みかえ、さらに、その権利濫用禁止原則は「信義則の非直観性を避けるため、信義則から独立したものである」と主張していた[29]。日本の場合も、「民法制定直後から、一般的には、公序良俗は権利濫用の単純な判断基準ないし要件そのものであるとの記述がなされてきた」[30]とされ、中国の学者と類似した考え方であった。

いうまでもなく、通説は、「民法通則」における「社会公共利益」が世界各国の民法において「公共秩序と善良風俗」の「公序良俗」に相当する地位にあると解される[31]。にもかかわらず、「社会公共利益という用語は公序良俗に相当すると解釈することができるが、正式な法律用語ではないから、すべての公序良俗違反類型をカバーできない。ゆえに、立法機関は民法典を作る際、公共秩序と善良風俗という用語に改めるほうがよい」[32]という新たな提案が注目されている。

現行法において、公序良俗に関する規定は「民法通則」に集中している。「民法通則」第7条は「民事活動においては、社会の公共道徳を尊重しなければならず、社会公共の利益を損ない、国家経済計画を破壊し、社会経済秩序を撹乱してはならない」と定め、民法の基本原則の一つとして位置づけ、また、同法第55条は、民事法律行為[33]の一つの成立要件として、「法及び社会公共の利益に反していないこと」を備えていなければならず、同法第58条は、民事行為の中で「法または社会公共の利益に反しているもの」が無効であると定めている。さらに、第150条は、国際私法についての公序良俗規定として、「本章の定めに従って、外国の法律または国際慣例を適用する場合は、中華人民共和国の社会公共の利益に反してはならない」と定めている。

2) 日本民法における公序良俗

滝沢氏の指摘のように、公序良俗の概念は、時代によって、また国によって異なる[34]。日本の場合、公序良俗について民法90条は「公ノ秩序又ハ善良ノ風俗ニ反スル事項ヲ目的トスル法律行為ハ無効トス」と定めている。もともと、これは極めて包括的規定であり、これを支えているのは学説と判例である。現在の通説といえる我妻説は1928（昭和3）年の「民法総則」（現代法学全集）において一応完成しており、戦前までの学説史はその形成過程として捉えることができよう[35]。しかし、現在の公序良俗論の基本的な枠組は昭和3年の我妻説においてほぼ完成していたが、これが一般化したのは戦後、とくに昭和40年代以降である。戦後の学説史はその普及の過程であるといえるが、細かい点についてまで一致しているわけではない[36]。

公序良俗を定める民法90条のもとになったのはフランス民法であり、その解釈において大きな影響を与えてきたのがドイツ民法である[37]。しかし、「フランスでは、公序および良俗の両概念を明文で用いながらも、公序良俗の理解にあたっては公序を中心とし、良俗を道徳に関する公序として公序の一部分として理解している。ここでは、公序概念への一体化がみられる」。また、「ドイツについてみれば、「善良の風俗に反する法律行為は無効」とし、「公序」の概念が存在しないこと、暴利行為および禁止法規違反につき明文規定のある点で、わが国の場合とは規定上の差異があることから、良俗概念一本ということになる」[38]。日本の場合、公序と良俗の関係について、「我妻博士は、公序とは国家社会の一般的

利益を指し、良俗とは社会の一般的道徳観念を指すとして、定義づけにおいては一応の区別をしながらも、両者の範囲が大部分において一致するのみならず、理論上も、明瞭に区別することはできないとの見解に立って」[39]、その後、我妻説を承継しつつも、両者を一括する傾向が見られ、現在に至るまで通説としての地位を占めている[40]。

3）公序良俗の変容
① 政治の公序良俗から経済の公序良俗へ

現代に至って、公序良俗の変容が見られるようになった。従来、公序良俗の重要な役割としては国家安全と家庭秩序の維持にある。フランス民法典から、およそ1世紀にわたって、このような政治の公序は公序良俗のもっとも重要な責務である[41]。市民、商取引などの市場関係については、公序良俗の調整範囲に引き込まず、契約自由の原則への尊重が強調され、契約自由の濫用が国家安全と家庭秩序を損なう場合にしか公序良俗は介入しないのが普通である。しかし、戦後に至って、公序良俗の機能に一つの大きな変化が起きた。これは政治の公序良俗から経済の公序良俗への変化である[42]。佐藤が指摘したように、公序良俗は、反社会的な近代市民社会的公序違反に適用していれば十分であったが、20世紀型の市場経済社会の発達とともに、これを営業の自由権の濫用にも適用するようになった[43]。政治的公序と違って、経済的公序は契約関係の調整を責務とし、国家権力の介入による経済自由に対する制限である。さらに、経済的公序良俗は指導の公序良俗と保護の公序良俗に分けることができる。

② 指導の公序良俗から保護の公序良俗へ

戦後各国おいて経済的公序良俗の変化をみれば、指導の公序良俗から保護の公序良俗への変化であり、ほぼ一致していることがわかる。指導的公序は戦後の国家経済政策が法政策へ反映したものともいえ、各国のケインズ政策の相次ぐ廃止に伴い、かつての重要な地位を失ってしまう。それに代わって、消費者、労働者など社会的弱者の保護を責務とし、いわゆる保護的公序の地位が浮上してくる。指導的公序は社会全体利益の保護に着目することと相対に、保護的公序は市場経済において弱者である個人の利益を配慮し、特別な保護を与えることである[44], [45]。

社会主義国としての中国では、長い間指導的公序が主導的地位を占めていた。市場経済体制への転換期に向かって、経済の公序良俗を再検討することは大変必要だと思われる。

③ 絶対無効から相対無効へ[46]

従来、公序良俗違反の効果としては法律行為の絶対無効である。絶対無効の場合、法律行為は成立した時点から当然、確定的に、全部無効であり、誰からでも主張できる。そのような絶対無効は、政治の公序あるいは経済的公序の中の指導的公序においては、特に問題がないが、保護的公序においては、本来社会弱者利益保護という法目的の達成に逆効果となる可能性が指摘された[47]。そのため、保護的公序を適用する場合、世界的な流れとしては、相対無効をとることになる。すなわち、法律行為の当事者しか無効を主張する権利を認めず、無効の範囲についても、公序良俗違反部分だけを無効とし、ほかの部分は有効とする。さらに、無効を主張できる側にその効力を遡及的に承認することが許される。相対無効は新しい環境で裁判の柔軟性を示し、当事者の利害関係を調整し、社会的、経済的弱者を保護する手段として機能している。

4） 保護の公序良俗と消費者私法

前述したように、消費者私法において、保護の公序良俗は重要な意味を持っている。もともと、消費者取引被害に対する消費者の救済方法には、契約解消型救済と損害賠償型救済とがある[48]。これに対応して、消費者契約と不法行為責任の考え方を用いて対処するのが普通である。債務不履行責任と不法行為責任の競合問題は古くからすでに存在しており、消費者私法における保護の公序の運用にも、公序良俗概念の交錯という問題がある。そこで、椿が提唱する広義の公序良俗違反という新たな視点と、長尾が提唱する消費者取引公序[49]という考え方に注目すべきだと思われる。

保護の公序良俗の下に、契約の無効または取消と不法行為責任の活用によって、より柔軟に消費者保護を実現することが容易になるといえよう。社会全体利益の保護に着目する指導の公序と違って、保護の公序は消費者のような社会的弱者の個人利益の保護を出発点としているため、従来の公序良俗に対する硬直化された理解を避け、多様な消費者取引実態に応じてより円滑的に、多様な理解を示し、ないし消費者取引特有の公序良俗概念を作り出すことができると思う。さら

に、このような公序良俗概念の確立によって、消費者私法はよりやりやすく、消費者側も利益判断のメリットをはっきりとすることができよう。

5）公序良俗の類型

公序良俗の類型化は、公序ないし良俗の概念内容が抽象的であることから、公序良俗違反を判断する具体的なメルクマールを与えることであり、裁判官が公序良俗規定の適用を誤り、恣意的であったり、あるいは濫用することのないようにその判断基準を示すという役割を担うものである。

日本の場合、いわゆる我妻類型が今なお中心的な役割を果たしている。我妻類型は、要約すれば「人倫」「正義の観念」「暴利行為」「個人の自由の制限」「営業自由の制限」「生存の基礎」および「射幸的」という7種類の類型概念からなるといわれる[50]。我妻公序良俗説は1928年の時点ですでに完成していたが、「今日まで、無批判的に承継されてきた原因は、その類型化に用いた類型概念自体、時代により、その意味内容が変容しても、それを包容できるものであったことにあるのではないかと思われる」[51]。しかし、戦後に至って、新しい判例の出現によって、我妻説の限界が指摘され、根本的見直し論が見られるようになった。戦後判例の変化について、中舎が指摘したように、人倫類型の減少、経済取引関連類型・労働関係類型・行政関係類型・詐欺的商法類型などの増加という新しい類型が登場してきて、良俗類型よりも公序類型に重点が移ってきていることが注目される。

中国の場合、残念ながら、公序良俗の類型化についての議論が少なかった。これはある程度中国の公序良俗など民法基礎研究の遅れを物語っているが、中国の立法の独自性、ないし法システム全体の不備をも念頭に置く必要があると思われる。1986年に作られた「民法通則」は、世界各国の既存の立法経験・学説・判例などを参考とすることができたから、より近代的立法技術を取り込み、伝統民法が対応し難い現代的諸問題を先に念頭に置くことができた。例としては、暴利行為を公序良俗から独立させ、さらに「人の危難に乗じる行為」と「明らかに公平を失する行為」に二分し、それぞれ絶対無効と相対無効の効力を付与するという仕組みがある。そのような公序良俗要件の具体化への努力によって、法実務において公序良俗類型化の要請が多少解消されてきた。

次に、中国での最大の原因はやはり判例の量と質の不足である。判例の地位

について、「公序良俗の具体的内容については、判例を類型化して説明することが一般的な手法となり、分類項目もほぼ我妻説に従っている」[52]と滝沢が指摘した。もちろん、判例軽視の大陸法の伝統の影響もあるが、中国の場合、中央集権の体制が長い間存在していたから、そのまま裁判体制に反映して、裁判官の法解釈機能としての判例、とくに下級審の判例が厳しく制限されたのは決しておかしくない。しかも、判例反対派にとって、中国裁判官の資質の不足は常に攻撃の的になり得る。裁判官の資質が低いから判例不足、逆に、判例不足から裁判官の資質はもっと低くなり、このような悪循環が中国の厳しい現状である。

他方、公序良俗の類型化を試みる学者もいる。梁慧星は、公序良俗違反を「国家公序侵害」「家庭関係侵害」「性道徳違反」「射幸行為」「人権および人格侵害」「経済自由の制限」「公正競争の妨害」「消費者保護」「労働者保護」および「暴利行為」という9種類の類型に定めるべきであると提案した[53]。梁の類型について、とくに注目すべきなのは消費者・労働者保護にある。

6) 消費者保護における公序良俗の役割

消費者私法の分野において、「公序良俗」の円滑な運用が重要な意味を持つことは早くから学者たちによく指摘されてきた。しかし、現実において、信義則とともに、公序良俗は期待されたような役割を果たすことができるか否かが疑われている。その最大の理由は中国裁判制度の不備ないし裁判官の資質の低さにあるまいかと思われる[54]。

中国の学者たちのこのような配慮は「契約法」試案においても反映された。最終的には採用されなかったが、試案として「裁判所は直接に誠実信義則を適用し、裁判を行う場合、最高裁に報告し、認可をもらえなければならない」という提案が出され、裁判への不信感を改めて表している。

とはいえ、最近このような状況を改善しようという動きが見え始めた。「中華人民共和国法官（裁判官）法」の成立により、公開かつ公正な裁判官の選別制度ができ、優秀な人材に裁判所の扉が開かれるようになった。しかし、中国の司法システムは膨大であり、しかも、地域の差が大きいため、全体的な資質が法先進国と並ぶのはまだ時間が必要であろう。

平野によれば、民法90条の公序良俗類型の中で、消費者保護のために用いることが可能なものとして、暴利行為と射幸行為を考えることができる[55]。しか

し、彼が指摘したように、射幸行為はマルチ取引といった特殊な取引にしか使えず、また、暴利行為も要件が厳しく制限されている。すなわち、①他人の窮迫などに乗じるという主観的要件と②給付の著しい経済的不均衡という客観的要件が必要であると、日本民法において公序良俗則の運用の問題点を平野は指摘した。ところが、中国においては、民法通則の制定によって、伝統的暴利行為を分け、他人の窮迫などに乗じる行為を無効行為の独立的類型（乗人之危）として扱い、給付の著しい経済的不均衡は別の取消しうる行為（顕失公平）として、後述するように、公平性、合理性の原則に譲ることになった。このような法的対処は、公序良俗の運用が少し緩和されるようになるといえるが、新たに要件の限定が悩みの種にもなっている。

これまで、中国では公序良俗に関する判例はまだ少ない。公表された判例の中で、公序良俗によって消費者利益を保護する例はめったに見られない。倪培謨、王穎訴中国国際貿易センター名誉毀損案はその1つである[56]。

この事件は、国際貿易センターで買い物中の2人の若い女性、倪と王が万引きと疑われ、売場でセンター職員の質問を受けた上、事務室に連れていかれ、カバン、コートなどの検査を受けた。事件の最大の争点は、定式約款に対する認識である。センター側は、その店の入口に「お客様のカバンを検査する権利がある」という趣旨の公告があって、顧客はその約款を認めたと推定すべきだと主張した。本件は和解で済むにもかかわらず、裁判所は異例の判決文を出した。判決は、「個人あるいは法人はある行動を行うとき、法的根拠がなければあるいは法に従わなければ、自らこのような行動を行う権利を有するとは認められない」「公告は店の入口に貼っているが、それ自体が法的根拠を欠き、無効であり、顧客はその公告に遵わない権利を有する」と述べ、消費者訴訟で公序良俗を基にした約款規制法理の活用の例として注目される。ちなみに、これは「消費者権益保護法」実施する前の例である。（「消費者権益保護法」第24、25条を参照）

もう1つの例は消費者関連でなく、公序良俗によって労働者利益を保護する例であるが、消費者保護の研究にとって参考に値すると思う。その事件[57]は張連起が個人である張学珍に雇われ、建築現場で働いていたが、作業中人身事故が起こったというものである。被害者である張連起は損害賠償を求めていたが、張学珍は労働契約で定めた「人身事故の責任を一切負わない」という条項をもっ

て、それを拒否した。裁判所は、労働契約で「人身事故の責任を一切負わない」という趣旨の約款は公序良俗違反として、無効と認めた。前例とならび、いずれも公序良俗を基に約款規制の法理を活用した例である。

（3） 信義則と消費者保護
1） 中国民法に於ける信義則

中国『民法通則』第4条は、「民事活動においては、自由意思、公平、等価有償、誠実信用の原則に従わなければならない」と定めている。これは信義則の法的表現と思われる。

しかし、信義則の内延と外延について、学説の見解は分かれている。概して「語義説」と「一般規定説」がある[58]。いわゆる「語義説」は、信義則を単に「誠実信用」という文面の意味から理解し、あらゆる民事活動において人を騙さず信用を守る義務があると解読するようになっている。これに対して、「一般規定説」は、信義則をその外延の十分に確定しない、強制効力のある一般規定と読み取り、さらに、「一般規定説」は、信義則の不確定性がその外延にとどまらず、さらに重要視すべきなのはその内延の不確定さにあるとする。

王利明はその信義則を「善意でもってその義務を履行し、法律と契約を逸脱してはならない」[59]と位置づけ、基本的には「語義説」の考え方ではないかと思われる。

徐国棟は、信義則を民事活動における双方の利益の衡平、および当事者利益と社会利益の衡平を維持する「立法者の意志」と位置づけている。すなわち、信義則の目的としては、立法者がその三者利益の衡平を実現することによって、社会のなごやかな進歩に寄与することにある。言い換えれば、三者利益の衡平は信義則の結果であり、当事者は誠実・善意をもって行動し、裁判官が公平正義の理念によって創造的な司法活動を行うのは、その結果に達する手段であるとする[60]。大変興味深い考え方である。

要するに、「語義説」は信義則の原点としての道徳から着目し、法律は長期にわたって成り立った「誠実商人」のモデルを作りだし、社会経済参与者の自覚に寄与するのである。「語義説」は当事者の主観的「善意」を重視し、契約自由に対抗する悪意抗弁として視され、あくまでも契約自由の枠内で機能するのであ

る。

これに対して、「一般規定説」は単なる主観状態の枠を超え、信義則をすべての人、すべての権利行使と義務履行に適用する一般規定と解している。梁慧星の指摘のように、近代に至って、信義則の適用範囲はますます拡大しており、契約の成立、履行およびその解釈のみならず、最終的にはすべての権利行使と義務履行に広まり、民法の基本原則となるのである。そして、その性格は当事者の意思を補完する任意規定から、当事者の特約で適用を排除することができず、しかも当事者の援用をしなくても、裁判所は職権によって直接的に適用できる強行規定に変身した[61]。

80年代半ばに制定された中国の「民法通則」では、改革開放の成果を反映して、法先進国と台湾の立法経験を取込んで、第4条で民法の基本原則として信義則を定めた。その適用範囲はすべての民事主体と民事活動にまで及び、世界の民法立法の流れと一致していると思われる。

2) 日本民法に於ける信義則

日本においては、大正期になってようやく信義則を明言する判例が現れ、判決を積み重ねることによって、信義則の判例理論が形成されたのである。また、学説においても、大正初期に、牧野がヨーロッパの学説・判例に依拠して信義則論を提唱し、大正末期には、鳩山が信義則を体系化して、学説・判例に大きな影響を及ぼした。昭和期には、信義則を適用する判例も増加し、学者たちの研究もさかんとなり、信義則は、学説上も判例理論においてもその定着をみたといえよう[62]。そして、今日に至って、一般則である「信義誠実の原則（信義則）」は、戦後の民法の改正で1条2項に追加されたものである（民法1条—①私権は公共の福祉に従う、②権利の行使義務の履行は信義に従い誠実にこれを為すことを要す（信義則）、③権利の濫用はこれを許さず）[63]。これは、前述のようなヨーロッパ法の変遷と学説・判例の動向、ならびに日本における学説・判例の展開を踏まえて成文化されたものである。

3) 信義則と公序良俗との関係

公序良俗と信義則とも、もともと道徳に由来するものであり、社会道徳準則が法律によって確認されたものである。そのため、信義則と公序良俗、とりわけ良俗と重なる部分があるといわざるをえない。日本の場合、判例と学説において、

公序と良俗を区別せずに、いわゆる良俗一体化によって判断を行うのである。しかし、我妻が指摘したように、公序とは国家社会の一般的利益を指し、良俗とは社会の一般的道徳観念を指すとして、定義づけにおいては一応の区別があるのである。

佐藤は、公序良俗と信義則を比較する際、一般則たる民法90条の公序良俗が、どちらかといえば「倫理的規範」としての意義に比重があるのに比して、信義則は、実定法化されているモデル的ルールよりも、実定法には体言されていなくとも現実適合的、客観的、内在的な意味での「経済的規範」ないし経済取引上の「スタンダード（基準）」の汲み上げとしての意味を持ち、特に消費者契約の履行過程においては中心的な役割を果たしていると説いている[64]。

中国においては、公序良俗という言い方は使われないが、社会公共利益などを代わりに、立法、学説においては公序良俗という概念が認められる。ゆえに、公序良俗と信義則の交錯は同様に問題となりうる。梁慧星は、信義則と良俗とは同じように道徳準則に属するが、両者の存在および機能する領域が違うと主張している。彼は、信義則は市場取引における道徳準則に対して、良俗は家庭関係における道徳準則、すなわち性道徳と家庭道徳であり、信義則の適用を市場経済活動に限定すべきという見解を示した。

4）信義則の機能

信義則の機能としては、法規の解釈・適用に際してのみならず、契約の解釈についても問題となりうる。しかし、契約解釈における信義則と法規適用におけるそれとの機能では、それぞれ異同がある。契約解釈は、当事者意思の確定においてのみ機能するが、法規適用は、当事者意思を顧慮することなくして効果を生ずる。次に、契約当事者間の私的自治の原則の支配する核心的領域に信義則は介入し、これを排除・変更しうるかについて、契約解釈の信義則がかかる力をもたないことは当然であるが、法規適用の信義則も、原則としては同じである[65]。

好美は、法規適用における信義則の機能について、制定法と裁判官との関係を分析した上に、次のように類型化を試みた[66]。

① 職務的機能。これは、あらかじめ立法者、法規によって計画されていた秩序、価値の裁判官による意味適合的な具体化すぎない。裁判官の活動は、すでに法規自体の秩序枠内に潜在している法を顕在化させるにすぎず、「信

義則は債権法を支配する最高の指導原理である」との周知の命題の枠内にとどまるものである。これに属する信義則としては、債務者に対する「基準的機能」と債権者に対する「制限的機能」がある。

② 衡平的機能。ここでは、法規の予定された秩序計画の実現、具体化ではなく、法規をはみ出る法形式が問題となる。法規外の根拠に基づき、倫理的振舞い、実質的正義、衡平を求めるものである。

③ 社会的機能。近代社会における階級、体制という問題とも関連し、法規の修正は社会政策的意味を持つ。

④ 機能授与的機能。裁判官の職能という点から捉えるとき、単なる法規の適用ではなく、特殊の歴史的事情の下に、等しく裁判官の法修正ないし創造的機能が現れている。

菅野も、信義則濫用の防止の視点から、信義則の機能を①法具体化機能、②正義衡平的機能、③法修正的機能、④法創造的機能、との4類型に分類している[67]。好美と同様の観点が見られる。

中国においても、梁慧星は、信義則の機能を次のように3つに分けてまとめた[68]。

① 当事者の権利行使と義務履行を指導する機能。当事者は権利行使あるいは義務履行に際して、信義則に照らして、相手と社会の一般利益に配慮しながら、誠実商人として、他人と社会利益を損なわない、という法的要請である。

② 法律行為を解釈、評価および補充する機能。信義則は法律行為を解釈、補充および評価する基準であり、信義則の適用の結果として、成立した権利義務を創造、変更、消滅、拡張、制限することができ、さらに、履行の拒否権、解除権および返還請求の拒否権、ならびに法律行為の取消または修正などの法律効果の根拠となり、一般悪意抗弁の根拠にもなりうるのである。

③ 法律を解釈、補充する機能。法律解釈を行う際、信義則の支配を受け、公平正義を守らなければならない。法律自体に欠陥あるいは不備がある場合、信義則はそれを補充する機能を持つ。その際、信義則は法創造活動において従うべき最高の準則ともいえる。

しかし、信義則の内容は極めて抽象的であり、白紙規定に属するものである。信義則の機能を生かすためには裁判官に任せて、「白紙委任」を行わざるをえない。そこで、信義則の多大な有用性と恣意な裁判の危険性は共存し、いわゆる「両刃の剣」ということになる。信義則の濫用を防ぐために、判例と学説は信義則の適用要件についてさまざまな議論を行ってきた。そのうち、いわゆる一般条項への逃避と法律などの軟化の理論はほぼ定着していた[69]。

① 一般条項への逃避。法律、法律の類推解釈、反対解釈、一般的法原則、判例で処理できる事件に信義則を適用して、それらと同一の結論を導くのが「一般条項への逃避」である。これを認めると個々の規定の検討を怠り法律の権威の低下を招き、また価値判断のプロセスが曖昧で当否の判定が困難となるので許されない。

② 法律などの軟化。法律、法律の類推解釈、反対解釈、一般的法原則で処理できる事件に、信義則を適用してそれらと反対の結論を導くのが「法律などの軟化」である。これを認めると、解釈者はどのような解釈でもできることになり、法律による裁判の原則に反し、またはそれを実質的に損なう恐れがあるので許されない。

中国では、周知のように、法制度の不備から、裁判官による恣意的な裁判、ないし悪意的な濫用の危険性は日本などの法先進国よりはるかに高いであろう。前述のように、信義則の実質は裁判官に自由裁量権を与えるところにある。市場経済が進めば進むほど、信義則の重要性に直面せざるをえない。信義則のマイナス面を最低限に抑えるため、複数の学者は現存の法システムにおいて、信義則によって裁判を行う場合、とりわけ法修正の場合、事前に最高裁の認可を得て、はじめて判決が有効となるという自由裁量権を厳しく制限する提案が見られる[70]。後の「統一契約法」試案においても同じような内容が盛り込まれたが、手続において難点があるため否定された。確かに、信義則と自由裁量権の問題は中国だけでなく、世界共通の問題でもある。その抜本的解決は、内部からは裁判官自身の素質（道徳と知識）の向上、外部からは選抜制度、奨励制度、監視制度、救済制度などの面で力を入れるべきである。もちろん、中国にとって、これは遥かに遠い道のりであると思われる。

中国において、信義則の「法律行為を解釈、評価、補充する機能」および「法

律を解釈、補充する機能」は厳しく制限される。一般的に、直ちに信義則をもって、裁判を下すのは許されない。しかし、裁判において、法律（成文法）の安定性を守るため、社会正義と経済秩序を犠牲にするわけにもいかないだろう。このような態度は、1つの最高裁が公表した判例をみればわかる。

この事件[71]は、酒造業者Aは「喜凰」を登録商標として、「喜凰酒」を商品名にして白酒を販売し、市場で人気を得た。それをみて、同じ酒造業者であるBはAの商品標識を丸写しし、「天福山」を登録商標として、「喜鳳酒」を商品名にして、同種の白酒を市場に流していた。Aはこれに反発し、商標権侵害を理由に裁判所に提訴した。一審判決は、BがAの登録商標と類似する商品標識を使うのは、Aの商標権を損なう行為であると認定し、Aの請求を認めた。ここでBはAの登録商標は「喜凰」であるのに対し、Bはまったく違う「天福山」の商標を使っていることと、Aの商品標識および商品名は登録されておらず、法によって保護されないことを理由に、改めて自らの商標権侵害を否認し、山東省高級法院に控訴した。事件の経緯をみれば、これは不正競争行為であることがわかるだろう。しかし、事件当時、中国では「反不正競争法」はまだ成立しておらず、適当な法律の引用が問題となっていた。山東省高級法院は、商品標識および商品名は商標権に含まれないので、Bの行為は商標権侵害とならないとして、一審判決を否定したうえ、Bの行為は「民法通則第4条で定める公民、法人が民事活動において従うべき誠実信用の原則に違反するのみならず、第5条[72]の規定にも違反し、被控訴人の合法な民事権益を侵害した。民法通則第7条[73]によれば、控訴人の行為は、社会公共利益を損ない、社会経済秩序を撹乱し、不正競争行為に属する」という判断を下した。Bの行為が信義則に反する不正競争行為であると認定し、不法行為責任を追及した。

5）信義則と消費者保護

「消費者権益保護法」第4条は、「事業者と消費者の取引において、意思の自由・平等・公平・信義誠実の原則に従わなければならない」と定めている。信義則を消費者保護領域にも適用することを立法によって明言したのである。

前述したように、信義則の機能の中で、消費者保護ともっとも関わるのは社会的機能である。好美論文[74]によれば、信義則の社会的機能を説明する際、消費者保護を例として議論を展開していないが（ただし不動産賃借は消費者保護問

題の一部と見なすことができる)、信義則が消費者保護の領域において、社会的機能の発揮によって重要な役割を果たすことに異議はないだろう。信義則の社会的機能といえば、まず、制定法の適用が社会の進展により妥当でなくなった場合に、制定法を修正する機能という定義を念頭に置く必要があると思う。そして、現代に至って、消費者保護においてその最大の「社会の進展」といえば、やはりよく指摘されるように、企業の巨大化、技術の進展などによって、従来と比べて消費者は社会的弱者にならざるをえないのである。信義則は、このような社会階級、制度、特殊な歴史事情に応じて、一種の社会政策の修正者の役割を演じている。ここで、判例は裁判官が法文を限定・修正する手段としてはじめてカズイスティッシュに信義則や権利濫用理論を利用し、やがて同種の判例が蓄積してくると、いわば判例法による成文法の改廃が行われて、ついには、法文所定権利自体はそれだけの範囲でしか存在しないのだと解されるに至り、一般条項の問題から脱していくのである[75]。

このような努力の結果は一連の個別的法原則の形成、確立である。消費者と密接に関わる事情変更の原則、権利失効の原則、信頼関係理論、英米法においても禁反言の原則、クリーン・ハンドの原則 (Clean hands)、非良心の法理など[76]、今日に至ってすでに確立しており、さらに、より近代的問題として、大量生産大量消費時代における消費者取引の新たな不正な取引方法、約款などの問題に応じて、信義則の新しい理論・原則は形成、集結しつつあるのである[77]。

その具体的動きとして、1993年4月5日にEC閣僚理事会にて「消費者契約における不公正契約条項に関する指令」(EC不公正条項指令) が採択され、これを受けてEC/EU加盟国が国内法の改正を進めてきた[78]。EC不公正条項指令は後の消費者契約法に大きな影響を与えた。

(4) 公平性、合理性原理と消費者保護
1) 中国民法における公平立法

「民法通則」第59条は、「以下に記載する民事行為については、一方が、人民法院または仲裁機関に、変更または取消しを請求する権利を持つ。①行為者が行為内容について重大な誤解をしているもの、②明らかに公平を失するもの。取り消された民事行為は、行為の開始時より無効である」と定めている。なお、最高

裁の解釈[79]により、取消しの申請は民事行為がなされた後1年以内にこれをしなければならない。これは中国における「顕失公平」原則の法的根拠である。

梁慧星によれば、中国の民法通則において、伝統的暴利行為の観念は、人の危難に乗じるもの「乗人之危」と明らかに公平を失するもの「顕失公平」に二分されている[80]。「乗人之危」の行為は、相手の急所、窮迫、危難、軽率、無経験などの不利益な事情を利用する故意、すなわち主観的要件が必要である。そのような主観的要件を備えず、ただ客観的に行われていた給付が明らかに均衡を失する場合、「顕失公平」に属する。梁は、市場経済条件の下に、消費者保護と公序良俗違反の取引規制におけるこのような法規定の役割を強調し、改めてその合理性を肯定した。なお、比較法の視点から見ても、伝統的暴利行為の概念は「乗人之危」行為に吸収される。その上で、独、日などの国において、判例学説が支持している「準暴利行為」「新型暴利行為」は、「顕失公平」行為に帰すると解され、その効力について、「民法通則」が「顕失公平」行為を取り消しうる法律行為と定めているため、仏、独、日の判例実務と一致していると主張している。

梁は、このような法理論上さらに妥当となる規定をするのは、明らかにユーゴスラビア債務法の影響を受けていると指摘した。ユーゴスラビア債務法第139条では、重大損失契約を規定しており、契約内容が明らかに公平を欠き一方が重大な損失を受けた場合を重視している。同法第141条では暴利の契約を規定しており、一方が他方に不利な状況を利用することを重視している[81]。「民法通則」の草案においては、「人の危難に乗じて明らかに公平を欠いたもの」としていたが、正式に通過した「民法通則」第59条では、「明らかに公平を欠く」の前の「人の危難に乗じる」は削除され、「人の危難に乗じる」を第58条に入れ、詐欺、脅迫と同じ無効の原因とした[82]。

要するに、多数説によれば「顕失公平」の構成要件は単一である。すなわち、当事者の間に利益の不均衡の客観的な存在があること、かつ、「顕失公平」行為を判断するに際し、このような客観的な不均衡しか考慮してはならない[83]。結果だけを考慮するため、被害者はその結果の発生原因を立証する重い負担から解放され、民法の公平、等価有償の原則の達成を保証することができるのである。しかし、再び最高裁の解釈を見れば、学説と最高裁の見解は分かれていることがわかる。最高裁の解釈においては、「顕失公平」に対し、次のように定義し

た。「一方当事者が自らの優位または相手方の無経験を利用し、双方の権利義務が明らかに公平・等価有償原則に反する場合、顕失公平と認めうる」[84]。いわゆる「客観主観併用型」の立場を取ることを明らかにしている。

これに対し、王利明は次の反対説を唱えた[85]。まず、ある契約は公平か否か、取消すべきか否か、その判断の基準は単に結果を検査することではなく、公平を失う原因を見つけることが重要である。その原因は詐欺、人の危難に乗じる行為などであれば、詐欺、「乗人之危」などの契約に属することになるだろう。「顕失公平」はこれらの契約以外のものを指す。公平を失う原因を無視すれば、詐欺、人の危難に乗じる行為、重大な誤解など、いずれも公平を失う結果をもたらす可能性があるから、結局「顕失公平」と他の行為類型との区別はなくなってしまう。第2に、結果の公平性だけを考慮するのは、取引の性格と要求に反することである。取引は常にリスクを伴い、法律はすべての市場参与者の利益を保証する可能性がなく、必要性もない。法律は成功しない取引が、ただ結果の不利益、公平を失うことを理由に、安易に契約の解消を認めれば、取引相手の利益を害するだけでなく、社会経済秩序を乱す結果になるのである。第3に、結果の公平性だけを考慮した場合、大半の契約は「顕失公平」として扱われ、根本的に「顕失公平」制度を設立する目的に反することになる。結論として、「顕失公平」の構成要件は両方面からなる、①客観要件、客観的に当事者間の利益に不均衡があること、②主観要件、一方が故意に自らの優位または相手の軽率、無経験などを利用して、公平を欠く契約を結ぶ。

王の意見は後の「統一契約法」試案においても反映された。試案（第三稿）には取消しうる契約の一類型として、「一方が自らの優位または相手の無経験を利用して、双方の権利義務が明らかに公平を欠かせたときは、相手はこれを取消しうる」という提案があった[86]。そして、「契約法」の完成法においては、「人の危難に乗じる」行為を絶対無効類型から削除され、代わりに、法第54条において、取り消しうるものとして「重大誤解」と「顕失公平」を挙げ、一方が詐欺、強迫的な手段あるいは相手方の危難に乗じて、相手方が真実の意思に反した状態で契約を締結した場合、損害を受けた方に変更あるいは取消しの請求権を与えた。

「顕失公平」と緊密に関わるのは民法で定める等価有償原則である。「民法通

則」は民法の基本原則として、第4条に「民事活動においては、自由意思、公平、等価有償、誠実信用の原則に従わなければならない」として、公平、等価有償原則を定めている。徐国棟は、80年代から、計画的商品経済の確立によって、民法の調整対象は商品関係に集中され、等価有償原則は公平立法の核となり、相対的に公平原則の内容は等価有償原則に吸収され、実際にはもっと宣言的なものに近いと主張している[87]。そして、徐は、「民法通則」における等価有償原則の具体化として、手続と実体の面から次のような見解を示した。まず、手続からみれば、「民法通則」第58条は詐欺、脅迫または人の危難に乗じて、相手の真実の意思表示に反する状況で行わせた民事行為は無効であると定めている。比較法の視点から見ると、民法通則は詐欺と脅迫行為を無効とし、英米法と大陸法の立法例と比べてもっと厳しい立場を取ることを明らかにしている。続いて、実体からみれば、第59条は「顕失公平」行為を変更あるいは取消しうるものとし、すべての取引関係に適用されることになる[88]。なお、「民法通則」第90条には、「法は合法な貸借関係を保護する」という規定があり、通説はこれを中国の利息制限に関する公平立法とみなす。中国の公平立法の枠はこのような2つの面からなるのである。

しかし、徐が指摘したように、中国の公平立法は計画的商品経済を採用する段階で確立したものであって、等価有償原則はその中心であり、市場経済への転換において、それを再検討する必要がある。改革開放の成果として、先物、土地使用権ないし電話番号など人類の労働を含まない財貨類型が現れ、従来の労働価値をベースにした取引モデルが崩れ、特に等価原則において、適用上解釈し難い状況に直面した。ゆえに、徐は、等価原則を放棄し[89]、意思自治の原則を尊重すべきだと主張している。公平立法の原則にも、手続的公平を重視し、実体的公平を緩和する方向に向かう方が得策であると説いている。

2）日本民法における公平立法

日本の場合、「他人の無思慮、窮迫に乗じて不当の利を博する行為」は暴利行為と呼ばれ、民法90条公序良俗に反するものとして無効とされる。判例・学説の一致した見解であるが、民法典は明文の規定を持っておらず、民法90条の規定自体からこのような処理が必然的に導かれるわけではない[90]。そこで、論及すべきは1934年の判決である。この判決（大判昭9.5.1民集13.875）は初めて

「他人の窮迫、軽率若しくは無経験を利用して著しく過当な利益を獲得することを目的とする法律行為」が無効とされると明言した。その後の判例はこの流れから外れたものも存在しているが、基本的にはこれに従うものである。

　大村が指摘したように、日本法は法典上「給付の均衡」法理を持たないが、判例法による暴利行為がこれに代わる役割を果たしている。しかし、立法上の不明点を伴い、判例の立場は微妙に分かれている。大村は、1934年判決以降の判例を分析した上で、次のような結論を述べている。まず、要件について、判断枠組のわかる140件のうち、「客観主観併用型」を用いているものは83件あり58%を占める。「主観推定型」は20件あり14%を、「客観単独型」は41件あり約29%を占めている。「客観主観併用型」が最も多いわけであるが、全体（225件）に占める割合で見ると3分の1強にすぎない。次に、効果について、公序良俗違反の効果は、全部無効・絶対無効であり、そのサンクションは最も厳しいものの一つであるとされるが、暴利行為裁判例においては、この点も必ずしも貫徹していない。肯定例120件のうち、一部無効を認めたものは44件であり37%を占める。典型的な公序良俗違反とは性格を異にするといえる[91]。

　ドイツの場合、日本と同じように暴利行為の法理によって公平立法の枠を組み、「客観主観併用型」を取るのが特色である。しかし、実務においては、主観要件は厳しく解釈され、1976年の法改正にもかかわらず、主観要件は大きく緩和されない。逆に、日本における判例の主流は「客観主観併用型」の立場を採るが、法明文の規定がないから、柔軟的な解釈によって主観的要件の制限を避けることができる。

　英米法においても、従来は契約自由を徹底していたため、主観価値論をベースに、手続的公平を重視していたのは当然のことであろう。こういう背景では、詐欺、脅迫または独占などの事情が存在しない限り、取引の価格がいくら安くても、不公平の問題は起こらない[92]。しかし、現代に至って、客観価値論と主観価値論はいずれも限界を示し、両者を折衷する均衡価値論を採ることが各国の公平立法の主流になるのである。

3）批判と評価

　「顕失公平」に対する批判はしばしば聞かれる。「顕失公平」不要論は、概して以下の理由から、「顕失公平」原則の廃止を求める[93]。まず、第1に、「顕失公

平」の判断基準は非常に抽象なものであり、法実務においてその基準を理解、把握、操作するのは困難であるから、裁判の間に衝突をもたらし、しばしば濫用される例もある。第2に、取引の視点からみると、取引の安全性に対し脅威となり、社会経済秩序を損なう。第3に、立法の視点からみると、法律は取引条件の公平さを保証し、取引結果の公平まで保証するのは不可能である。

　確かに、「顕失公平」原則は理論と実務において、構成要件の抽象さ、操作の困難さ、適用範囲の広さなど、まださまざまな問題点がある。しかしながら、多数説は依然として「顕失公平」原則の存在を支持している。王利明は、これらの問題は「顕失公平」制度自体の問題ではなく、あくまでも立法上において具体的かつ操作性のある「顕失公平」の認定基準が作られていないところに問題があると主張しており、「顕失公平」制度を支持する態度を示した[94]。彼は、「顕失公平」原則の現代社会における役割から、取引の公平の法的保証を重視し、特に社会的弱者である消費者、労働者などの利益を配慮すべきだと主張している。

　「顕失公平」不要論者は「顕失公平」制度を論ずる際、商取引を念頭に置くほうが多いだろう。転換期における中国にとって、契約自由観念の再確認が急務であることに異論はないが、消費者取引と商取引を区別せずに、消費者と企業の情報力、交渉力の格差を無視して、完全に同じような平等主体として扱えば、おそらく時代の流れに乗り遅れるであろう。「契約自由」から「契約正義」へ、それは今日における世界的流れであり、資本主義初期の過酷に対する反動でもある。中国における産業発展の規模や水準は先進国と比べてまだ大きな格差があるが、大量生産体制はすでに確立しており、近年の経済の目覚ましい発展に伴い、消費者と事業者の対立は顕在化し、消費者利益を特別に扱う必要性はますます高まるであろう。この問題について、先進国の立法思想の変化は貴重な経験になると思う。

　このような意識から、主観要件を「顕失公平」の構成要件とするのはおそらく支持しえないであろう。中国民法では、日本などの国と違って、伝統的な暴利行為論は存在しない。前述のように、中国の民法通則において、伝統的暴利行為の観念は二分され、人の危難に乗じるもの「乗人之危」と明らかに公平を失するもの「顕失公平」とがある。このような構造からもともと主観要件と客観要件の分離が立法者の念頭にあるのではないかと疑われる。「顕失公平」に主観要件を付

加するという考え方はその法構造を損なう恐れがある。次に、指摘された「顕失公平」の問題の多くは、「顕失公平」の問題ではなく、むしろ「乗人之危」に属する問題と思われる。そのため、「顕失公平」に主観要件を付加するよりも、「乗人之危」の主観要件の柔軟化あるいは拡大解釈によって、経済優位濫用および急所、窮迫、危難、軽率、無経験などの不利益な事情を利用することなどを「乗人之危」の主観要件に取り込むほうがよいのではないかと思われる。

しかし、「客観単独型」を採る第一の目的は「主観要件」の立証責任の軽減にあるが、「顕失公平」を成立させために「給付の不均衡」の存在を証明することは決して前者より容易ではない。しかも、取引の安全性を確保するため、裁判所は国の経済発展に応じてその判断基準をコントロールし、裁判上安易に「顕失公平」を容認することもない。裁判結果の不確定性から、「顕失公平」が頻繁に利用され、取引の安定を損なうというのは予想し難いであろう。

注意すべきなのは「顕失公平」の要件解釈を完全に制定法に任せることは非現実なことである。「顕失公平」原則は公序良俗、信義則などと同様に、非常に柔軟性のある一般規定であるから、十分な裁判例が積み重ねないかぎり、裁判官の自由裁量に任せるしかないと思われる。

4)「顕失公平」と消費者保護

「消費者権益保護法」第4条は、「事業者と消費者の取引において、意思の自由・平等・公平・信義誠実の原則に従わなければならない」と定めている。公平原則は消費者保護の基本原則として位置づけられている。なお、同法第10条には、消費者の基本権利として、「消費者は公平取引を求める権利を有する。消費者は商品を購入あるいは役務を受ける際、品質保障・合理価格・正確計量など公平取引条件を享受し、事業者の強引な取引を拒絶する権利を有する」と定めている。立法者としては、公平原則の活用が消費者の利益保護に資すると期待している。

市場経済体制の確立により高まりつつある契約自由の声、それと現代社会の流れである社会的弱者としての消費者利益を保護する声は、それぞれ市場資本と消費者の利益を代表するものであり、今後、中国の舞台においてますます激しく衝突していくことが予想されるものである。言い換えれば「契約自由」から「契約正義」への変容の世界的な流れの中で、「契約自由」を重視するのか、あるい

は「契約正義」を重視するのか、発達資本主義段階の経歴を持っていない中国にとって、難しい選択である。これを背景に、すでに一部の学者は過剰な消費者保護は産業発展にマイナスの効果を生じると指摘していた。

　もともと公平立法は消費者のような社会的弱者だけを想定したものではないが、消費者訴訟の特徴として、公平立法の他の領域、とりわけ商取引とは違う性格を持っている。もっとも重要な違いとして、契約双方におけるその経済的地位の格差、情報の偏在、判断力の差などが挙げられる。要するに、消費者は事業者と比べて相対的に社会的弱者の地位にあるのである。

　日本の場合、消費者取引被害に対する救済方法には、契約解消型救済と損害賠償型救済がある。契約解消型の場合、民法90条の公序良俗違反の一類型として、暴利行為によって対処するのが解決の一つである。戦後に至って、多発した現物まがい商法、マルチ商法、マルチまがい商法、ねずみ講などの新型の消費者被害に対応するために、学説、判例上さまざまな試みが行われた。米倉は、不法性の実質的内容を基準とした実質的分類において、ねずみ講を射倖行為とからんだ構造的暴利行為、豊田商事事件を行為の態様（不当勧誘）にかなりのウエイトを置いた判決と評価した上で、「不当勧誘型」という新たな類型として取り上げ、これを古典的公序良俗の中で「現代的暴利行為」に位置づける。長尾も、公序良俗の判断要素として在来的要素とは異なるファクターを設定すべきであると提言し、具体的類型として無限連鎖講や契約の組み合わせによる合法行為の仮装（現物まがい商法、マルチ商法、マルチまがい商法）に代表される「不公正な取引の仕組み」および不適格者勧誘、欺瞞的顧客誘引、強要的顧客誘引、閉鎖的不公正勧誘などを構成要素とする「不公正勧誘方法」を挙げている。なお、注目すべきは大村の説明である。彼は暴利行為論（「給付の不均衡」法理）が典型的な公序良俗違反とは異なる沿革を有し、最近の判例ではこれまでとは異なる領域でも暴利行為論が利用されていることを指摘した上で、暴利行為論自体の活用可能性は従来考えられていたよりも大きい、つまり反社会性を重視する伝統的な公序良俗違反に比べて要件・効果とも緩やかでよりきめの細かい法理である、とする。そして、消費者保護・約款規制にどの程度有効な手段となるかは検討を要するが、現状では錯誤、詐欺、強迫、意思能力という法理は当事者の意思を問題とするためやや硬直・限定的にならざるをえず、その点では暴利行為論のほうが優れてい

ると主張している[95]。しかし、法律上「給付の均衡」の法理が存在していないため、公序良俗の暴利行為によって給付の均衡問題を処理する際、主観要件を完全に無視してはならない。主観要件の証明は消費者にとって過重な負担と言わざるえない。現実には、裁判例においては主観要件の緩和によって、要件の柔軟化に力を注いでいるにもかかわらず、公序良俗の枠から脱しないかぎり、法理上解釈しづらいところがあるだろう。

第2節　不法行為の法理

(1) 中国における不法行為論の展開

　英米法は、通常、不法行為法と契約法をはっきり区別しており、それぞれ独立した立法を行っている。一方、大陸法は、民法典の債権編において不法行為法と契約法を併せて定めている場合が多い。中国の民法は、大陸法の伝統を持つとはいえ、民事立法においては、独自性を持っている。民法通則は伝統的な大陸法の立法方式を採らず、契約および債権、物権に関わる内容を民事権利と民事責任とに分け、民事権利は物権、債権および人格権の内容を定めているのに対し、民事責任の部分は、一般規定、不法行為責任および契約違反責任を定めている。一般規定というのは、契約責任と不法行為責任に共通するものを規定するものである。

　もともと、契約不履行の責任と不法行為の責任は、責任の発生原因と責任の形式を異にするが、共通の法的性質がある。すなわち、ともに同様の法的規範の内容を持つことである。つまり、民事上の義務を履行しなかったことによる責任であり、当事者の損害を補償するために責任を追及するが、それは主として財産上の責任である。また、帰責の原則は、みな原則的には過失責任とし、例外的な場合には、無過失責任とし、公平責任が補充されるのである[96]。さらに責任競合法理の発展に伴い、不法行為法と契約法はお互いに浸透、融合していく傾向があり、民事通則の規定はそれを反映するものともいえよう。さらに、不法行為法を債権に盛り込むのではなく、あえて民事責任で規定するのは、不法行為責任が「私的自治領域」に属するという誤解を避け、不法行為法の強行性を強調すると

ころにもあると解される[97]。

　もっとも、中国の民法においては、不法行為の民事責任の原語は「侵権的民事責任」であり、「民法通則」の第6章の第3節に規定される（第117条～133条）。この用語から明らかなように、中国民法の不法行為規定は権利侵害に対する民事責任という捉え方が前面に表れている。中国民法が法治主義を強調し、公民・法人の権益を保護しなければならないという課題に適切に対応したものと思われる[98]。日本民法709条にあたる民法通則第106条は、「市民、法人が故意または過失によって国家、集団の財産を侵害するか、他人の財産および人格を侵害した場合は、民事責任を負わなければならない」と定めている。ここで、財産、人身（格）などは財産権、人身権に限らず、権利としてまだ形成されていない財産、人身利益をも法の保護対象になると解される[99]。このような立場を支持する最高裁の判例がある。判例は、被告である酒造業者Aはほかの酒造業者Bがその製品に張っている標識を模倣し、自らの製品に張って販売する行為が信義則に反する不正競争行為であると認定し、被告の不法行為責任を追及した。本件の製品標識は商標権、著作権のような権利として認められないが、Bにとって自らの信用を代表し、しかも一定の経済利益ももたらす「利益」であって、法によって保護されるべきであるという立場を示した[100]（ちなみに、これは「反不正当競争法」が制定される以前の判例である）。

　多数説によれば、一般的不法行為責任の要件は以下の通りである。
① 権利侵害により損害が発生したこと。
② 侵害者に故意または過失があること。
③ 損害と権利侵害の間に因果関係があること。

　権利侵害行為の違法性が一般的不法行為責任の要件に組み込まれる場合もあるが、日本民法のような地位はおそらくないだろう。中国の学者は、違法性の概念は過錯（故意または過失）の概念に吸収され、過錯の延長線に置かれると主張している[101]。このような違法性と過失とを統一した一元説がここ数年に提唱されるようになった。この新しい説における過失概念は、主観と客観とを統一して、2つの側面から過失を判断するものである。1つは、法定義務に違反しているかどうかである。法定義務には、法律、法令、条例、行政命令などの強制規範によって定められた義務（絶対的義務）および契約で決められた義務（相対的義

務）が含まれる。もう1つは、まだ払われていない注意についてである。この注意には、慎重と勤勉という二段階が含まれる[102]。このような過失概念の再構築によって、過失概念が主観要素と客観要素を統合するものとなり、一般的不法行為における過失推定責任の適用領域は広がり、帰責の客観化の定着にも資するのである。

中国「民法通則」が挙げる7種類の特殊不法行為責任のうち、製造物責任以外に、消費者利益と直接に関わる規定はない。「民法通則」第122条は、「生産物の品質が基準に合格せず、他人の財産、人身に損害を与えた場合は、生産物の製造者、販売者は、法に従って民事責任を負わなければならない。運送人、保管者がこれに対して責任を負う場合は、生産物の製造者、販売者は、損失の賠償を請求する権利を有する」と定めている。多数説によれば、ここで生産者の責任について、厳格責任ではなく、過失責任が帰責の原則と解される。厳格責任をとるのはその後に法122条の規定をもとに制定された「産品質量法（製品品質法）」である。

にもかかわらず、民法通則の不法行為についての規定が、消費者訴訟に与える影響は無視できない。

不法行為責任の効果においても、民事責任を負担する方式（民法通則134条）が適用されるから、侵害の停止、妨害の排除、危険の除去、財産の返還、原状回復が先行することになる。もちろん、損害賠償がもっとも重要な民事責任を負担する方式である。中でも、精神的損害に対する精神賠償（慰謝料）を認めるかどうかについての論争がもっとも激しく、実務においてもその認識の変化を示していた。

もともと、中国民法においては、精神賠償を認めていない。それは、人身損害の賠償に関する「民法通則」第119条の規定[103]を見れば明らかであるし、「民法通則」第134条に並ぶ民事責任を負う方法の中でも精神賠償に関する規定は定められていない。この禁則が最初に突破されたのは人格権侵害の分野である。「民法通則」第120条には、「市民は氏名権、肖像権、名誉権、栄誉権が侵害された場合は、侵害の停止、名誉の回復、影響の除去、謝罪を要求する権利をもち、損失の賠償を請求することもできる」という定めがあり、人格権侵害の性格を考えると、精神賠償を認めざるをえない事情があるだろう。それを背景に、

1993年8月最高裁は司法解釈の形で、「市民、法人の名誉権が侵害され、賠償を請求する場合、加害者は侵害行為がもたらした経済損失を賠償しなければならない。市民が精神賠償を請求した場合、裁判所は加害者の過失の程度、不法行為の具体的要素、被害者に与えた精神的損害の結果などの事情によって斟酌することができる」[104]という意見を示した。しかし、人身損害の分野では精神賠償が依然として厳しく制限されている。にもかかわらず、人格権分野の突破をきっかけに、弁護士、学者らから、人身損害においても精神賠償を認めようという圧力が一層強くなった。1997年に至って、最高裁はついに画期的な判例を公表した。それは北京で行われた製造物責任の訴訟である[105]。この事件は、19歳の女子高生であるAが、家族とともにDレストランで食事中、食卓に置いたガスコンロのガス缶が爆発して、Aの顔と両手をけがした。そこで、Aはガス缶の製造会社B、ガスコンロの製造会社C、およびDレストランを相手に、精神的損害賠償金65万元を含め、総額165万元余りの損害賠償訴訟を提起した。裁判所の調べたところ、事故の原因はガス缶に充塡したガスの成分が基準に合わず、その圧力はガス缶の受忍限度を超えるところにあり、ガスコンロとガス缶の連接部にガスが漏れる可能性もあるということがわかった。さらに、Bがそのガス缶に書いた警告文書は、英語文の「WARNING EXTREMELY FLAMMABLE CONTAINS LIQUEFIED BUTANE GAS UNDER PRESSURE」「NEVER REFILL GAS INTO EMPTY CAN」に対し、中国語の標示は「本缶用完後無損壊、可再次重複（使用済み損傷がなければ、再利用できる）」とされていた。裁判所は「民法通則」第119条を引用し改めて物質的損失の賠償を肯定したうえで、精神賠償について次のように述べた。

「民法通則」119条が定めた原則および法実務においてなされた基準によれば、実際損失とは、物質的な損失のほか、精神的な損失、すなわち、実際に存している無形の精神圧力と苦痛も含まれる。本案において、原告は事故当時まだ未成年であり、身体、精神とも正常であるし、やけどによる帯状の傷あとは明らかに彼女の容貌に影響を与え、ある程度労働能力も制約し、彼女の学業、生活および健康に重大な妨害を加えたのである。肉体的苦痛のほか、彼女の一生に精神的な遺憾と傷害が加えられたのであるから、これを慰問、補償しなければならない。

そして裁判所はBとCが共同で、精神賠償10万元を含む総額27万元余りの

損害賠償を負うという判決を下した。

（2） 日本民法における不法行為論

日本の場合、民法典は古典的な大陸法に従い、不法行為法を債権編で定めている。中国の民法がこのような立法構造を採らないのは、すでに述べたように、不法行為責任と契約責任の共通点に着目し、しかも、その強行性を強調していくところにあるのである。

現行日本民法を見れば、一般的不法行為の要件は中国民法と比べて大差ない。日本の不法行為の大きな特徴は、一般的不法行為として、故意または過失により他人の権利を侵害した者に賠償義務を課す709条という唯一の規定を有し、特殊の不法行為の規定」が適用されない場合のすべてをこの条項により処理していることである。一般的不法行為の要件について、通説は次の3つの要素を提示している。

① 損害の発生（損害と因果関係）
② 権利侵害ないし違法性
③ 故意、過失と責任能力

中国民法と比較すれば、日本民法が提示した要素は中国民法においても明文あるいは解釈によって備えていることがわかる。しかし、日本の場合、民法709条は、他人の「権利ノ侵害」が不法行為だと規定しているが、「権利」とは何かが問題として残る。すなわち、権利には物権と債権、さらには各種の工業所有権など、さまざまな財産権があり、また、生命・身体に関する権利や名誉・プライバシーに関する権利（人格権）も存在するが、本条にいう権利とはこれらのうちどのようなものを含むのだろうか。さらに、そもそも、権利が侵害されなければ不法行為にはなりえないものかどうか、権利とはいえないような利益が侵害された場合でも損害賠償を認めるべき場合はないのかどうかである。これに対し、民法起草者は、不法行為はあくまですでに存在する権利を保護するものであり、不法行為により権利を新たに作り出すものではないと述べている[106]。もちろん、このような権利侵害要件を厳格に解することは、被害者の保護を狭めることになる。これを背景に、末川博は権利侵害要件を違法性と読み替える考え方を示し、その後、我妻の相関関係説を加え、一般的不法行為の要件における権利侵害から

違法性への転換を完成し、今日に至って通説になったのである。

　日本において、違法性理論に対しては、反対説もないわけではない。その1つは「権利拡大説」である。すなわち、立法者が考えた709条の「権利」は従来の学説が解しているよりも遥かに広い概念であり、社会の進展に従って発展しうる概念であるから、社会秩序の上で保護に値する新たな利益が生じたときは、これを権利と考えれば同様の結果が得られるとするものである。第2に違法性理論は、人格権概念の確立を妨げ、人格的利益の侵害に対する救済手段としての妨害排除の法認を困難にするものであるという批判もある[107]。確かに、民事権利と義務の関係を分析すればわかるように、権利侵害論と違法性論の目標は一致しているが、その内容と効果は一致するとはいえない。権利侵害論の場合、被害者は自らが有するまたは有すべきと確信する権利（利益）に基づいて、あくまでも自己を中心に、相手の行為の性質を判断していくのである。そのような確信は法によっても可能であるし、法によらなくても自らの自然的な判断によっても可能である。これに対して、違法性論の場合、被害者は自らの外にある法律・社会倫理・社会正義などに照らして、相手の行為の性質を判断していくのである。つまり、両者の思考の方向性は相反している。その意味で、違法性論の下では、人格権に限らず、消費者権利を含め幅広く権利概念の確立、拡張が妨げられるといえよう。中国の立法者は権利侵害と違法性のそのような食違いを認識しているため、民法第106条において違法性を一般的不法行為の要件に組み込んでいないのではないかと思われる。とりわけ、中国の場合、違法性論を採れば、行政のずさんな規制活動をもたらす危険性が高く、法秩序を乱す恐れがあるのである。

　帰責の原則について、比較法の視角から見れば、立法の面で中国の「民法通則」が無過失責任を規定しているのに対し、日本の民法典においてはその規定がない点が大きな相違点といえよう。しかし、両国のさまざまな学説によれば、日本では、二元論を通説とする考え方が多いのであるが、中国においては、逆に、一元論を通説と考えるものが多い。また、日本の一元論は、過失責任と無過失責任を統一的に融合することを求めているのに対して、中国の通説である一元論は、過失責任原則を主とし、例外的に無過失責任で補う[108]。

　なお、特別法上の不法行為を見れば、日本民法では消費者関連の条項を定めていない。ただし、周知のように、1994年「製造物責任法」が成立され、厳格責

任によって消費者の利益が保護されるようになっているのである。

(3) 競合法理と実務

契約の不履行による賠償責任と不法行為による賠償責任は、いずれも違法の原因であり、他人の権利を侵害することから生ずる民事責任である。しかし、各国の法規定によって違うところがあるかもしれないが、基本的に両者には帰責の原則、立証責任、責任の構成要件、免責条件、時効、管轄などの面で違った法的効果がある。競合法理、とりわけ不法行為責任と債務不履行責任（契約責任）の競合問題は、古くから争いがあり、今日に至っても続けられているのである。

日本の場合、契約責任と不法行為責任をそれぞれ第3編債権の第2章と第5章に定め、両者の独立性を示した。通説は請求競合説と呼ばれ、不法行為による賠償責任と債務不履行による賠償責任が共に成立する場合、被害者は加害者に対して、両者の責任のいずれかを任意に選択的に主張して損害賠償の請求を行うことができると主張している[109]。

中国の場合、民法通則においては、契約責任と不法行為責任を同じ民事責任の部分に組み込んでいるが、両者を同一にしているわけではない。契約責任と不法行為責任の共通点を重視し、これを民事責任の一般規定に取り込んでいるが、一般規定に続いて、契約責任と不法行為責任をそれぞれ区別して、単独に規定している。立法者は契約責任と不法行為責任が融合しやすいという傾向に注意しながらも、両者の食違いをも念頭に置いていたのである。従来、中国において、競合問題に対しては消極的であった。法実務において、違法行為が競合の可能性のある場合、被害者は法に定められた方式に従って提訴、請求することしか認められず、裁判所も、「不法行為性のある契約行為」および「契約責任性のある不法行為」に対し、契約責任と見なして処理するのが普通であり、すでに競合が発生した交通事故、医療過誤および製造物責任などの事件に対して、不法行為の規定によって対応するのが普通である。したがって、法実務においては責任競合禁止という態度を採るのである[110]。このような措置は裁判所の法律適用、責任判断などに利便を与えるが、被害者の選択肢が不当に狭められるところに問題がある。しかし、近年そのような状況が少し変わってきた。とりわけ、渉外民事事件について、1989年最高裁は司法解釈を通じて、次のような見解を示した。「1つの法

律事実または法律行為が、2つの法律関係を同時に引き起こし、常に債権関係と物権関係が共存している場合や、被告の行為が、契約違反と不法行為を同時に構成する場合がある。そのとき、原告側は、両方の間で自己に有利な訴因を選択し提訴することができる。管轄権を持ち提訴を受理した人民法院は、そのほかの訴因が存在していることを理由としてその受理を拒否することができず、逆に、当事者は、同じ法律事実または同様の法律行為によってそれぞれ2つの請求を提起することができない」[111]。これによると、中国の司法制度は、制限的に損害賠償請求権の競合を認めているといえよう。同じような動きは最高裁が公表した判例からも見られる。この事件は、中国の貿易会社Aとスイスの会社Bが売買契約を結び、B社はA社に鉄鋼を提供することになった。しかし、B社は契約を履行せず、さらに詐欺の事実が判明した。A社は代金の返却を求め、上海中級法院に提訴した。一審判決は、原告の請求を認めた。控訴審で、B社は契約に仲裁条項があることを理由として、裁判所は管轄権を持たないと主張した。これに対して、二審の上海高級法院は、「控訴人は契約を利用して詐欺を行い、もはや契約履行の範囲を超え、契約違反のみならず、不法行為も成立したのである。…被控訴人は裁判所に不法行為の訴えを提起する権利があり、契約で定めた仲裁条項に拘束されない」[112]と述べ、一審裁判所の管轄権を改めて支持した。

　法律で正式に請求権競合を認めているのは1999年の「契約法」である。同法の第122条によると、当事者の一方の違約行為によって、相手方の人身、財産権益が侵害された場合、損害を受けた者は、本法によって違約責任を負うことを要求するか、または他の法律によって権利侵害の責任を負わせるかを選択できる権利を有する。

　消費者訴訟において、競合法理を論じる際、製造物責任が提起される場合がもっとも多いが、問題はそれに限定されるわけではない。広く存在している消費者取引被害の救済方法として、不法行為責任とともに契約責任も考えられるのである。中国の場合、前述のように、消費者取引の分野において、法理上競合の問題が十分にありえるが、法実務においては契約責任によって対処するのが普通である。中国と比べて、日本の立法と法実務は遥かに柔軟な姿勢を示した。つまり、同じ消費者取引に対し、契約解消型救済と損害賠償型救済が挙げられ、それぞれ契約責任と不法行為責任を訴因とし、消費者は自らの事情に応じて選択する

ことができる。今西の指摘のように、多くの場合、不法行為責任による損害賠償型の救済法は、実質的に契約解消機能を果たしうるとともに、次のようにいくつかのメリットを有する[113]。

① 過失相殺が使えるための契約の無効というオール・オア・ナッスイングな解決よりも柔軟な解決が図れる。
② 契約の無効・取消と保証金返還請求の主張よりも、不法行為責任構成によりその違法行為を強調する方が実態に即する。
③ 当初国内公設商品先物取引被害につき指摘されたように、契約の効力を争う方法（錯誤、詐欺、強迫、取締法規の私法的効力など）は実際の裁判では困難である点で限界がある。

業者の資産的脆弱性などを考慮するなら、契約の無効・取消によっては実質的救済が達成できず、むしろ関係者の個人責任も含め一括して不法行為責任を追及するほうが現実的である。

(4) 不法行為法と消費者訴訟

論理的に、不法行為による救済は、消費者が被害を被り、そのような被害を発生させた事業者がいる場合、すなわち被害者と加害者の関係が存在するすべての場合に、用いることができる[114]。しかし、実際においては、前述のように、国によって違う場合がある。

日本の場合、佐藤の指摘のように、消費者取引（契約行為）に関していえば、全プロセスに渉って、契約の前段階・契約時点・契約の途中・契約の解消後であっても、売主の故意・過失による損害の発生の態様によっては、不法行為責任が問われる場合もありうる。とりわけ、不当勧誘活動や悪徳商法の場合には、契約活動そのものが不法行為として評価される行為と化している[115]。

相対的に、製造物責任の分野において、日中の共通点は多い。商品の欠陥による損害を被っても、直接の売主ではないために（製造業者・卸売業者・国内輸入業者など）、買主と契約関係がない場合には、不法行為固有の損害補填の問題となる。一般に、消費者と製造業者の間に、直接な契約関係は存在しないから、契約責任によって製造者の責任を追及するのは困難であり、その場で、契約責任と不法行為責任との競合は発生しないと解されるのが普通である。問題となるのは

消費者と契約関係のある小売業者が、その商品の欠陥による被害を被った場合、不法行為責任ないし厳格責任によって損害賠償責任を追及することができるか否かである。中国の場合、「産品質量法（製品品質法）」第30条は、「販売者の過失（過錯）によって製品に欠陥が生じ、人身や他人の財産に損害を与えたとき、販売者は賠償責任を負わなければならない」と定め、まず販売者の過失による被害の不法行為責任（過失責任）を肯定した。続いて同法第31条は製品に欠陥のある場合、製造者の不法行為責任（厳格責任）を定めたうえで、消費者は販売者に損害賠償を求めることもできるとしている。ただし、無過失の販売者は製品の製造者に対して求償する権利を有する。中国の学者は法30条と31条の衝突を指摘した[116]。すなわち、法30条の規定によれば、販売者が負うのは過失責任であるのに対し、法31条の規定によると、販売者と製造者は連帯責任を負い、販売者は製造者と同じように厳格責任を問われる。つまり、販売者は無過失を理由として消費者の請求に対抗し、賠償の責任を拒否することができず、これをもって製造者に主張するしかできないのである。この点について、日本の「製造物責任法」に対応する規定がないから、比較することは難しい。

中国の消費者保護において不法行為の地位を考察する際、消費者人格権の保護についても注意すべきであると思われる。「民法通則」第5章4節人格権の規定のうえに、「消費者権益保護法」第25条によって「事業者は消費者を汚辱・誹謗してはならない、消費者の身体及びその携帯品を検査してはならない、消費者の人身自由を損なってはならない」と定めている。立法がこのように繰り返し人格権を強調するのは、市場の未成熟を配慮することを念頭に置きつつ、人格権を重視する世界的な流れにも合致しようといた狙いがあるからだと思われる。現実に起きた事件から見れば、「消費者権益保護法」が制定される以前に、外資系（香港）デパートの従業員が女性顧客に対し身体捜査を行うという事件があった[117]。「消費者権益保護法」が成立した以降も、消費者人格権の訴訟は相変わらず頻繁に起きている。なかでも、1996年河南省焦作市で起こった「2元銭官司（2人民元訴訟）」はその訴訟金額の少なさから、「公益訴訟」と位置づけられ、社会的な関心を呼んでいた[118]。この事件の経緯は簡単である。銀行の従業員である原告の孫は被告バス会社の都市バスに乗り、料金を支払おうとしたところ、2元（日本円で30円相当）の人民元が破損していた（テープ付け）ため、添乗員に拒否

された。原告は財産権侵害、名誉毀損を理由として裁判所に提訴した。一審判決は、被告の行為の違法性を認め、被告の謝罪を命じた。ただし、名誉毀損に基づく精神賠償の請求は認められなかった。控訴審も一審結果を維持した。しかし、判決の結論をみると、いくつかの問題があると思われる。とりわけ、権利の侵害について、原告側の主張によればバス会社の拒否行為は物権的権利、すなわち財産の自由処分権に対する侵害と読取れる。これに対し、裁判所は直ちに「中国人民銀行法」15条「人民元を拒否しえない」という規定を根拠に、被告の行為の違法性を認定し、権利侵害の判断を避けたのである。両方とも拒否行為自体が人格権に対する侵害であることを認識しておらず、あくまでも人民元の流通性を確保するという公序に着目し、違法性判断から結論を出したのである。この点について判決後に原告弁護士も意識するようになった。消費者の人格権を正面から認識することはまだ遠い道のりがあるのではないかと感じる。

最後に消費者訴訟と直結している懲罰的な損害賠償制度の問題に触れたい。懲罰的な損害賠償制度について、日中ともに関心を抱いているが、中国では最近の立法によって、制限的な懲罰的損害賠償を認めたのに対し、日本ではいまだに立法の動きはまったく見られない。

第3節 いわゆる懲罰的損害賠償と消費者訴訟

(1) 立法背景

現在、消費者保護を論じる際、もっとも注目されるのは懲罰的賠償に関する諸問題である。

もともと中国法は社会主義法といわれるものの、歴史的には大陸法からの強い影響を受けているので、英米法的発想である懲罰的賠償制度を法システムに取り入れるのは、決して容易なことではない。90年代に至り、偽物・粗悪品追放キャンペーンが繰り返されたが効果はあまり見られなかった。特に、消費者権利の実現の一環としての消費者の司法的保護には、避けられない深刻な事情があった。よく挙げられるのは、①消費者被害金額と訴訟コストの差、②消費者と事業者の間の資金、時間などの面における力の差、③事業者、特に不法業者への情報

の偏在や情報の不在による消費者側の立証の困難さ、④地方保護主義による摘発の困難さ、⑤消費者自己保護意識の弱さ[119]などがある。

従来、消費者保護の分野において、立法者は国家の強制力、とりわけ刑事手段、行政手段を用いて消費者保護の目的を達成するのが望ましいとされてきた。また、計画経済時代における国家と企業の一体感がなお根強く残され、現在の消費者保護体制に影響を与え続ける。さらに、立法者は自らの統制力に対して過剰な自信を抱いてる一面も否定できない。しかし、すでに述べたように、改革開放の進行に伴って、これまでに有効とされる規制手段が次々と効果を失い、それに加えて、地方保護主義の台頭、汚職の氾濫など、さまざまの問題によって制度の構造的欠陥が顕在化された。結局、上層部は立法思想の転換に追い込まれ、刑事訴訟法における刑事自訴範囲の大幅な緩和と同様、懲罰的賠償の立法背景もそこにあると思われる。

(2)「消費者権益保護法」49条の捉え方

「消費者権益保護法」49条によれば、「事業者は商品あるいは役務を提供する際、詐欺行為が行われた場合、消費者の要求に応じて賠償額を増加しなければならず、増加分の賠償額は消費者が商品を購入する価格あるいはサービスを受ける料金の2倍となる」。

法49条のキーワードは「詐欺行為」である。詐欺行為は、簡単にいえば、他人を騙す行為を指す。通常、詐欺概念の解釈は特に問題とならないが、後述するように「知偽買偽」の出現によって解釈が複雑なこととなった。

消費者取引において、詐欺行為とは、事業者が商品またはサービスを提供する際に詐欺事実があり、積極的に不実のことを捏造したり、事実を歪曲したり、あるいは消極的に真実を隠蔽したり、消費者に商品の欠陥を告げないことを指す。具体的に次のように挙げられる[120]。

① 他人の登録商標、受賞マーク、認証マーク、メーカー名・住所・産地の記載などが偽造された商品あるいはサービスを消費者に提供する場合。
② 変質有害な食品を販売する場合。
③ 偽の薬品あるいは有効期間を経過し効き目がない薬品を販売する場合。
④ 人の身体に危険を及ぼす化粧品を販売する場合。

⑤　時間的制限のある商品を販売する際、生産日時、有効期限を明示せず、あるいは明示されたものが実際と異なる場合。
⑥　販売する商品の量が足りない場合。
⑦　通信販売、代金前払い、買い戻しなどの形で、消費者を騙す場合。
⑧　故意に商品の欠陥を知らせないで、不合格商品を合格商品と偽る場合。
⑨　質の悪い商品あるいはサービスを質の高いものと偽る場合。
⑩　詐欺の手段で多額のサービス料金をもらう場合。
⑪　その他故意に消費者を騙す場合。

　損失が懲罰の賠償の成立要件であるか否かについて、通説は、損失（人身損害、精神損害、経済損害等）は賠償の要件とはならず、詐欺行為があれば、直ちに懲罰的賠償責任を負うべきだと主張している。しかし、なお一部の学者は実際賠償の原則に固執し、消費者が詐欺行為を受けた場合、財産（商品）返還が実現した後に、経済損失がなければ、法49条を適用すべきではなく、「損害がなければ賠償なし」という原則は実際賠償であれ、懲罰的賠償であれ、いずれの場合にも同様に機能すべきだと主張している[121]。このような考え方は懲罰的賠償における「損害なき損害」という性格を無視し、決して支持すべきものではないと思っている。

　賠償額の計算方法について、財産、人身、精神的損害部分は実際賠償の原則に従って行うが、懲罰的賠償部分は一律的に支払った代金の2倍とされ、自由裁量できない。

（3）　懲罰的損害賠償の法理

　懲罰的賠償はもともと大陸法的なものではないため、大陸法的伝統を持つ国にとって、このような制度を導入する際、最初に直面するのは、法理上どう位置づければよいのか、という問題である。中国では、ようやく懲罰的賠償制度を民法システムに取り込んだが、学説における認識は必ずしも一致していない。

　劉栄軍は、「消費者権益保護法」を民法の不法行為特別法として位置づけ、懲罰的賠償制度を不法行為責任として理解している[122]。劉は、中国の民法理論は旧ソ連からの強い影響を受け、不法行為法の研究が重視されず、不法行為法が債権法の一部分として吸収され、不法行為法の体系が未成熟であることを指摘し

た。不法行為責任と契約違反責任を並べている民法通則は、伝統的民法理論に対抗する試みとして評価されるべきであるが、徹底的なものではないために二大法系の長所を逆に吸収できず、結局、完全な不法行為法体系の形成に結びつかなかった。

　王衛国は、消費者保護法の立法趣旨を照らして見れば、法第49条に定める詐欺行為の民事責任は、一種の無過失責任（あるいは厳格責任）と解すべきだと主張している。消費者保護法が民法の特別法として、一般不法行為責任と異なって、特殊不法行為責任、つまり、無過失責任あるいは厳格責任によって対処する、と、法49条が定める懲罰的損害賠償を不法行為責任と理解し、「不法行為責任説」を支持している[123]。

　これに対し、王利明は、法49条が定める懲罰的損害賠償は一種の契約責任と主張し、「不法行為責任説」に否定的立場を示した[124]。その理由としては、第1に、契約法第113条2号[125]において、「経営者は、消費者に提供した商品あるいはサービスに詐欺行為があった場合、『中華人民共和国消費者権益保護法』の規定によって、損害賠償責任を負わなければならない」という規定があり、消費者契約における詐欺行為は契約責任によって対処することが明白である。第2に、事業者が消費者に欠陥のある商品あるいはサービスを提供するのは、契約上の瑕疵担保責任違反となるものの、商品（サービス）提供行為自体は直ちに消費者の人身あるいは財産の損害結果をもたらすものではないので、不法行為として見なすべきではない。もちろん、欠陥商品（サービス）によって履行利益以外の損失が発生する場合は、不法行為責任が生じうる。その場合、競合原理によって対処する。

　楊立新からも、法49条が想定される損害は消費者取引に限定することを鑑み、不法行為責任ではなく、一種の契約責任として捉えるべきだと、「契約責任説」を支持している[126]。

　こうして、法49条が定める懲罰的損害賠償の法的性質をめぐって、「不法行為責任説」が有力だったものの、「契約責任説」が次第に通説となり、最後は契約法の制定によって、「契約責任説」が法定説となったのである。

　酷評かもしれないが、中国においては、外国の立法理論・経験を導入する際、中国の事情を無視あるいは回避し、外国の学説を無批判的に持ち込んで学説の論

争に没頭する傾向と、理論的研究を軽視し法政策だけに目を凝らして完全な実用主義を取り、法を道具として認識するに止まる傾向の2つに分かれる。とはいえ、外来の法文化、特に民商法理論に対し、いずれも拒否の態度を示しているわけではない。中国の民法体系はいまだ未成熟といえるが、独自色の強い民法システムが形成しつつある。このような新たにできたシステムは、最近のさまざまな立法活動を通じて、強い吸収能力を示した。法先進国の最新研究成果と立法経験をどういう方法で中国既存の、あるいは予想される法システムに取り込むのがよいのか、ということは中国の法学者が直面している最大の課題の一つともいえよう。中国法は、英米法系とはまったく異質な存在であり、大陸法的伝統を持つとよく言われるが、大陸法であるともいえない。懲罰的賠償制度は英米法の貴重な財産であり、異質な法システムに盛り込めば、どのような結果が発生するのか、というのは非常に興味深いテーマになるだろう。

　英米法の国では、損害賠償の分野で懲罰的賠償制度が幅広く運用されている。とりわけ、製造物責任法の分野において多くの実例と学説が紹介され、注目を浴びている。アメリカの場合、製造物責任訴訟においては、被告に故意または重過失（willful, wanton, evil, wicked, reckless）のある場合に、被告に制裁を加えるために、填補的損害賠償に加えて懲罰的賠償の支払いが命ぜられることがある。懲罰的損害賠償の額を決定するにあたって被告の財産状態を考慮に入れることが許されているが、科すことのできる懲罰的賠償の額に基準はなく、しかも陪審の裁量に任されているので、事件の内容によっては、実損害に比べてはるかに巨額の懲罰的損害賠償が科されることがある[127]。しかし、製造物責任のみならず、英米、特にアメリカにおいては、懲罰的賠償（punitive damages）は填補的賠償（compensatory damages）と並んで、不法行為の各領域（詐欺、横領、暴行、名誉毀損、不法侵入など）にわたって広く適用される。それらの制度の多くは古くから認められ、確立した制度である[128]。

　大陸法の国でも、懲罰的賠償という言葉は使われないものの、消費者訴訟においては、消費者立法および法律の解釈によって、消費者の権利を行使しやすい環境を整えるうえ、精神的賠償制度（慰謝料）の活用を通じて、懲罰的賠償制度と似たような役割を果たしている。

　日本の場合、慰謝料の性格について、いまだ「民事責任と刑事責任との分化

の確立した現代法制のもとにおいては、制裁は刑事責任に委ね、不法行為法上の救済としては填補賠償を目的とするものとして把握せざるをえない、という見解が主流を占めている」[129]が、慰謝料の制裁的機能を主張し、いわゆる「慰謝料制裁説」の立場を採る学者もいる。戦前の代表としては、岡松参太郎と戒能通孝がすでにあった。戦後、特に昭和40年代に至って、これまでごく少数説にとどまっていた制裁説が、40年代半ば以降有力に台頭してきた。その背景として、第1に、交通事故・公害など新しい型の訴訟の急増により、慰謝料の果たすべき役割が増大し、それまでの損害賠償論ではとりわけ事故の抑止にとって不十分であるとの認識が強くなってきたこと、第2に、比較法的検討、とりわけ英米法の研究から、それまでの、制裁の重視は近代的損害賠償法に反するという理解が、反省されるようになったことが挙げられる[130]。しかし、残念ながら消費者訴訟（製造物責任法以外の分野）における精神的賠償については、学説の議論がまだ盛んに行われているとはいえない。

ところが、現行中国法では、英米法のような不法行為の全域をカバーする懲罰的賠償も、日本のような柔軟に運用できる精神的賠償も、いずれも公式には認められていない。中国の法システムに突如として表れた懲罰的賠償制度をどのように評価すれば、あるいはどのように批判すればよいだろうか。

英米法の懲罰的賠償制度、あるいは大陸法の精神賠償と比べてみれば、中国における懲罰的賠償制度は以下のような独自の性格を持つことがはっきりとわかる。

① 懲罰的賠償の限定的適用。損害賠償（不法行為責任と債務不履行責任）の原則としては、あくまでも填補的損害賠償をとる「現実賠償主義」を基本とし、ある程度の懲罰的賠償をとる「懲罰主義」によって補完している。「消費者権益保護法」は民法の特別法として位置づけられ、特別法に定める特殊なルールは一般法としての民法に適用できないのは法理上において明白なことである。英米法上も懲罰的賠償の適用に制限[131]はあるが、中国法と比べてずっと幅広く運用されている。その意味で、中国の懲罰的賠償は英米法上の懲罰的賠償制度と大きく異なり、厳密な意味で懲罰的賠償とはいえず、むしろアメリカ連邦法上の独占禁止法違反、ダンピング、特許権など工業所有権の侵害に対して課せられる、いわゆる重畳賠償（2～3倍額

賠償）制度[132]と類似するところが多いであろう。ただし、「消費者権益保護法」は民法の特別法として、消費者保護全域をカバーする可能性があり、今後はその解釈の柔軟化によってさらなる活躍が期待される。

② 悪意の程度と賠償金額の遮断。英米法において懲罰的賠償制度を適用する際、加害者の主観的悪意、動機などが極めて重要な判断要素となっている。これは懲罰的賠償の抑止機能と緊密な関係にあるからである。悪意の程度、動機の正否に応じて、懲罰的賠償を適用するか否か、あるいはその賠償額を決めるのが普通であり、とりわけ陪審制の場合、このような性格がもっともはっきりと現れる。しかし、中国法の場合はまったく異なる。「消費者権益保護法」49条によれば、事業者は「詐欺行為」が成立すれば、直ちに消費者の要求に応じて、実際損失の補填とは別に、商品の代金あるいはサービス料金の倍の懲罰的賠償責任を負うことになる。裁判所は増加分の賠償額を斟酌する権限を持っていない。このような規定が設けられるのは、2つの理由があると思われる。第1に、消費者取引において、その損失の確認・証明が困難であるという実情があり、現実損失賠償に固執すれば、結局消費者保護にマイナスになりかねないからである。確かに、人身と財産損害が生じない限り、ただ不公平な取引を受けるだけで、精神的損害を被るとはいいがたいところがあるだろう。そこで国家の強制力により仮定される「損失」は実際の消費者の損失でなく、消費者の真実を知る権利が損なわれることに対するものとされる[133]。一種の典型的な「損害なき損害賠償」である。第2に、賠償額が一律化され、裁判官に自由裁量権を与えないのは、行為規範として消費者と事業者に予測しやすいということが出発点にあるが、立法者が裁判官に根強い不信感を抱いていることも一因となるであろう。

「消費者権益保護法」を制定する際、懲罰的賠償制度を採るか否かについて、見解が分かれる[134]。反対派は、懲罰的賠償制度は実際に効果があるかどうかは別にして、すでに制定されている「産品質量法（製品品質法）」（一部は製造物責任）においてはこのような制度が定められていないから、同法に矛盾しかねない。それゆえ、法律の同一性を維持するため、民法通則の境界を越える懲罰的賠償制度の導入は到底支持できないと主張している。一方、賛成派は、懲罰的賠償

制度の導入はすでに民間に存在している「短一賠十」(「一が足らなければ十に賠償する」、中国民間において古くから伝わる商取引習慣であり、法的拘束力はない）という習慣を法律の形式で追認することにすぎない。懲罰的賠償制度は消費者に実質的な利益を与え、氾濫している偽物・粗悪品の追放にも役に立つと主張している。

(4) 法49条に対する批判

　法49条で導入された懲罰的賠償制度に対し、学説と実務において、基本的にはこれを支持する姿勢が示される。しかし、懲罰的賠償を中国の法システムに取り込むのは、現代民法の発展の最新成果を吸収する有益な試みとして評価すべきであるが、旧体制が残している影響と現行法の限界も指摘される。要するに、計画経済時代において、法律は商品の取引ではなく、あくまで製品の分配を想定して作られたものである。これを背景に、国家、事業者と消費者といった三者の間に、国家利益が常に最優先とし、消費者の地位が軽視され、国家の行政統制力が重要視されてきたわけである[135]。市場経済体制に移行されても、新たに制定された法律においてはなお旧体制が残したマイナスの遺産に影響され、「消費者権益保護法」も例外ではない。劉栄軍教授が指摘したように[136]、法49条に基づいて消費者は2倍の損害賠償が得られるのに対し、法50条において、行政機関は事業者に対しその違法所得の2〜5倍までの過料を命ずる権限を持っており、両者間の差はあまりにも大きすぎる。これによる消費者に与えた心理的不公平感が粗悪品追放の失敗の一要因となるわけでもある。

　とはいえ、法49条はすでに伝統的民法の壁を打ち破っているので、今後は司法解釈や判例の柔軟な対応によって、その運用領域を広げる可能性は十分にありうる。学者の中でも、懲罰的賠償の推進派には、その賠償の倍率をさらに高め、適用の面をさらに広げようという声がある。確かに、前述のように、中国の懲罰的賠償は英米法上の制度と比較すると、懲罰の機能がまだ十分に果たされておらず、現在の一律的な賠償は訴訟経済学の視点から作り出されたものにすぎず、硬直化の傾向があり、さらにその公平性も疑われているが、人材と法制度の整備が行われていないまま、性急に懲罰的賠償の適用を拡大すれば、すでにアメリカで演じられた「懲罰的賠償危機」が中国で再演されるのも決して憶測ではない。ゆ

えに、懲罰的賠償における適用要件の研究と法解釈が急務であり、加害者の「行為の動機、悪意の程度、行為の結果およびその程度、加害者の経済状況」[137]などの事情を斟酌して、これらに応じて懲罰的賠償の適用範囲と賠償金額を決める、というより合理的で公平な懲罰的賠償制度の早期実現が期待される。

(5) 「王海現象」をめぐる議論

皮肉なことだが、法49条で定められている懲罰的損害賠償について、いち早く注意を喚起したのは王海[138]という若者である。彼は、消費者法49条の意義をいち早く認識し、各都市で偽物、粗悪品の調査を展開した。いったん偽物が見つかれば、それを購入して、あとは2倍の賠償を求める。偽物と知りながらあえて買うという「知偽買偽」はまもなく社会的議論に発展し、マスコミはこれを「王海現象」と呼ぶ。しかし、マスコミが拍車をかける形になり、「王海現象」は全国各地で広がり、やがて「王海」たちの暴走が始まった。各地で懲罰的損害賠償の獲得を目指し、それを業とする人物が次々登場した。しかも、その買付け金額は日増しに増え、事業者は苦しい対応に迫られることになった。これを背景に、法49条に定める懲罰的損害賠償の構成要件を再検討しようという声が高まる。

もともと、「知偽買偽」というのは立法者が予想しなかったことであろう。2倍の賠償を目指し、「偽物と知りながらあえて買う」、このような行為は法49条によって保護すべきか否か、賛否両派はこの問題をめぐって、大きく見解が分かれた。

賛成派は、「消費者権益保護法」の立法趣旨から、顧客が買物をすれば、消費者となることに変わりはなく、買物の動機と目的は道徳的問題であり、法的問題ではないと主張する。なお、事業者の過失について、商品の真偽を審査するのは本来事業者の義務であり、これを怠れば、故意を認定すべきであるとし、詐欺行為と認めている[139]。以上により「知偽買偽」による懲罰的賠償を支持する。

反対派は、「知偽買偽」者は個人生活消費のためではなく、懲罰的賠償を獲得するため、すなわち、営利を目的に買物を行うことである。さらに、「知偽買偽」者は買物前に、買おうとする商品が偽物であることをすでに知っており、詐欺行為の被害者になるとは言い難いと主張する[140]。改めて「知偽買偽」者は法49条

で定める消費者から外すべきであると力説している。

　賛否両派の論争は学者、法実務者の間で行われていたが、その背景には消費者と事業者の間でますます激化している対立がある。各地で行われた裁判、および行政対応の立場の食い違いが一層の混乱を招いていた。このような状況で最高裁または立法機関が何らの有権解釈も出さないのは、現代中国法の歴史から見ても希である。

　議論は２つの点に集中している。第１に、消費者の定義について、「知偽買偽」者は法49条に定める消費者にあたるか否か、第２に、詐欺行為の定義について、事業者行為の真実を知りながらあえて買う場合、法49条に定める懲罰すべき詐欺行為にあたるか否か、ということである。

　まず、消費者について、「消費者権益保護法」第２条は、「消費者は生活消費のため商品を購入・使用し、あるいは役務を受ける際、その権益は本法の保護を受ける。本法に定めがない場合、ほかの関連法律・法規の保護を受ける」と定める。この条文により、消費者は生活消費のため、商品を購入しまたはサービスを受ける人を指すことがわかる。すなわち、消費者としての要件は ①目的は「生活消費」である、②個人であり、法人あるいは組織は含まない、③購入者と使用者いずれも含まれる、ということである[141]。あくまで李個人の見解だが、これを基準にして「知偽買偽」者を分析してみよう。「知偽買偽」者は我々消費者のような「生活消費」を目的に行為するのではなく、あくまでも懲罰的賠償を狙っているのであるが、営利を目的とする事業者と根本的な違いがあり、確かに非常に奇妙な存在である。したがって、消費者でも事業者でもない。通常、物を買う場合に生活消費あるいは生産消費を目的とし、地位としてはそれぞれ消費者と事業者にあたり、立法者もそれを想定して法律を作るのである。中国の学者が指摘したように、「知偽買偽」者の存在は明らかに立法上のミスであり、このミスの埋め合わせは柔軟な解釈によって対応することにほかならない[142]。李の論文は、次の角度から「知偽買偽」者を消費者として扱うべきと力説する、

① 　取引習慣による解釈。取引習慣としては、事業者が個人購買者に対しその目的、動機などを調査するのは非現実的であり、その必要性もない。したがって、「知偽買偽」者を消費者として扱うことは取引習慣に反しない。

② 　目的性拡張による解釈。法によって保護されるのは力の弱い消費者であ

り、「知偽買偽」者は事業者より強いとはいえない。さらに、法に定める消費者は一つの集団を指しているのであり、仮にそうでなければ、商品に詳しい人が消費者から外されることになってしまう。
③ 利益比較による解釈。「知偽買偽」の場合、「知偽買偽」者、事業者、消費者それぞれの利益があり、「消費者保護法」が保護するのは消費者利益、すなわち社会利益である。「知偽買偽」者を消費者の枠から外せば、事業者は真実の知らない消費者に対して懲罰的損害賠償しか負わないことになり、消費者にできる対抗策は商品のボイコットにとどまる。そうなれば、最終的には事業者の利益を保護することになってしまう。
④ 両難（ジレンマ）推理による解釈。取引の主体は消費者か事業者かどちらかにしかいないことを前提にしているため、仮に「知偽買偽」者が消費者でなければ、事業者として扱わざるをえない。事業者は「消費者保護法」の保護を受けず、商取引においても商品の品質状況を事前に知っているので、取引の無効あるいは取消は支持されない。いずれにせよ、「知偽買偽」者は買った商品を個人消費にせざるを得ず、法に定める生活消費者の要件を満たすことになる。結局、消費者として扱う以外にほかない。

確かに、「知偽買偽」者を消費者の枠から外すのは理論上または実務上困難であり、法の目的の実現を損なう恐れもある。この問題を解決するために、実体法的争いを避け、手続法から解決策を模索する試みがある。それによれば、「知偽買偽」者が生活消費を目的としないこと、および商品の真実を知っていたことを証明する責任を事業者に課される[143]。裁判所が証拠の採否を通じて一般消費者と訴訟業者を区別すれば、それぞれの利益をコントロールすることができるのではないかと思われる。

第2に、詐欺行為の解釈について、「消費者権益保護法」第49条にはただ事業者に「詐欺行為のある場合」において懲罰的賠償を認めると定め、詐欺行為の構成要件については言及していない。「知偽買偽」の場合、商品の購入者はその商品が偽物であることをあらかじめ了承し、われわれが想定している詐欺像とはかなりの差がある。詐欺行為の解釈をめぐって、代表的な2つの対立的見方がある[144]。

① 「一方の当事者は相手方に対し故意に不実な情報を告げあるいは真実の情

報を隠し、相手に錯誤の意思表示をさせる」[145]ことを指す。すなわち、詐欺行為が成立するためには、詐欺の故意・詐欺の行為・錯誤の意思表示・両者の間の因果関係という4つの要件を備えなければならない。いわゆる「四要素説」である。「四要素説」の法的根拠は最高裁が民法通則第58条第3項[146]に対して行った司法解釈にあり、最高裁の司法解釈に忠実に従って展開されたものであるため、各裁判所に強い影響力を持っている。

② 詐欺をする者に主観上の故意と具体的な詐欺行為があれば、直ちに詐欺行為は成立し、被害者側の事情を考慮すべきものではない。いわゆる「二要素説」である。二要素説は、主に学説を中心に、一部判例の支持を得ていた。

確かに、「消費者権益保護法」は以前にできた「民法通則」と異なる立法趣旨がある。通説は「消費者権益保護法」を民法の特別法と位置づけているから、独自の原則と制度に基づいて解釈を展開するのは法理上明白である。問題になるのは、「消費者権益保護法」について既存の明確な規定あるいは解釈がないということである。したがって、一般法としての民法から移植すればいいのか、または新たに解釈を作る方がいいのか、その判断を下すのは法体系からの推論でなく、立法趣旨の解読に頼るしかないと思う。「消費者権益保護法」の関連条文を見れば、法は事業者の行為を規制することを重要視し、消費者の実際損害を一般損害賠償のように位置づけず、いわゆる一種の「損害なき損害賠償」を認めていることがわかる。このような背景を考えると、実損害の存在を死活問題とする民法一般論の詐欺概念をそのまま消費者法に持ち込み、消費者の被害、つまり騙されることに固執することは立法趣旨に反する結果を招くことになるであろう。四要素説は地位対等の当事者の間に適用する場合には特に問題がないが、地位対等性のない事業者と消費者の間に適用する場合には法の公平を失し、事業者に有利となるであろう。

以上の分析をみれば、直ちに「知偽買偽」を懲罰的賠償から外すのは法理上および実務上、困難であることが分かる。もともと、問題になるのは「知偽買偽」ということではなく、司法判断に悩ませるのは「知偽買偽」を業として、しかも大量に買付けることによって賠償金額の巨大化を招いているところにあるということを念頭に置く必要があると思われる。このような現象に対処するには、生活

消費以上の買付けの否定、事業者の詐欺行為構成要件の解釈などを通じて解決する必要があり、すべての「知偽買偽」を否定する必要はないと思う。

〈注〉
1) 尹田「論意思自治原則」『政治与法律』1995 年 3 号 p.39。
2) 史浩明「論意思表示」『寧夏社会科学』1991 年 5 号 p.19。
3) 史浩明 前掲文 p.21 参照。
4) 「弁証主義」説は、マルコスの唯物弁証法の原理をベースに、ある意思表示の効力を判断する際、内心的意思と表示的意思の関連的を考査して、具体事例によって効力を斟酌することである。史浩明 前掲文参照。政治面からの影響を受けた哲学的概念と思われ、学説として法実務への参考意味が低い。最近の体例書からほとんど姿を消した。
5) 劉新熙「論法律行為中意思表示的瑕疵及其補救」『江西大学学報』1990 年 4 号 p.75。
6) 最高人民法院「関於貫徹執行『民法通則』若干問題的意見」(試行) 第 68 条。
7) 最高人民法院「関於貫徹執行『民法通則』若干問題的意見」(試行) 第 69 条。
8) 最高人民法院「関於貫徹執行『民法通則』若干問題的意見」(試行) 第 70 条。
9) 尹田「論因誤解而為的民事行為」『政治与法律』1993 年 1 号 p.17。
10) 最高人民法院「関於貫徹執行『民法通則』若干問題的意見」(試行) 第 71 条。
11) 伊藤進・木元錦哉・村千鶴子『テキストブック消費者法』日本評論社 1995 年 p.49 以降参照。
12) 伊藤進・木元錦哉・村千鶴子 前掲書 p.59。
13) 遠藤浩ほか『民法 (1) 総則』(第 3 版) 有斐閣双書 1987 年 p.145。
14) 長尾治助『消費者私法の原理』有斐閣 1992 年 pp.117-119。
15) 隋彭生「無効経済合同的理論与実務」(前言) 中国政法大学出版社 1992 年。
16) 王利明「統一合同法制定中的若干疑難問題探討」(上)『政法論壇』1996 年 4 号 p.55 参照。
17) 例えば、楼建波「因詐欺補訂合同的法律適用問題」『中外法学』1993 年 1 号 p.49、梁慧星「関於中国統一合同法草案第三稿」『法学』1997 年 2 号 p.48 など参照。
18) 王家福・乾 昭三・甲斐 道太郎『現代中国民法論』法律文化社 1991 年 p.36 以降参照。
19) 鎌田薫「いわゆる「相対的無効」について」(上)『法律時報』67 巻 4 号 p.79 を参考に、作者による作成。
20) 佐藤一雄『新講・現代消費者法』商事法務研究会 1996 年 p.143 以降参照。
21) 長尾治助『消費者私法の原理』有斐閣 1992 年 p.90。
22) 長尾治助前掲書 p.98。
23) 1999 年統一契約法の可決に伴い「経済契約法」が廃止された、詳しくは本書第 4 章参照。
24) 周林彬『比較合同法』蘭州大学出版社 1989 年　p.418。
25) 梁慧星「市場経済与公序良俗原則」『中国社会科学院研究生院学報』1993 年 6 号 p.21。
26) 王利明・郭明瑞・方流芳『民法新論』(上) 中国政法大学出版社 1988 年 p.70。

27) 梁慧星『民法』四川人民出版社 1988 年　p.129。
28) 梁慧星「市場経済与公序良俗原則」『中国社会科学院研究生院学報』1993 年 6 号 p.21。
29) 澎万林編『民法学』中国政法大学出版社 1994 年　pp.39〜40。
30) 橋本恭宏「公序良俗と権利濫用」『法律時報』65 巻 12 号 p.102。
31) 王家福編『中国民法学・民法債権』法律出版社 1991 年　p.356　憂柔編『中国民法学・民法総則』公安大学出版社 1990 年　p.21　梁慧星『民法』p.129。
32) 梁慧星　前掲文 p.31。
33) ちなみに、中国民法においては、『民法通則』制定された以降、民事行為と民事法律行為が区別され、民事法律行為は合法な民事行為を指し、日本民法の民事法律行為に相当する概念は民事行為である。
34) 滝沢昌彦「日本の学説に於ける公序良俗」『法律時報』65 巻 5 号 p.76。
35) 滝沢昌彦前掲文 p.76。
36) 滝沢昌彦前掲文 p.81。
37) 伊藤進「公序良俗論の内延的検討の展開」『法律時報』65 巻 7 号 p.90。
38) 伊藤進前掲文 p.93。
39) 伊藤進前掲文 p.92。
40) 例えば、長尾は「公序と良俗はその核とする概念を異にするものと考えられるが、民法に付与する効果は同一であるから、これらを強いて区別しないのが一般の扱いであり」と説いている。長尾治助『消費者私法の原理』有斐閣 1992 年　p.213。
41) 伝統的な意味における公序良俗則の範囲に含まれる「公序」としては、①公序の基礎たる国政的公序を基礎において、②まず基底的な倫理的、道徳的公序があり、③次に具体的な市民的自由の公序がある。佐藤一雄　『新講・現代消費者法』商事法務研究会 1996 年　p.161 以降参照。
42) 梁慧星前掲文 p.24。
43) 佐藤一雄『新講・現代消費者法』商事法務研究会 1996 年　p.161 参照、なお、佐藤は、「政治的公序」と「経済的公序」の概念を使わず、代わって「伝統的な公序」と「現代的な公序」を使うが、公序良俗の流れの把握として、反社会反倫理行為の規制から営業自由規制など経済面に重点を移すことから、両者の間に大差がないと思われる。

表　現代における消費者取引上の公序の階層構造の概念

公序の種類	主な追求目的	主な追求価値
伝統的市民法上の公序	契約上の社会秩序の維持	倫理性道徳性
現代的消費者私法の公序	不当な取引内容方法の排除	社会的公正性
消費者保護行政法の公序	安全維持等の個別行政目的	安全性衛生性等
自由競争秩序の公序	自由公正な競争秩序維持	効率性公正性

44) 梁慧星前掲文 p.26。
45) 長尾は、経済的公序の具体的命題は、経済取引の実状と法の理念から設定されるべきものであるから、これさらに①公正競争の秩序を維持するため、これを侵害する行為を制限または禁止すること、②事業者との取引において消費者の正当な利益を援護するため、これを侵害する行為を制限または禁止すること、と2点を挙げ、消費者取引公序を導出することになる。長尾治助『消費者私法の原理』有斐閣 1992年 p.220 以降参照。
46) 無効には広狭の2種があり、広義の無効には狭義の無効（絶対無効）と取り消しうべき行為（相対無効）とが含まれる。絶対無効と相対無効の概念について、フランス法において、法律上当然の無効（絶対無効）と取消権の行使によって無効となるもの（相対無効）を指す。現行日本民法典のいう「取消」は、フランス民法にいう「相対無効」と同義である。鎌田薫「いわゆる「相対的無効」について」（上）『法律時報』67巻4号 p.81 参照。

なお、中国民法において、法には無効と取り消しうる民事行為を定め、それぞれ絶対無効と相対無効と解される。具体的内容がやや違うが、日本現民法と同様な仕組みだと思われる。澎万林編『民法学』中国政法大学出版社 1994年 p.105 参照。
47) 梁慧星前掲文 p.28。
48) 今西康人「消費者取引と公序良俗違反」『法律時報』64巻12号 p.80。
49) 同じ取引であっても事業者取引か消費者取引かに応じて公序良俗概念の二極化を肯定するというのがまず出発点になるである。契約の自由の原則はこの2つの取引では異なる意義を有するのであるから、右原則に対する規制法理である同条においても消費者取引独自の公序良俗概念を考えるべきである。今西康人 前掲文 p.85 参照。
50) 伊藤進前掲文 p.92。
51) 伊藤進前掲文 p.92。
52) 滝沢昌彦前掲文 p.81。
53) 梁慧星前掲文 p.28 以降参照。
54) 中国の裁判制度について、やや古いものだが、斎藤明美『現代中国民事訴訟法』晃洋書房 1992年 詳しい紹介がある。
55) 平野裕之「消費者取引と公序良俗」『法律時報』66巻2号 p.104。
56) 倪培莫、王穎訴中国国際貿易中心侵害名誉権紛糾案「最高人民法院公報」1993年1号。
57) 張連起、張国莉訴張学珍損害賠償案「最高人民法院公報」1989年1号。
58) この点について詳しくは澎万林編『民法学』中国政法大学出版社 1994年　pp.37～39参照。
59) 王利明・郭明瑞・方流芳『民法新論』（上）中国政法大学出版社 1988年　p.63。
60) 澎万林編『民法学』中国政法大学出版社 1994年　pp.37～39。
61) 梁慧星「誠実信用原則与漏洞補充」『法学研究』1994年2号 p.22。
62) 菅野耕毅『信義則および権利濫用の研究』信山社 1994年 p.82 以降参照。
63) 佐藤一雄『新講・現代消費者法』商事法務研究会 1996年 p.149 参照。
64) 佐藤一雄前掲書 p.149 以降参照。

65) 好美清光「信義則の機能について」『一橋論叢』第 47 巻第 2 号 p.79 以降参照。
66) 好美清光 前掲文 p.78 以降参照。
67) 菅野耕毅 前掲書 p.87 以降参照。
68) 梁慧星 前掲文 p.25 参照。
69) 菅野耕毅 前掲書 p.96 以降、梁慧星 前掲文 p.26 参照
70) 陳紅「誠信原則与自由裁量権」『法学』1997 年 4 号 p.24。
71) 「呂県酒厂訴文登醸酒厂不正当競争糾紛案」『最高人民法院公報』1990 年 3 号。
72) 民法通則第 5 条、「市民、法人の合法的な民事上の権利と利益は、法律上の保護を受け、いかなる組織および個人も侵害してはならない」。
73) 民法通則第 7 条、「民事活動においては、社会の公共道徳を尊重しなければならず、社会公共の利益を損ない、国家経済計画を破壊し、社会経済秩序を撹乱してはならない」。
74) 好美清光 前掲文 p.87。
75) 好美清光 前掲文 p.87。
76) 樋口範雄『アメリカ契約法』弘文堂 1994 年、p.175 以降参照。
77) 英米法における Good Faith（信義則）理論について、See *Good faith in contract:concept and context*/edited by Roger Brownsword, Norma J. Hird, and Geraint Howells. -Aldershot: Ashgate: Dartmouth, 1999. P91.
78) 鹿野菜穂子「不公正条項規制における問題点（1）— EU 加盟各国の最近の動きを手掛かりに」『立命館法学』1997 年 6 号、p.200 以降参照。Also see *Consumer protection law*/Geraint G. Howells, Stephen Weatherill. -Aldershot: Dartmouth, 1995. p.305.
79) 最高人民法院「関於貫徹執行『民法通則』若干問題的意見」（試行）第 73 条
80) 梁慧星「市場経済与公序良俗原則」『中国社会科学院研究生院学報』1993 年 6 号 p.31。
81) 王家福・乾 昭三・甲斐 道太郎『現代中国民法論』法律文化社 1991 年 p.66。
82) 王家福・乾 昭三・甲斐 道太郎 前掲書 p.66 参照。
83) 周玉文「経済合同的顕失公平初探」『法学与実検』1991 年 5 号 p.23 参照。
84) 最高人民法院「関於貫徹執行『民法通則』若干問題的意見」（試行）第 72 条
85) 王利明「統一合同法制定中的若干疑難問題探討」（下）『政法壇』1996 年 5 号 p.54 参照。
86) 梁慧星「関於中国統一合同法草案第三稿」『法学』1997 年 2 号 p.49 参照。
87) 徐国棟「公平与価格——価値理論」『中国社会科学』1993 年 6 号 p.134 参照。
88) 徐は、これはローマ法における「非常損失規則」とフランス法における「損害規則」の影響を受けたものと認識し、しかし、「非常損失規則」と「損害規則」の適用は土地あるいは不動産売買の売り手に限定されることと違って、「顕失公平」原則はすべての取引、当事者双方に適用することである。徐国棟 前掲文 p.135 参照。
89) ちなみに、1993 年 9 月の修正した「経済契約法」において、等価有償原則は廃止された。
90) 大村敦志『公序良俗と契約正義』有斐閣 1995 年 p.4、p.11。
91) 大村敦志 前掲書 p.352 以降参照。

92) このような態度をはっきり取った最近の判例は、Batsakis Vs. Demotsis（Texas court of civil appeals, 1949, 226.S.W.2d.673）事件である。徐国棟 前掲文 p.136 参照。
93) 沈慶中「論顕失公平民事行為的効力」『江海学刊』1994 年 1 号 p.88 以降参照。
94) 王利明 前掲文 p.53。
95) 今西康人 前掲文 p.83。
96) 段匡「中国不法行為法に関する若干の考察―日本との比較（一）」『東京都立大学法学会雑誌』第 32 巻 2 号 p.232 参照。
97) 王利明編『民法・侵権行為法』中国人民大学出版社 1993 年 p.29、p.35 参照。
98) 王家福・乾 昭三・甲斐 道太郎『現代中国民法論』法律文化社 1991 年 p.152。
99) 1986 年 2 月の「民法通則（草案）」（修訂稿）第 104 条 2 号は、「市民、法人が故意または過失によって社会公共財産を侵害するか、他人の財産および人格権利を侵害した場合は、民事責任を負わなければならない」という規定があった。当年 4 月公表した「民法通則」は「権利」という文字が削除された。王利明 編『民法・侵権行為法』中国人民大学出版社 1993 年 p.38 参照。
100)「呂県酒厂訴文登醸酒厂不正当競争糾紛案」『最高人民法院公報』1990 年 3 号。
101) 王利明 編『民法・侵権行為法』中国人民大学出版社 1993 年 p.161 参照。
102) 段匡 前掲文 p.243 参照。
103) 民法通則第 119 条においては、「市民の身体を侵害し傷害を与えた場合は、医療費、休業によって減少した収入、身体障害者の生活補助費などの費用を賠償しなければならず、死亡させた場合は、さらに葬儀費、死亡者の死前の扶養者が必要とする生活費などの費用を支払わなければならない」と定めている。
104)「関於審理名誉権案件若干問題的解答」『最高人民法院公報』1993 年 3 号。
105)「買国宇訴北京国際気零有限公司、竜口市厨房設備用具厂、北京市海牛区春海架庁人身損害賠償案」『最高人民法院公報』1997 年 2 号。
106) 吉村良一『不法行為法』有斐閣 1995 年 p.26。
107) 幾代通『不法行為』現代法学全集 20 II 筑摩書房 昭和 52 年 p.62 参照。
108) 段匡前掲文 p.365 参照。
109) 段匡前掲文 p.238 参照。
110) 王利明編『民法・侵権行為法』中国人民大学出版社 1193 年 p.230 参照。
111) 最高人民法院「有関沿海地区渉外、渉港按経済審判工作的意見」『法学』1989 年 11 号。
112)「中国技術進出口公司訴瑞士工業資源公司侵権損害賠償糾紛上訴案」『最高人民法院公報』1989 年 1 号。
113) 今西康人「消費者取引と公序良俗違反」『法律時報』64 巻 12 号 p.87 注 2 参照。
114) 伊藤進・木元錦哉・村千鶴子『テキストブック消費者法』日本評論社 1995 年 p.208 以降参照。
115) 佐藤一雄『新講・現代消費者法』商事法務研究会 1996 年 p.231 参照。

116) 賀小勇「論我国〈産品質量法〉之完善」『法学』1995 年 6 号 p.42。

117) 倪培莫、王穎訴中国国際貿易中心侵害名誉権紛糾案「最高人民法院公報」1993 年 1 号。本文においては、約款規制の例として挙げられる。なお、最高裁が公表した判例のほか、事件の経緯を詳しく紹介する季衛東氏論文「中国人の"嫌訴"と"健訴"」がある。『法学研究会紀要』1994 年 18 号 p.115 参照。

118) 孫棋然訴バス会社 2 元人民元事件『中国律師』1996 年 2 号 1997 年 2, 4, 5 号参照。

119) 劉栄軍「懲罰性損害賠償与消費者保護」『現代法学』1996 年 5 号 p.34 参照、ここは劉の論文により要約したものである。

120) 「就消費者権益保護法問題答記者問」『中国律師』1994 年 2 号 p.35。

121) 楊明「購假索賠的法律保護」『法学雑誌』1996 年 2 号 p.12 参照。

122) 劉栄軍前掲文 p.33 参照。

123) 王衛国「中国消費者保護法上的詐欺行為与懲罰性賠償」『法学』1998 年 3 号、p.27 参照。

124) 王利明「懲罰性賠償研究」『中国社会科学』2000 年 4 号、pp.119-120 参照。

125) 契約法第 113 条、当事者一方が契約義務を履行せずあるいは契約義務の履行が約定と合わないことによって相手方に損失を生じた場合、損失の賠償額は違約によって生じた損失に相当するものでなければならない。契約履行後に獲得できる利益を含む。しかし、契約違反した一方が契約締結時に予見しあるいは予見し得た契約違反によって生じる損失を超えてはならない。経営者は、消費者に提供した商品あるいはサービスに詐欺行為があった場合、「中華人民共和国消費者権益保護法」の規定によって、損害賠償責任を負わなければならない。

126) 楊立新「『王海現象』的民法思考―論消費者権益保護中的懲罰性賠償金」『河北法学』1997 年 5 号、p.4。

127) 小林秀之『製造物責任法』新世社 1995 年 p.123 以降。

128) 安田総合研究所『製造物責任』p.118 以降参照。

129) 幾代通『不法行為法』現代法学全集 20 II 筑摩書房 1997 年 p.282 以降参照。

130) 慰謝料の性質について、吉村良一の詳しい論説があり、星野英一編集『民法講座 6』有斐閣 昭和 60 年 p.430 以降参照。なお、懲罰的賠償について、やや古いが、田中英夫・竹内昭夫「法の実現における私人の役割」(4)『法学協会雑誌』89 巻 9 号、小島武司「私的制裁としての損害賠償」『法学セミナー』194 号 参照。なお、中国語の文献としては、王利明 編『民法・侵権行為法』中国人民大学出版社 1993 年 p.617 以降参照。

131) 例えば、イギリスの場合、1964 年 Rookies V. Barnard 事件において、懲罰的賠償制度の適用について次の 3 つの場合に限定される。それは、①公務員の圧制的な、随意の、違憲の行為の場合、②被告は原告に対する賠償額を超える利益を図り、その行為を実施する場合、③その他制定法に定める場合である。アメリカ法でも、懲罰的賠償を課する際、悪意 (malicious)、無鉄砲な (reckless)、邪悪 (wicked)、不道徳な (evil) などの要件が必要である。劉栄軍「懲罰性損害賠償与消費者保護」『現代法学』1996 年 5 号 p.35 参照。

132) 制度の詳細は国民生活センター総務企画部調査室編「消費者取引分野の違法行為による利

益の吐き出し法制に関する研究―損害賠償、不当利益吐き出し、金銭的制裁の日米比較」「消費者取引分野の違法行為による利益の吐き出し法制研究会（委員長松本恒雄）」報告書（2004年）参照。
133) 李友根「消費者権利保護与法律解釈―対一起消費糾紛的法理剖析」『南京大学法律評論』1996年秋号 p.173。
134) 「就消費者権益保護法問題答記者問」『中国律師』1994年2号 p.31、これは中国の立法機関としての全人代（全国人民代表大会）法制工作委員会のメンバーに対し行われたインタビューであり、ある程度立法者の立法趣旨を測ることに資すると思われる。
135) 例えば、「製品品質法」（製造物責任法）に対し、日本の学者は次のような感想がある。製品品質法は「国家主導によって社会・経済秩序の図ろうとする意気込みが感じられる。しかもこれに違反する製造者・販売者には、強力な制裁措置が用意されている」。植木哲「産品（製造物）責任の中日比較」『関西大学法学論集』45巻2.3合併号 p.51以降参照。
136) 劉栄軍「懲罰性損害賠償与消費者保護」『現代法学』1996年5号 p.38。
137) 劉栄軍前掲文 p.38 参照。
138) 王海、男、1973年10月28日青島で生まれ、父の工場の北京駐在員事務所で働いていた。1995年、偶然に「消費者権益保護法」を開き、同法49条懲罰的賠償の規定を知っていた。現在、北京大海商務顧問有限公司の社長を務め、十数人の従業員を雇っている。
139) 儲皖中「打假更須用足法――第2次【制止詐欺行為、落実加倍賠償座談会】総述」『法制日報』1996年10月16日。ちなみに、これは北京市第一中級人民法院副院長宿遅の意見である。
140) 「知假買假是否受法律保護」『服務導報』1996年3月22日、「王海現象律師談」『中国律師』1996年3号 p.22以降参照。
141) 李友根　前掲文 p.168 参照。
142) 李友根　前掲文 p.169 参照。
143) 「王海現象律師談」『中国律師』1996年3号 p.22以降参照。
144) 李友根　前掲文 p.171 以降参照。
145) 最高人民法院「関於貫徹執行『民法通則』若干問題的意見（試行）」第68条参照。
146) 民法通則第53条は「以下に記載する民事行為は、無効である。……③一方が、詐欺、脅迫の手段を用いて、または人の危難を乗じて、相手方に真実の意思に反する状況で行わせたもの」と定めている。

第4章

法制度のアプローチ
―中国法を中心に―

第1節　民法とその変容

(1) 歴史的展開

　中国においては、80年代からの改革開放以来、その経済体制には激しい変化が見られる。大雑把にみれば、計画経済→計画的商品経済→市場経済という変容のシナリオになる[1]。社会経済生活と密接な関係のある民法および民法理論でも、その経済体制の変化に伴い、少しずつ変化が見られる。

　中国の民法理論には、社会主義法として、旧ソ連からの影響が大きい。改革開放の初期である1970年代末～1980年代初にかけて、中国法学界では、民法の調整範囲をめぐって、民法学派と経済法学派の間で激しい論争が繰り返された経緯があった。論争の背景には、経済体制改革、対外開放の進行に伴い、国民経済に相応しい法の調整が求められ、また、法学界においても民法と経済法の境界線、言い換えればその学術の勢力範囲をはっきりとさせる内在的衝動がある。なお、立法機関が民事立法・経済立法を推進するため、学界に理論根拠の提供を求めるといった外部からの要請もあった。これも50年代以来、ソ連・ハンガリー・ユーゴスラビア・チェコスロバキア・東ドイツなどの社会主義国家で、民法と経済法の範囲について相前後して生じた論争の、中国という新たな歴史的条件の下における継続であった[2]。

　中国における民法学派と経済法学派の論争は、後に中国民法の制定に対して重大な影響を及ぼしていた。

　経済法学派の代表的理論は「縦横統一経済法論」である。ソ連の学者ラプチェフが創立したこの理論によれば、経済法とは、相互に連係し互いに統一し分割不

能な縦の経済関係と横の経済関係を調整するものと考える。すなわち、相互に連係し互いに統一し分割不能な国家管理経済における経済組織管理関係、経済組織間における平等な経済協力関係、および経済組織内部における経済関係を調整する、独立した部門である[3]。そして、民法と経済法の関係について、経済法は新興の法律部門であり、民法の中から分離して生まれたものとはいえ、伝統的民法の基本法としての地位に代替するものではある。すなわち、経済法は、社会主義における組織の間、および組織と公民の間のすべての社会経済関係を自らの調整対象とされるという考え方である。民法は、依然として一つの独立した法律部門であるけれども、すでに役割は縮小してきており、公民個人の間の相互関係を調整するだけの、いわゆる「公民法」となっている[4]。80年代前半、「縦横統一論」が、中国の法学界に主導的地位を占め、立法、司法および法学教育に深刻な影響を与えた。司法においては、裁判所の内部に経済審判廷が設置され、法人の間の民事事件を審理する専属部署として位置づけられる。一方、在来の民事審判廷の審理範囲は、家庭紛争、人身損害賠償など個人間の事件に限られ、これは、実質上法人の間の財産関係が民法の調整範囲から外されたのである。法学教育においても、法学部以外、経済法学部が設置され、法学部と経済法学部の対峙態勢が生まれた。また、立法において、1981年12月に全人代により公布された「中華人民共和国経済契約法」も、このような考え方を反映し、組織としての法人間の契約のみが法の調整対象とされる。この時期において、消費者問題はまだ十分に認識されていなかったが、この説によれば、消費者権利は私法上の権利ではなく、計画経済を遂行するための国家の経済管理の一環と見なされるかもしれない。

　このような息苦しい空気を一掃したのは1986年に公布された「中華人民共和国民法通則」である。民法の調整対象について、「民法通則」第2条において、「民法は平等主体である公民間、法人間、公民と法人間の財産関係と人身関係を調整する」と明確に定めている。すなわち、第1に、2種類の社会関係が民法によって調整する。その1つは財産関係、そして2つめは人身関係とされ、財産関係を主とする。第2に、すべての財産関係と人身関係ではなく、平等の民事主体の間に発生した財産関係と人身関係のみが民法調整の対象となり、公権力が支配する財産関係と人身関係は調整対象としない。第3に、民法の規制対象は、市（公）民と市民の間、法人と法人の間、そして市民と法人の間に存在する財産関

係と人身関係である[5]。

　こうした長期にわたった民法派と経済法派の論争は、民法学派の観点が立法に取り込まれることによって、一つの区切りを付けた。論争の結果は、当時中国が推し進める経済体制改革、つまり、計画経済から計画的商品経済への転換に大きな影響を与えた。「民法通則」が生産・配分・交換・消費の一体性を主張する民法派の学説を支持し、平等主体の間の財産関係を民法の調整対象とすることは、実質的に社会経済活動が国家政治活動から分離することを認め、社会経済活動の相対的独立性を容認したのである。歴史的な制限で、民法は私法であることを宣言していないが、「民法通則」の調整対象が平等主体に設定され、平等主体である市民間の関係が調整の対象とされることをもって、公法と私法を峻別する一般定義に鑑みれば、両者は一致していることがよく分かるであろう。言い換えれば、「民法通則」は基本法の形で、民法の私法的性格を肯定したのである[6]。

　とはいえ、計画経済時代に作り上げた裁判体制、法学教育システムが変わっていない。立法においても、「経済契約法」をはじめ、本来は民法体系に取り込むべき、または法修正によって民法の精神と協調していくべき法律、法規はそのまま残され、しかも、特別法として優先的に適用される。これらの法律、法規と「民法通則」の対峙は後にも長期にわたって続けられ、経済体制の変化と伴い、ますます社会・経済発展の阻害要素となっていた。

　消費者権利が認識されはじめたのはちょうどこの時期であった。市場経済が発展した当然の結果ともいえるが、「民法通則」の功績は無視できないと思われる。しかし、消費者保護制度の整備といった観点からみれば、この段階の消費者保護立法・政策は消費者の個人権利保護に重点を置くことより、むしろ行政規制という計画経済時期の常套手法で新生の消費者問題を対処すると感じる。

　1980年代に至って、もう一つ注意すべきことは立法方針の転換である。指導部は、立法経験の不足、民法基礎理論研究の欠如を認め、急激に変わる社会経済情勢にできるだけの法的対応を加速するため、従来の短期決戦による民法典の制定といった甘い考え方を改め、民法典の内容を分解し、条件の備えた法分野だけが先行立法を行うといった立法方針が確立された。民法典の樹立があくまで長期的目標とされる。こうした立法方針の下で、1986年、「民法通則」が制定され実施されるようになった。内容から見れば、「民法通則」は民法総則に相当する

内容が主となっているが、民法典としての枠ができているので、民事基本法として、後の民法の「部品」でもある各特別法の制定に方向と利便を与えた。

　計画経済から市場経済への変貌は1992年からのことである。市場経済体制の確立にともない、民法の機能が強化され、数多くの民商分野の法律、法規が制定、または改正されていた。立法領域において、新たに確立した市場経済体制に対応するため、大量の市場経済体制に相応しくない法律、法規が修正された。計画経済に反映する内容が廃止され、そのかわりに市場経済に対応する内容が法律に盛り込まれたのである。その代表例として「経済契約法」の修正が挙げられる。他方、新法の制定作業が加速され、とりわけ、市場経済と直結している民商分野の立法が優先される。これらの立法の多くは、「民法通則」に定める関連規定をもとに、母法と子法の形で行われる。「民法通則」の優れた拡張力のおかげで、わずか数年のうちに、民商立法が急速に増加し、膨大な条項を擁する法グループとなっている（例えば、「民法通則」においてはただ一条文である担保の規定に対し、1995年6月に制定した「担保法」が96条からなるものとなる）。しかし、改革開放の深化にともない、計画経済時代にできた民商法システムの構造的問題が次第に現れ、「民法通則」自体もその限界が感じられるようになった。

　「消費者権益保護法」はこのような背景の下に誕生した。多くの民商立法と同じように、「消費者権益保護法」も民法の特別法として位置づけられ、「民法通則」の定めが準用されるのである。なお、より開放的な時代背景の下で、「消費者権益保護法」は英米法的懲罰的損害賠償制度を法に取り込むことができ、消費者に有利な仕組みを備えた。

（2）「民法通則」の功績とその限界

　「民法通則」は公民、法人が有する民事権利を法によって保障し、民事権利を宣言したものである。

　「民法通則」は伝統民法の立法方式と違って、民事権利が単独の一章として設けられたので、民事権利を重視する姿勢を示している。計画経済体制の下では、個人、法人の権利が厳しく抑えられることを考えれば、「民法通則」の意義はいくら強調されてもし過ぎることはないだろう。もちろん、「民法通則」においては、多くの民事権利に関する規定は原則的ものにとどまり、それを適用するには

また大きな障害がある。しかし、注意すべきなのは、「民法通則」における民事権利の宣言は、その具体的運用実績より、社会の権利意識を喚起するほうが遥かに意義が大きいということである。データをみれば、1986年全国裁判所が受理した民事事件の件数は98万9,000件に対し、1995年になってそれは271万8,000件までに増やし、年20％くらいの上昇率を記録した[7]。数の増加とともに、民事事件の種類も従来型の訴訟から、著作権、特許権、商標権、名誉権、肖像権、消費者権などの新しい分野に拡大した。「民法通則」はこのような財産権利と人身権利に対する手厚い保護を宣言したことから、「中国の人権宣言」とも呼ばれる[8]。

「民法通則」は転換期の民事基本立法として、民事立法、司法および民事主体の民事活動において、重要な役割を果たした。

① 「民法通則」は条項からみれば、わずか156条にすぎない。しかし、その内容は基本原則、民事主体、民事法律行為、民事権利、民事責任などからなり、これらの内容はすべての民商法律関係をカバーすることができる。「民法通則」は、このような構造をうまく利用して、ほかの民事商事立法に大きな空間を提供した。中国の現行民商法律体系は、「民法通則」を核心に、そして「民法通則」をリーダーとして、数多くの単行民商法律、法規、司法解釈よって構成された法システムである。おそらく、新たな民法典によって替えられるまでは、「民法通則」のこのような役割はまだ続くだろう。

② 「民法通則」は、その内容からみれば、基本的には民法総則プラス権利宣言の総合体だともいえる[9]。総則の部分においては、すべての法律関係に対応できる共通性のあるものが定められる。「民法通則」は総則部分に民事主体、民事法律行為、代理、時効などの内容が定められ、法先進国の民法典と比べてまだ足りないところがあるが、必要な条項については、ほぼ備えているといえよう。転換期の法実務においては、これらの規定は重要な役割を果たした。総則と比べて、民事権利の部分は原則的な規定が多く、法実務において直接に適用するのは難しいところがあるが、これらの条項をもとに、新たに立法あるいは解釈によって、民事権利を具体化することが可能である。

③ 「民法通則」が確立した平等、自由意思、公平、等価有償、誠実信用、社会公共道徳と社会公共利益の遵守などの基本原則は、その歴史的限界から

表現の正確さに問題があるものの、法全体からみれば、立法当時においては、民法の世界的な流れに同調し、その内容の多くは今日に至っても先進性が失わないともいえる。

とはいえ、「民法通則」はあくまでも経済体制の転換期における過渡的なものである。計画経済から計画的商品経済へ、そして計画的商品経済から市場経済への移行過程においては、「民法通則」がほかの法律に取って代替できない役割を果たしていた。しかし、このような状況自体が、「民法通則」が新たに確立された市場経済体制に対応できる法律ではないことを意味する。「民法通則」はあくまで「通則」であって、民法典ではなく、万能法でもない。「民法通則」が制定された当時、全人代の王漢斌氏が「民法通則」の立法草案の説明を行った際、民法典の立法条件が備わっていないため、やむをえず、理論研究が蓄積されかつ急務と見なされる法分野に力を集中し、まず単行法の形でいくつかの法律を形成していこうといった立法方針を明言した。「民法通則」はそれら単行法とともに、ある民事活動における共通問題を解決するために作り上げたものである。しかし、「民法通則」は民法典ではないので、制定当時においては自信のあるかつ成熟だとみなされる部分のみが法に取り込まれ、自信のないあるいは未熟だと考えられる問題については、しばらく蚊帳の外に置かれ、先送りすることになった。「民法通則」が生まれたときからすでに存在した限界は立法者にも率直に認められたのである。

1996年、「民法通則」の実施10周年にあたって、「民法通則」に対する再検討がさかんに行われた。民法学者たちは、「民法通則」の意義を肯定しながらも、その歴史的限界を指摘した。その学者の一人である李開国教授は、「民法通則」の歴史的限界を次のように指摘した[10]。

① 「民法通則」の内容の一部は計画経済の烙印に押され、市場経済の要求に適応せず、時代に乗り遅れるものがある。例えば、経済計画の遵守義務。

② 「民法通則」の一部規定は原則的な規定であり、簡単すぎて、立法趣旨が不明なところが多く、法実務において適用の困難をもたらした。例えば、定款範囲以外の行為効力。

③ 「民法通則」は数多くの抜け道があり、裁判実務の要求を満たさず、多くの場合、裁判所は事件を審理できず、当事者の責任をも追及できず、深刻

な社会問題となっていた。例えば、商法基本規則の欠如。
④ 「民法通則」の一部規定は慎重さに欠け、その論理の科学性が疑われる。例えば、法人の連合に関する規定。

(3) 民法と消費者法

　北川が指摘したように、消費者法問題には実にさまざまな問題が含まれているので、法律的にほぼ法の全分野にまたがって問題が発生しているのが現実である[11]。確かに、消費者問題に対するさまざまな法分野の対応があり、それを細分すれば、概して私法レベルの対応、公法レベルの対応および手続法レベルの対応がある[12]。民法は私法レベルの対応として、消費者法、とりわけ消費者の司法的保護の分野においては、重要な役割を果たしている。

　中国において、民法の規定を消費者法に用いられるのには次のようなものが考えられる。

① 民法の基本原則

　「民法通則」が定めている基本原則を直ちに消費者訴訟に用いられるか否かについては、まだ疑問がある。公表された判例をみれば、信義則、公序良俗などの民法基本原則をもって、直ちに判断を下す例もあるが、それによって基本原則を実体法化させるのはまだ足りないと思われる。統一契約法の立法試案からみれば、試案（第一稿）における信義則の法修正機能を定めた条項が削除された経緯がある。もちろん、基本原則の法修正機能が基本原則の適用に等しいことではないが、立法者が信義則を含め一般条項の適用について慎重な姿勢を示した。

② 契約違反責任

　「民法通則」に定めている契約違反の民事責任が消費者契約にも適用すると解するのは普通である。しかし、近年、「契約法」をはじめ、一連の契約関連特別法および司法解釈の制定によって、「民法通則」における契約違反責任に関する規定の重要性がだんだん薄くなっている。

③ 不法行為責任

　「民法通則」では、不法行為責任について、消費者権利保護に関する規定は製造物責任でのみ定められているが、不法行為の一般原理を消費者法に用いる

ことができる。近年、「民法通則」の規定をもとに、数多くの特別法が作られた。例えば、消費者保護を定める「消費者権益保護法」、製造物責任が含まれる「産品質量（製品品質）法」などがそれである。これらの特別法は、「民法通則」の規定を具体化し、消費者利益の保護に資する。しかし、各特別法を考察すれば、行政管理と民事規範が混在していることがわかる。行政規制と消費者私法救済の関係について、今後ますます争点になるだろう。

注意すべきなのは、民法による消費者救済は「民法通則」などの法律に限らず、全人体の決定・解釈、国務院の法規・法律実施条例、各省庁の規章（通達）、最高裁解釈、判例をもその一部としていることである。

（4）法典化の動き

民法の法典化の試みは 50 年代からあったが、いずれも政局の混乱、イデオロギーの対立などの原因で失敗に終わった。しかし、内面からみれば、その根本的原因は民法の土台である自由競争の市場経済は 1980 年代までほとんど存在しなかったことである。それゆえ、改革開放後、中国の学者および立法当局は性急な法典化を取り止め、代わって民法の各分野において次々と発生する問題に早急な対応をとり、婚姻・家庭・相続などの立法をはじめ、民法典にあるべき内容を分散化して立法を行うことを決めた。1986 年 4 月に公表された「中華人民共和国民法通則」がこのような考え方を立法政策に取り込むシンボル的存在ともいえる。

しかし、大陸法伝統をもつ国として、学者たち心の中にある法典化への期待は永遠に消えるわけがない。1997 年 10 月、アモイで開いた中国法学会民法学経済法学研究会においては、民法の法典化をめぐって激しい論争が起こった[13]。法典化を支持する論者は社会主義市場経済体制がすでに確立したという現実と、旧中国における民法法典化の成功という歴史から、民法の法典化が可能かつ必要であると訴えた。これに対し、法典化を反対あるいは疑問視する論者は、性急な法典化に反対し、諸条件の未熟を理由に、法典化が時期尚早であるという結論を持ち出した。おおむね、3 つの意見が見られる。

① 学説条件未熟論。法典化の社会経済政治条件が完備されたにもかかわらず、学説条件まだ完備されず、特に従来の学説に対する注釈と民法典モデ

ルに対する研究はまだ不十分であること。
② 全面条件未熟論。具体的にいえば、社会主義市場経済発展の未熟、社会観念（特に指導層）と法典化の距離感、学説研究の不十分などが挙げられる。
③ 経済条件未熟論。いまだ「国家干渉型市場経済」か「非国家干渉型市場経済」かが明確にされず、民法典の制定に欠かさない経済基礎が明確にできない。

以来年々、法典化の論争が繰り返され、そのうちに、法典化支持論者の声が次第に強くなっている傾向は見られる。とりわけ、1999年統一契約法の成功およびその後急ピッチに進んでいた物権法の立法作業は、支持論者に大きな自信・論拠を与えた。

しかし、少し冷静に考えると、民法の法典化は必ずしも民法の最善な帰宿とはいえない。要するに、論者たちが追求している法典化は形式的な法典化か実質的な法典化かということを明確にしなければならない。前者であれば、民法典のもっとも中心的存在である契約法と物権法の完成に伴い、すでに存じた関連条文を整理し、1つの法典にまとめるのはこれほど難しい作業ではないと思われる。しかし、明らかに、形だけの法典化には意義が乏しいだろう。代えて、法典の膨大化による法律の改定・解釈・適用などの面でさまざまな問題が起こし、法の精緻化を追求する結果、法の効率化が損なわれるかもしれない。

逆に、後者、すなわち実質的な法典化を追求するとすれば、現在実施されている立法方針、すなわち、民法典に有すべき内容を分散化し、それぞれ独立させ、立法していくというやり方は、実質的な法典化の目標と矛盾しないと思われる。大陸法伝統に強く影響を受けた国として、民法の法典化は立法の集大成を意味することのみならず、法の先進度をはかる一つのシンボルとして理解されることでもある。しかし、こうした考え方は頑固すぎで、または時代遅れではないかと感じられる。今日、世界各国ないし国連の民事立法を考察すると、法典化はむしろ少数派であることがわかる。すでに法典化を完成した法先進国、とりわけ中国と深い関わりのあるドイツ、日本の民法典を見れば、その重要な役割を果たした一方、時代に遅れる部分もだんだん呈された。法の改定はものすごく大変な作業となり、民法全体の修正といえば不可能に近いともいえる。逆に、英米法諸国は、成文法を重視しつつある一方、形式的な法典化が断られた。法の安定化を配慮し

ながら法の効率化を重視し、常に時代の先頭に立つことができる。その成果は国内法のみならず、近年新たにできた一連の国際条約からも十分に窺える。法典化は決して法先進に等しいものではない。確かに、法技術の面で、一体化の法典ではないため、民法総則にあたる部分と各独立した諸法との円滑なドッキングが問題となる。しかし、それとても解決不能なことではない。もともと、民法通則は民法総則を想像して作ったものであり、不完全といいながら今でも大きな役割を果たしている。その民法通則をベースに、代理など一部の内容を独立させ、残る部分をさらに強化することによって、独立した諸法との調和を実現することはありうると思われる。

　にもかかわらず、中国の民法学者は民法の最終的法典化を確信している[14]。将来の民法典の一部として、「合同法（契約法）」(1999年) と「物権法」(2007年) の成功が民法典支持論者に大きな自信を与えた。現在、「侵権責任法（不法行為法）」の審議が急ピッチで進んでいる[15]。民法典の現在の草案に、物権法だけがあって、債権法がない。債権法は契約法および不法行為責任法により代替されたのである。

　支持論者にせよ、疑問論者にせよ、いずれも法典化自体に反対するわけではなく、法典化の時期・法典化のモデルに見解が分かれるにすぎない。例えば、民法典の構成について、梁彗星が代表とするドイツ民法の概念体系を基礎に法典を構築する説、王利明が代表とするドイツ法体系改造説、江平が代表とする英米法の開放式体系を採用する説、などがある。果たして、最終的にはどのような結論を持ち出すのか、今後、法典化をめぐる論争の行方を注目すべきであろう。

第2節　契約法制度―統一契約法の制定をめぐる議論―

(1)　契約法制度の検討―構造的問題―

　中国において、契約に関する法規定は「民法通則」のほか、「経済合同法（経済契約法）」「技術合同法（技術契約法）」および「渉外経済合同法（渉外経済契約法）」があった。各法律の基本的概要は以下の通りである。

① 「民法通則」

中国では、民法典が制定されていないので、現行「民法通則」は中国民事立法の基本法の地位に立つことになる。1986年4月1日に採択されたこの法律は、第5章（民事上の権利）第2節（債権）において、契約の基本定義を定め、第6章（民事責任）第1節（一般規定）および第2節（契約違反の民事責任）において、契約違反の責任について定めている。

② 「経済契約法」

1981年12月13日に採択されたこの法律は、国内の経済契約に限って適用され、経済契約の成立、履行、変更、解除、契約違反責任、紛争の調停と仲裁、契約の管理などの内容を定め、全7章57条がある。同法56条の授権規定をもとに、国務院は7つの契約に関する条例をつくった。1993年9月2日、法の一部が修正された。

③ 「技術契約法」

1987年6月23日に採択されたこの法律は、国内の技術開発、技術譲渡、技術相談および技術役務契約を適用対象とし、契約に関する規定のほか、紛争の仲裁、訴訟も定め、全7章55条からなる。

④ 「渉外経済契約法」

1985年3月21日に採択されたこの法律は、国内企業組織と外国企業組織および個人の間で結ばれた経済契約に適用される。ただし、国際運送契約を除く。法律は契約の成立、履行、譲渡、契約違反責任、紛争解決などを定め、全7章43条からなる。

そのほか、「海商法」「鉄道法」「著作権法」などの特別法にも契約に関する規定がある。

以上のように、統一契約法が成立する以前、中国の契約法の体系は「民法通則」を基礎に、「経済契約法」「渉外経済契約法」「技術契約法」という3つの契約法が共存するいわゆる「三足鼎立」の状態にあった。そして契約関係も、民事契約、（国内）経済契約、渉外経済契約および技術契約関係に分けられていた。しかし、このような区分について、その根拠はどこにあるのか、また、その必要性があるのか、問題とされている。

まず契約法の構造的問題を指摘したい。中国において、契約は民事契約と経

済契約に分けられ、これが契約法制を混乱させる根本的な原因であることがしばしば指摘されていた[16]。一般に、経済契約と民事契約を区別する点として、次の３点がよく挙げられる。①経済契約は原則として法人間で結ばれる契約を指す、②経済契約は一定の経済目的を実現するため結ばれる契約を指す、③経済契約は国家計画とつながっている[17]。この３点のうち、③は市場経済体制の確立によって意味が失われた。残る２点のうち、契約の目的につき、経済契約は「経済目的」という非常に曖昧な概念が使われているため、理解の食違いが生ずるのは決して不思議なことではない。結局、実務において、その「経済目的」は生活消費であるか否かと硬直的に理解されてしまうことになる。しかし、それにしても、現実においては、生活消費と非生活消費が交差する場合もある。例えば、契約の当事者の一方は生産を目的とするが、相手は生活消費を目的とする場合、または、契約対象物の一部を生産領域に投入し、一部を生活消費品とする場合がありうる。さらに、契約主体と同時に考えれば、個人間で生産を目的とする契約を結ぶことも十分ありうる。したがって、実際には経済契約と民事契約を区別する点はただ契約主体の違いのみが残されているとされている。言い換えれば、経済契約は法人間で結ばれる契約であり、経済契約法は法人契約法と呼ぶこともできるとされている[18]。1993年経済契約法の修正によって、経済契約の主体は「平等な主体である法人、その他の経済組織、個人工商業者、農村請負経営者」まで拡大されるが、個人の間で結ばれた契約および消費者契約は依然として経済契約から外されるのである[19]。中国契約法制のこのような構造的問題は、歴史的限界と立法方法論の瑕疵がもたらしたものである。つまり、現在の契約法制の枠が決められた計画経済時代においては、市場の主体は国有、集団企業に限られ、個人の市場参与は無視してもかまわない程度にとどまっていたのである。立法者はそのような市場構成を想定し、経済契約法を制定した。さらに、従来立法の方法論として、「成熟一個、制定一個」という方法が採られ、法体系全体の計画を欠き、立法の短期的行為・功利思想は数多くの法律からみられる。契約主体によって契約法体系を構築しているのは、元チェコスロバキアなど数少ない国に限られ、その効果もよいとはいえない。そうすると、契約主体の変化に伴い、中国では、次々と渉外、技術などの特別契約法を作る道に走らざるをえないようになってしまうのである。

続いて、契約法の内容から見れば、構造の欠陥から生まれた問題が山積みである。3つの契約法は共通なものがあるにもかかわらず、それぞれ重複し、その必要性があるか否かは別にして、お互いに矛盾を生じているのがまず問題となる。その上、すべての契約をカバーする法体制が備わっていないから、各法律は契約の個性に応じて、それぞれ独自の規則を創設し、さらに、これらの規則を解釈するため、もっと詳しい規則が必要となる。その結果、契約に関する規定は膨大な量となる。例えば、「経済契約法」47条（修正前57条）の条項に対し、これを具体化する法規、解釈などは700条にものぼる[20]。一方、契約に不可欠な契約の申込、承諾など基本制度についての関連規定がなく、また、独自色を追求するために、語義不明な概念が法に取込まれる。全体から見れば、契約法は煩雑、混乱という印象は免れえない。

（2） 契約法の再構成——立法の動き——

既存の契約法このような現状を痛感し、中国の学者は契約法制の再構築の必要性についてほぼ認識が一致している。1992年から、再び経済改革が加速し、計画経済時期に確立した契約法体制が市場経済と衝突することは立法者、有識者ともに認識していた。これを背景に、1987年からの「経済契約法」の修正作業はさらに加速した。1993年「中国契約法」という名で法律試案が誕生したが、市場経済の下に契約法の統一問題の解決に役に立たないという理由により、否定された。転換期における市場関係の複雑さおよび契約法制経験の未熟さを配慮し、立法者は「経済契約法」の修正と契約法の統一を分離し、段階的に対応することを決めた。つまり、まず急速に変化してきた市場関係の対処策として、「経済契約法」を修正し、計画経済の規定の代わりに市場経済に適応する規定を法に取込む。そして、第2の段階として、契約法の統一を目指し、市場経済体制に対応する契約法に力を入れるのである[21]。

そのような新たな立法構想に基づいて、1993年9月2日「経済契約法」が修正された。修正は主に次の点である。

① 立法目的の変更

立法の目的は「国家計画の実現を保証する」ことから「社会主義市場経済の健全な発展を保証する」ことに変化し、計画違反を無効とする規定などを削

除した。

② 適用範囲の拡大

経済契約の主体は「平等な主体である法人、その他の経済組織、個人工商業者、農村請負経営者」まで拡大される。ただし、個人の間で結ばれた契約および消費者契約は依然として経済契約から外される。

③ 契約自由の拡大

行政の契約への干渉を減らし、行政機関により契約の無効を認定するができるという規定が削除された。

④ 仲裁制度の変更

元の仲裁結果に不服のある場合裁判所に提訴できる制度を改め、当事者はいったん仲裁を選んだ以上は裁判に訴えることができず、仲裁の終局効力を定めた。

「経済契約法」の修正作業が終わった後、全人代法制工作委員会は専門家会議を開き、学者の主導による統一契約法の立法作業を行うことを決めた。その会議において「中国合同法立法方案」という立法計画が作られ、その後さらに検討、議論を受け、契約立法のガイドラインとして確定された。1994年1月、全人代法制工作委員会は、計画書に従って、統一契約法の起草を全国12の大学、研究機関[22]に委ねることを決めた。1994年11月、学者の共同作業で契約法試案（第1稿）が完成し、1995年1月全人代法制委員会に提出した[23]。

統一契約法試案（第1稿）は中国史上初の完全に学者の手による法律草案として注目される。この試案は全34章538条からなる[24]。

1995年5月、全人代法制工作委員会は検討会議を開き、試案第1稿に対する若干の修正意見が出され、基本的には試案第1稿が肯定された。その結果、統一契約法試案（第1稿）を基に、統一契約法試案（第2稿）が生まれた。試案（第2稿）は全41章511条からなる。

1996年6月、全人代法制工作委員会は学者と実務関係者を集め、統一契約法試案の第1稿と第2稿を対照し、それをベースに試案第3稿を作った。新たにできた統一契約法試案（第3稿）は全29章376条からなる[25]。試案第1稿と比べて、第3稿は条文を152条減らし、法の構造的にも第1稿と異なるところがある。

1998年9月、全人代法制工作委員会は最新契約法試案を一般マスコミに公表し、有識者だけではなく、全社会に向け草案に対するコメントを求めることを狙っていた。公表した最新試案は全23章441条からなる[26]。新中国立法史上前例のないことであった[27)28]。

（3）統一契約法―立法試案の若干考察―

統一契約法試案（第1稿）の起草者の一人である梁慧星論文によれば、統一契約法は次の立法趣旨に従うものである[29]。

① 法は中国の改革開放と社会主義市場経済の発展、並びに統一の国内大市場の確立と国際市場との融合を目標に、中国の契約立法、法実務の経験および理論研究成果をまとめ、市場経済の先進国、地域の立法経験と判例学説を参考にして、できる限り現代市場原理を反映する共同規則を取込み、国際条約と国際慣習との協調を求める。

② 法は当事者の意思自治を尊重し、法律と公序良俗に反しない限り、当事者の契約自由を十分保障し、行政機関およびその他の組織からの干渉を排除する。重大かつ正当な理由がなければ、当事者の契約自由に制限を加えない。

③ 本法の制定、実施の時期を配慮し、将来社会主義市場体制が完成してもこれに応じうる契約法を備え、同時に、計画経済体制から市場経済体制への転換期の現実に配慮する。しかし、立ち遅れている現状に妥協はしない。

④ 法の価値としては、経済効率と社会正義、取引の効率と取引の安全両方に配慮する。

⑤ 法の規範性と法の運用効果を重視し、適当な条文を設け、概念、適用範囲、構成要件および法的効果を明確にし、実務における法の正しい適用に利便を与える。

このような立法趣旨に従って、統一契約法試案（第1稿）が完成し、その後の試案第2稿、第3稿も基本的にはこれらを受け継いでいると思われる。

統一契約法でもっとも重要な特徴の1つはその統一性である。契約法の起草作業が始まる前、学説上これをめぐってさかんな議論が行われた。契約法の地位について、さまざまな意見があるが、統一契約法を将来民法典の一部として、民

法の債権編に取込むことは多数の支持を受けている。統一契約法が実現しようとする「統一性」は、概して以下の通り、いくつかのポイントが挙げられる[30]。

① 適用主体の統一

すべての契約当事者、個人か法人か、国有企業か集団企業か、連合組織か個人組合かを問わず、「民法通則」で定めた民事主体であれば、統一契約法の主体となる。

② 契約関係の統一

消費者契約か商事契約か、対価契約（相互給付）か非対価契約（組合、連合契約など）か、計画契約か非計画契約かを問わず、すべての契約を統一契約法の調整対象とする。

③ 国内と渉外契約の統一

渉外契約法を統一契約法の一部とする。

④ 法的効力の統一

契約法は民法の重要構成部分として、憲法に従ってその立法権は全人代およびその常務委員会に属する。行政機関である国務院および関係省、庁は立法権を持たない。

提示されたこれらの原則は、果たして将来の統一契約法で実現できるのか、またどのような形で表現するのか、注目される。試案議論の段階において、統一契約法の全貌およびその行先を正確に把握するのは、まだ困難であるが、梁の論文が提示したものはある程度参考になると思われる。梁は統一契約法試案における調整範囲および関連法律との関係を説明する際、次のような考え方を示した[31]。

① 本法は平等な主体の間の契約関係を調整する。

② 本法は狭義契約の概念を維持し、すなわち、本法で定めた契約は債権契約を指す。

③ 本法は統一的な契約概念を採る。経済契約と非経済契約、商事契約と民事契約、国内契約と渉外契約とを区別しない。

④ 非平等な主体の間の請負関係については契約の形で行われても、本法の調整対象とならない。

⑤ 本法は民商合一の原則の下で、民事（商）特別法との関係で次のように対処する。すなわち、特別法が規定のある場合、特別法の規定に従い、特別

法の規定がなければ、本法を適用する。なお、民事（商）特別法は会社法、小切手法、証券法、海商法、保険法、特許法、商標法、著作権法などを指す。

しかし、このような構想を実現するには、現行法からの障害がある。前述したように、中国では、既存の「民法通則」および3つの契約法の間に、お互いに矛盾する内容が多く、統一契約法の重要な目的の1つはそのような状態を解消することにある。統一契約法の立法計画によれば、統一契約法が成立後、3つの契約法（経済契約法、渉外経済契約法、技術契約法）は廃棄されることになる。したがって、問題は実際には「民法通則」と将来の統一契約の間に残されることになる。すなわち、統一契約法は「民法通則」の規定を突破あるいは修正できるか否かという問題に集中している。この問題をめぐって、契約法起草メンバーの間でも見解が分かれた。議論の結果、統一契約法は「民法通則」に制限されないという結論に達した。つまり、統一契約法は現行「民法通則」に定められていない原則、制度を契約法に取込むことのみならず、「民法通則」を突破し、「民法通則」の規定を修正、変更することもできるとされている。梁氏論文はそのような措置を採る理由を実質的および形式的2つの側面から分析している[32]。すなわち、まず、実質的な理由として、「民法通則」は80年代半ばに制定された法律であり、その時点においては市場経済がまだ確立しておらず、法の内容を見れば、市場経済および民法最新発展に応じうるものか評価すべきであるが、時代の制限で計画経済に対応する規定も数多く存在している。統一契約法が「民法通則」の限界を突破しなければ、市場原理に適応する契約法をつくるのは不可能であり、法の目的を達成することができないのである。そして、形式的な理由として、「民法通則」は民法典にあたる基本法の地位を有しているが、民法典ではなく、民法典の総則でもない（契約法と物権法が完成後、民法通則を修正して民法典総則とする）。一方、統一契約法は将来の民法典債権編を想定して作られるものであるから、「民法通則」の制限を受けないのは当然であろう。

（4）統一契約法—完成法の考察—

これらの点を踏まえて起草が進められ7年の歳月をかけて、1999年3月15日、第9回全人代第2回全体会議において、「中華人民共和国契約法」がようやく採

択された。完成した統一契約法は全23章428条からなり、総則（1～8章）、分則（9～23章）、附則という3つの部分から構成されている[33]。

総則は次のように構成される。第1章一般規定、第2章契約の成立、第3章契約の効力、第4章契約の履行、第5章契約の変更と譲渡、第6章契約権利義務の終止、第7章違約責任、第8章その他の規定。1998年9月に公表した草案と比べて、構成上には大きな変化がないが、第8章は新設され、もとの草案の附則にある内容を盛り込むのである。

分則は、典型契約として、以下のような15の契約類型を規定している。具体的に、第9章 売買契約、第10章 電力、水道、ガス、熱供与契約、第11章 贈与契約、第12章 金銭貸借契約、第13章 使用貸借契約、第14章 リース契約、第15章 請負契約、第16章 工事建設契約、第17章 運送契約、第18章 技術契約、第19章 保管契約、第20章 倉庫契約、第21章 委託契約、第22章 行紀契約、第23章 仲介契約。単に契約の類型から見れば、1998年9月に公表した草案とほぼ一致しているが、細かいところに修正がある。もっと前のバージョンで表したサービス契約、預金契約、保険契約、旅行契約、雇用契約などの典型契約が復活しなかった。その背後に、関連理論の未熟さはもちろん否定しえない一方、関係官庁・業界による利益集団の抵抗もあることが窺える[34]。

分則はあまりにも膨大であるため、本書においては総則を中心に紹介・分析していく[35]。

1）一般規定

契約法の目的として、本法は「契約当事者の合法的な権益を保護し、社会の経済秩序を守り、社会主義近代化の建設を促進するため」制定する（1条）と定められている。立法段階において、契約法は債権者利益の保護と債務者利益の保護のどちらを優先させるべきかについての議論があったが、完成法はすべて契約当事者の合法的な権利および利益を全面的に保護することになった。契約の定義について、契約法は「平等な主体である自然人、法人、その他の組織の間において、民事権利義務関係を設立、変更、消滅させる協議である」と定め、同時に、「婚姻、養子縁組、後見など身分関係に関する協議」は本法の適用から除外する（2条）。民法通則85条[36]の契約に関する規定と比べ、基本的には変化はないが、「当事者」を「自然人、法人、その他の組織」と細分し、「民事関係」を「民事権

利義務関係」に引き換えることが注目に値する。中国法における契約の定義を考察する際、2つのことを注意しなければならないと思う。1つは、契約はあくまで協議であり、英米法的な約束または承諾説[37]を採らないこと。多くの英米法の成分を中国法体系に採り込むものの、大陸法の伝統を堅持した。もう1つは、広義的および狭義的な契約概念を採らず、折衷的契約概念を採ること[38]。すなわち、身分関係を除くすべての民事契約（物権契約も可能）が適用対象となる。

3条以降は契約法の基本原則を定めている。それらは、平等原則（3条）、契約自由（自願）原則（4条）、公平原則（5条）、誠実信用（信義則）原則（6条）、公序良俗の原則（7条）である。

2）契約の成立

9条以降は契約の主体、契約の形式・内容、申込・承諾、契約成立の時点・成立地、約款の規制、前契約義務（契約締結上の過失）などを定めている。

契約の形式は口頭、書面、その他の形式を含む（10条）。口頭形式の契約が認められ、従来の法規定[39]より契約の形式要件がかなり緩和された。なお、時代の変化とともに、電子メディアは書面形式として認められる。当事者は契約書という形式で契約を結ぶ場合、双方の当事者が署名または捺印したときより契約は成立する（32条）。法律、行政法規の規定または当事者の約定により書面形式で契約を結ぶべきにもかかわらず、当事者は書面形式を採らず、しかし、当事者の一方はすでに契約の主たる義務を履行し、かつ相手方がこれを受け入れた場合、当該契約は成立する（36条）。また、契約書の形式で契約を結んだが、署名または捺印がなされる前に、当事者の一方はすでに主たる義務を履行し、相手方もこれを受け入れた場合、当該契約は成立する（37条）。契約法は従来の書面形式に固執するという硬直なやり方を改め、取引の活性化に寄与するところは大きいだろう。

契約の成立の場所は裁判の管轄権に関わるものである。契約法は原則として契約の署名または捺印した場所を成立地とし、電子通信のやり取りによって契約が成立した場合、受取人の主たる営業場所を成立地とする（34、35条）。

13条以降は契約の申込・承諾に関する規定である。申込と承諾は、中華人民共和国民法史上、はじめて詳しく規定された[40]。

申込は他人と契約の締結を希望する意思表示であると定義され、当該意思表示

は2つの用件を満たさなければならない。①内容は具体的で確定している。②申込を受ける者が承諾をするときに、申込者は当該意思表示に拘束される（14条）。申込と区別に、契約法は「他人が自分に対して申込をなすことを希望する意思表示」と申込の誘引を定義し、その具体的表現として価格表、競売の公告、入札募集の広告、株式募集の説明書、商品の広告などが列挙される（15条）。申込は、大陸法の伝統に従い、相手方に到達した時点で効力を生じるという「到達主義」とされる（16条）。申込は撤回することができるが、撤回の通知は申込を受ける者に到達する前またはそれと同時に申込を受ける者に到達しなければならない（17条）。申込を取り消すことができる。ただし、取消の通知は申込を受けた者が承諾の通知を発する前に申込を受けた者に到達しなければならない（18条）。承諾期限付きまたはその他の形で取消禁止を明示した場合、または申込を受けた者が申込は取消できないものとして認識する理由があり、かつすでに契約の履行のために準備作業に着手した場合、申込を取消すことを許さない（19条）。申込を拒絶する通知の到達、法に従い申込の取消、承諾期間の満了、または申込を受けた者が申込の内容に実質的な変更をなした場合、申込の効力を失う（20条）。契約条項を実質的条項と非実質的条項と区別することは、従来申込と承諾内容の絶対的一致を追求するやり方（mirror rule）を修正し、契約法の世界的流れと同調している。

　承諾は申込を受ける者が申込に同意する意思表示と定義され（21条）、取引慣習または申込によって行為を通じて承諾を行うことができることが表明される場合を除き、承諾は通知の方式で行うべきである（22条）。注意すべきなのは、契約法草案は明示の方式を要求し、黙示の方式を排除する条項があったが、完成法はこの条項を抹消した。承諾の方式を柔軟に把握していくのではないかと思われる。申込期間のある場合、承諾の通知はその期間内に到達するのはもちろんのこと、申込期間のない場合、契約法は対話者間と非対話者間という2つの場面を想定して、前者は特約のない限り即時承諾が求められ、後者は合理的な期間中に申込者に到達することが許される（23条）。承諾の通知が申込者に到達するときから効力を生じる。承諾に通知が必要とされない場合は、取引の慣習または申込の要求に基づく承諾の行為をなしたときに効力を生じる（26条）。承諾の効力が発生した時点に契約が成立することとなり、契約の成立についても到達主義を採っ

ているのである（25条）。承諾は撤回することができる。ただし、承諾撤回の通知は承諾の通知が申込者に到達する前にまたは承諾の通知と同時に申込者に到達しなければならない（27条）。申込を受けた者が承諾期間を越えて出した承諾は、申込者が当該承諾が有効である旨を遅滞なく申込を受けた者に通知した場合を除き、新たな申込とみなす（28条）。申込を受けた者が承諾の期間内に出した承諾が通常の状況において申込者に遅滞なく到達しうるにもかかわらず、ほかの原因によって承諾が申込者に到達したときに承諾期間を越えた場合は、申込者が承諾期間を越えたことによって当該承諾を受け入れない旨を遅滞なく申込を受ける者に通知した場合を除き、当該承諾は有効である（29条）。

注目すべきなのは30、31条において、申込の内容の「実質的変更」に関する規定である。申込を受ける者は申込に対し実質的な変更がなされた場合、新たな申込とみなし、逆に、非実質的な変更がなされた場合、申込者が遅滞なく反対を表示したときまたは申込に承諾が申込の内容につき何の変更をもしてはならないことを表明されている場合を除いて、当該承諾は有効であり、契約の内容は承諾の内容を基準とする。契約の目的、数量、品質、対価または報酬、履行期限、履行場所と方式、違約責任および紛争解決に関する変更は、申込の内容に対する実質的な変更とみなされる。

39条以降は約款規制に関する規定が置かれる。具体的には約款の定義、約款の規制、約款の解釈などが設けられる。

42条は契約締結上の過失に関する規定である。「前契約義務」あるいは「先契約義務」とも呼ばれる。42条は次の通り契約締結上の過失を定めている。

当事者は契約を締結する過程において、以下の状況のいずれか1つがあり、相手方に損失をもたらした場合、損害賠償責任を負わなければならない。

① 契約の締結の名目で相手方の利益を損害することを目的とし、悪意に協議を行った場合。
② 意図的に契約の締結に関わる重要な事実を隠す、あるいは虚偽な状況を提供する場合。
③ その他誠実信用原則に反する行為がある場合。

要するに、契約法が定めている契約締結上の過失責任は義務違反、損失の実在、因果関係の成立および主観上の過失を成立要件となり、そのうえで、3つの

状況が列挙されるのである。最初草案段階に盛り込んだ契約の交渉段階における協力義務、保護義務、通知義務、および信義則・取引慣習に基づく要求される義務を負わせるという極めて広く展開する射程範囲と比べ、完成法はより慎重な姿勢をとり、その実際効果は注目に値する。

3） 契約の効力

契約法第3章は契約の効力について定めている。44条から順次に契約の効力要件、条件つき、期限つき契約、契約効力の補正、無効契約、取消しうる契約、契約無効または取消の効果などの規定が設けられる。民法通則の関連規定と比べ、契約法は民法通則を補完する機能を持っているが、重なる部分もある。両者の関係をどのように把握していくかが注目される。

契約法は契約効力の一般要件を設けず、学説においては、一般法としての民法通則の規定が準用するのは当然であると解される。民法通則と異なるのは、契約法は契約の成立と契約効力の発生を個別にする点にある。契約法44条によれば、「法に基づき成立した契約は、成立した時点より効力を生じる。法律・行政法規が承認、登記の手続を行うべきである旨を規定した場合は、その規定に従う」。このような区別は成立に至らない契約を、その契約の欠陥の補完によって生き残って、取引の活性化に寄与するのである。

無効契約の範囲は民法通則の規定により縮小した。52条は、詐欺、脅迫の手段を用い国家の利益を損なう契約、悪意により通謀して国家、集団または第三者の利益を損なう契約、合法な形式で不法な目的を隠蔽する契約、社会公共利益を損なう契約、および法律、行政法規の強行的規定に違反する契約を絶対無効な契約とされる。列挙されるこれらの無効契約の形態は民法通則の規定と大きな違いはないが、詐欺・脅迫行為の効力および法令違反行為の効力に対する理解は新たな中身に取り替えられた。従来、当事者の意思表示の尊重より、社会経済秩序の維持を重視する[41]というスタンスから、詐欺・脅迫行為は無効の原因とみられ、大陸法諸国とは違う構造が採られている。契約法の草案段階においては、詐欺・脅迫行為の効力に対し、絶対無効か相対無効か振り返って模索する経緯があったが、完成法はそれを国家利益に対する侵害と当事者の利益に対する侵害とに振り分け、それぞれ絶対無効と相対無効の効果を与えた。法令違反行為の効力について、民法通則ははっきりしてないが、契約法は、1992年の経済契約法改正草案

30条と同様、取締法規論を導入したことによって、違法無効の範囲を限定した。これは、改革による国家と社会の二元化、公法と私法の分離の要請といえる[42]。

効力の未確定状態は民法通則に定めがなかった。契約法はこれを法に新たに加え、契約効力の形態を多様化し、取引の現実により真実的に反映したのである。契約効力の補正によって、契約に完全な効力を与えるものとして、民事行為無能力者がなされる契約（47条）、代理権を有しない者がなされる契約（48条）、処分権を有しない者がなされる契約（51条）などが予想される。

取消しうる契約として、契約法は、重大な誤解によって締結した契約、明らかに公平を失した契約、および詐欺、脅迫の手段を用い、または人の危難に乗じて相手方に真実の意思に反する状況でなされた契約などが列挙される（54条）。前述のように、詐欺・脅迫行為によってなされた契約について、国家利益に対する侵害と契約当事者の利益に対する侵害とに二分し、後者に対して相対無効の契約として取り扱うのは統一契約法と民法通則の食違いである。契約被害者の意思を尊重し、その救済方法の選択を被害者に与え、柔軟な対応を採れるのは市場経済からの要請であるし、世界各国の立法通例との接近でもある。なお、契約法は取消しうる契約の除斥期間を1年と明確化し、取消権を有する当事者が取消の事由を知ったまたは知るべき時点から起算することとなり（55条）、草案段階で契約成立の時点から起算する案を改め、合理的な変更だと思われる。

無効または取消された契約ははじめから法的拘束力のないものとする（56条）。契約により取得した財産は返還しなければならず、返還不能の場合または返還の必要がない場合は、金銭に換価して補償しなければならない。過誤のある一方は相手方がそれによりこうむった損失を賠償しなければならず、双方に過誤がある場合は、各自が相応の責任を負わなければならない（58条）。なお、悪意により通謀して国家、集団または第三者の利益を損なった場合、それによって取得した財産を国が取り上げ、あるいは集団、第三者に返還する（59条）。無効の効果として、返還、賠償、没収という構造を据え、基本的には民法通則の規定そのまま継続したものと見られる。

4）契約の履行

契約法第4章60条以降は、主に契約履行の原則、履行の方法、第三者と関わる履行、同時履行の抗弁権、不安の抗弁権、代位権、取消権などを定めている。

契約履行の原則としてはまず約束通り契約を全面的に履行することが求められる。そのうえ、契約当事者は信義則に従い、契約の性質、目的および取引慣習と照らして、お互いに通知、協力、秘密保守の義務が課される（60条）。契約の履行における付随義務は法によって肯定された。

61、62条は、契約の約束が不明確な場合の履行を定めている。

第三者と関わる履行は第三者に対する履行と第三者による履行が含まれる（64、65条）。

66条は双務契約における同時履行の抗弁権を定めている。これによれば、当事者が互いに債務を負い、その履行に順序がない場合は、同時に履行しなければならない。一方の当事者は、相手方が履行するまでは、その履行の請求を拒絶する権利を有する（66条前段）。

67条は双務契約における先履行の抗弁権を定めている。これによれば、当事者が互いに債務を負い、履行に順序がある場合、先に履行する義務を負う一方の当事者が履行するまで、後に履行すべき他方の当事者はその履行の請求を拒絶する権利を有する（67条前段）。

不安の抗弁権について、契約法は次の通り定めている（68条）。

先に債務の履行をなすべき当事者は、相手方が以下に掲げる場合の1つでもあることを証明する証拠をもっているときは、履行を中止することができる。

① 経営状況が著しく悪化した場合。
② 財産を移転しまたは資金の持ち逃げをして債務の履行から逃避した場合。
③ 商業信用を喪失した場合。
④ その他の債務履行の能力を喪失しまたは喪失するおそれがある場合。

これらの制度によって、中国は同時履行の抗弁、先履行の抗弁、不安の抗弁という系列的な抗弁制度をはじめて整備した。抗弁制度の確立は、取引の安全、効率に大きな意義をもつことは疑いのないことである。

契約履行の保全制度として、契約法は債権者代位権（73条）と債権者取消権（74、75条）を定めた。

5）契約の変更と譲渡

契約は当事者の合意によって変更することができる。法律または行政法規が契約の変更について承認、登記の手続を行うべきであると規定している場合、その

規定に従う（77条）。契約変更の合意は明確的なものでなければならない。契約法は合意による契約の変更を契約の変更に等しいものと解されるため、中国契約法において合意による変更は契約の変更の唯一の方式となる。取消しうる契約に対して、裁判所あるいは仲裁機関による契約内容の変更はその例外であり、「負担的契約変更」[43]と解され、本規定の適用ではカバーされない。

契約の性質、当事者間の約定、または法に従って譲渡不可の契約を除き、債権者は契約上の権利の一部または全部を第三者に譲渡することができる（79条）。債権の譲渡は債務者に通知しなければならず、通知がなければ債務者に効力を生じない。引受人の承諾を得ない限り、債権譲渡の通知は撤回できない（80条）。債権者は権利を譲渡する場合、その引受人は債権と関連する従たる権利をも引受ける。ただし、当該従たる権利は債権者の一身専属である場合は、この限りでない（81条）。債務者は元の債権者に対し有する抗弁権を債権の引受人に対しても主張することができる。元の債権者に対し弁済期が到来したまたは譲渡と同時に到来した債権があれば、債権の引受人に対し相殺を主張することができる（82、83条）。

債権者の同意を得て、債務者は契約義務の全部または一部を第三者に引受けさせることができる（84条）。債務の引受人は元の債務者が債権者に対し有する抗弁権を債権者に対しても主張することができる（85条）。元の債務者に一身専属の債務を除き、債務の引受人は主たる債務に関連する従たる債務をも引受ける（86条）。

相手方の同意を得て、当事者一方は契約の権利と義務を併せて第三者に譲渡することができる（88条）。

以上、契約法は債権譲渡、債務引受、契約譲渡制度の確立によって、かつて民法通則が樹立した契約の移転に対する厳しい制限を大きく修正した[44]。

6) 契約の権利義務の終了

契約の解除と終了を区別しないのは契約法の特徴である。

契約法によれば、以下のいずれかの場合に該当するとき、契約の権利義務は終了とする（93条）。

① 債務がすでに約定に基づいて履行された場合。
② 契約が解除された場合。

③　債務が互いに相殺された場合。
④　債務者が法に従い目的物を供託した場合。
⑤　債権者が債務を免除した場合。
⑥　債権と債務が一人に帰した場合。
⑦　法律が規定しまたは当事者が約定したその他の終止の場合。

　明らかに、列挙された契約終了の状況は契約の解除と契約の消滅が含まれる。その意味で、契約法の下で、契約の終了という概念はもはや伝統契約法理上の終了でなく、契約解除と契約消滅より上位的な概念と解してもよい[45]。

　契約の権利義務が終了されても、当事者はなお信義則に従い、取引の慣習に基づき、通知、協力、秘密保守の義務を負う（92条）。いわゆる契約の余後効（中国語は後契約義務）である。

　契約の解除につき、合意解除、約定解除と法定解除が定められている。契約は当事者の合意によって解除することができる（93条前段）。当事者は前もって契約の解除条件を約定し、いったんその条件が満たされれば、契約を解除することができる（93条後段）。契約の法定解除につき、契約法は次のように解除事由を定めている（94条）。

①　不可抗力により契約の目的を実現することが不可能となる場合。
②　履行期満了まで、一方の当事者が主な債務を履行しないことを明確に表明しまたは自己の行為によって表明した場合。
③　一方の当事者が主な債務の履行を遅滞して、催告を受けた後に合理な期間内になお履行しない場合。
④　一方の当事者の履行遅滞またはその他の違約行為により、契約の目的を実現することが不可能となる場合。
⑤　法律で定めるその他の場合。

　したがって、法定解除権の発生要件として、履行不能、履行拒絶、履行遅滞、不完成履行を掲げている[46]。

　当事者は契約の約定した方式、または法律の規定した方式に基づき、契約の解除を主張しようとする場合、相手方に通知しなければならない。契約は、通知が相手方に到達した時点に解除される（96条）。

　契約解除の効果として、原状回復と損害賠償が定められる（97条）。

99条以降は契約消滅の効果をもたらすほかの事由を定めた。
① 相殺
　当事者が互いに弁済期にある債務を負い、かつ当該債務の目的物の種類、品質が同じである場合、いずれか一方が自己の債務をもって相手方の債務と相殺することができる。ただし、契約の性質または法律の規定により相殺ができない場合は、この限りでない。相殺は相手方に通知しなければならず、その通知が相手方に到達したときより効力を生じる。相殺の通知には、条件あるいは期限を附してはならない（99条）。さらに、目的物の種類、品質が異なる場合にしても、当事者間の合意があれば、相殺することもできる（100条）。
② 供託
　債務の履行が困難である場合に、債務者は目的物を供託することができる。契約法は次のように債務履行困難とみなす状況を掲げる。すなわち、債権者が正当な理由なく受領を拒絶した場合、債権者が行方不明である場合、債権者が死亡しその相続人が未確定または民事行為能力を喪失しその後見人が決められていない場合、および法律で定めたその他の場合などを掲げる（101条）。目的物を供託した後、債権者が行方不明である場合を除き、債務者は速やかに債権者または債権者の相続人、後見人に通知しなければならない（102条）。目的物を供託した後、毀損、滅失の危険は債権者が負担する。供託期間において、目的物の利息は債権者に帰属する。供託費用は債権者が負担する（103条）。
③ 免除
　債権者が債務者の一部または全部の債務を免除する場合、契約の権利義務の一部または全部が終了する（105条）。
④ 結合
　債権と債務を一人に帰した場合、契約は終了する。ただし、第三者の利益に影響を与える場合は、この限りではない（106条）。
7）違約責任
第7章107条以降は違約責任に関する規定である。
　一方の当事者は、契約上の義務を履行せずまたは契約上の義務の履行が約定に符合しない場合には、引き続き履行する、救済措置を採る、または損害を賠償す

るなど違約責任を負わなければならない (107条)。契約違反形態の一般規定である。

この条文から見れば、従来契約責任の構成要件の1つである有責性、すなわち過失責任についての陳述が条文から消えてしまうことがわかる。言い換えれば、契約法は、契約責任について、従来の大陸法的な過失責任あるいは過失推定責任を廃除し、代わって英米法的な厳格責任あるいは無過失責任を法に取り込んだのである[47]。過失責任と厳格責任、それぞれ長所を持っているが、近年の国連、EUなどの契約立法を鑑み、やはり厳格責任の方が立法の主流であり、契約立法の方向を代表するものともいえる[48]。

一方の当事者は契約上の義務を履行しないことを明確に表示した場合、または自分の行為によって表明した場合には、相手方は履行期が到来する前に、違約責任を追及することができる (108条)。速やかに債権者を救済するために、英米法的な履行期前の履行拒絶制度[49] (anticipatory repudiation) を契約法に導入したのである。従来契約違反を契約の実際違反に等しいという建前を倒し、法理論および実務に与える影響が大きい。とりわけ、不安の抗弁と合わせ、契約の実際違反に慣れた法曹界にとって新しい挑戦となる[50]。

契約の実際履行につき、契約法は金銭債務と非金銭債務を想定し、それぞれ実際履行の責任を規定している。非金銭債務に対し、一方の当事者は契約の実際履行を求めることができるが、除外が定められた (110条)。それは、

① 法律上または事実上、履行できない場合。
② 債務の目的物が強制履行に適しない場合または履行費用が高すぎる場合。
③ 債権者が合理な期間内に履行の請求をしなかった場合。

従来、契約の実際履行の強調は社会主義法の独自色であると印象づけられる。契約は、取引の仲介よりむしろ計画遂行の手段と解してもよい。契約法はこのようなイメージを改め、取引の効率化に積極的な意味があると思われる。

損害賠償の範囲について、一方の当事者が契約違反により、相手方に損害を与える場合、損害賠償額は違約によってこうむった損害に相当するものとすべきであり、契約履行後に得ばかりし利益を含む。ただし、契約を違反した一方が契約締結時に予見したまたは予見しうるべき契約違反によりもたらされうる損失を超えてはならない (113条前段)。中国の国内の契約法として、はじめて明確に契

約違反による損害賠償の範囲を規定した。得べかりし利益を損害賠償の範囲に含ませたことは、市場経済の進行にとって不可欠であり、市場経済を指向する経済改革の成果といえる[51]。なお、事業者が消費者に商品またはサービスを提供する際詐欺行為がある場合、「消費者権益保護法」の規定によって損害賠償の責任を負う（113条後段）。「消費者権益保護法」第49条における2倍懲罰的損害賠償の規定を優先適用するとされる。

損害賠償の方式として、契約法は違約金（法定違約金と約定違約金を含む）と手付け金（定金）を定めている。当事者は違約金と手付け金を両方約定した場合、選択することができる（116条）。

不法行為責任と契約責任の競合問題について、契約法は、請求権の競合を認めた。一方の当事者の違約行為によって、相手方の人身、財産の権利・利益を侵害した場合には、被害者は契約責任と不法行為責任の間に選択することができる（122条）。

8）その他の規定

第8章は附則に相当する規定である。本章において、特別法の適用、類推適用、契約解釈、渉外契約の例外、契約の管理・監督、紛争の解決、時効などの内容を掲げている。

契約の解釈について、当事者が契約条項の理解に対し争いのある場合、契約に使った文字・文言、契約の関連条項、契約の目的、取引慣習および信義則に照らして、当該条項の真義を確定しなければならない（125条前段）。なお、定式約款の解釈に関しては、本法39条に約款の理解に争いのある場合、約款提供者に不利な解釈をしてはならないという規定があり、注意しておく。まとめとして、契約法は契約の解釈について、真意解釈、全体的な解釈、目的論的解釈、慣習による解釈、真義則による解釈、不利解釈などの原則を立てた。これは、英米法上の解釈基準と大陸法上の解釈基準を併せて規定したものである[52]。

契約の管理・監督制度を契約法に残すか否かという問題をめぐって、契約法の立法過程において激しい対立があった。その攻防の結果、契約法は契約管理・監督制度そのものを保留したが、従来の制度よりその地位が落ち込み、行政強制色が薄くなった。「経済契約法」（改正前後とも）が「契約の管理・監督」という章をわざと掲げることに対し、契約法は一条文にとどまった。その条文は次の通り

である。工商行政管理部門およびその他の行政所管部門は各自の職権範囲内において、法律・行政法規の規定に従い、契約を利用して国家利益・社会公共利益を損なう違法な行為に対し、監督・処理の責任を持つ（127条）。

（5）　統一契約法に対する評価

おおむね、統一契約法は新中国の立法史上大きな試練として、成功を収めた。その評価すべきところは少なくとも以下のように挙げることができると思われる。

1）　契約自由の確認

契約法第4条は、「当事者は法によって自由意思により契約を締結する権利を有し、いかなる組織、個人はこれを非法に干渉してはならない」と定め、契約自由原則を確認する法的根拠と解される。

統一契約法の立法経緯を考察すれば、完成法において「契約自願（自由意思）」という言い方に対し、学者専門家を中心に、もっと明確に「契約自由」という文言を使い、契約自由を徹底させるという意見があった。これは、学者の手によって作られた契約法試案の第1稿から見られる（試案第3条）。しかし、試案第2稿から、「契約自由」という文言の姿が消え、完成法までに至った。立法機関はなぜあえて「契約自由」の言い方を使わないのか、その原因はおおむね次の面から捉えられる。まず、法意識から見れば、現段階の中国はまだ計画経済から市場経済への転換期にあり、契約自由の意識は深まりつつある一方、契約自由の中身を正確に把握できず契約自由そのものを極端の自由と理解する人はまだ大勢いる。このような傾向を防ぐため、現段階において「契約自由」を明言せず、一定の熟慮期間を設け、将来の民法典に「契約自由」という文言を取り込もうと考えられる[53]。次に、法技術からみれば、従来の民法通則、経済契約法などの関連立法において「契約自願（自由意思）」原則を使うのは現状である[54]。民事立法における表現の一致を配慮し、従来の表現を継続させると解される。

確かに、契約自由が確立されるかどうかについては、契約自由を明言するか否かは重要な判断要素といえる。いくら「自由」と「自願（自由意思）」の文脈を分析しても、やはりその食違いがあり、契約自由原則を徹底するために、なるべく「契約自由」という言葉をそのまま使ったほうがよい。しかしながら、自由の

宣言よりその自由を実現させる実質的な内容のほうがもっと重要であると考えている。立法機関である全人大常務委員会法制工作委員会は、「徴集意見稿に関するいくつかの問題の説明」（1997年5月）において、契約の「自願」原則について、以下のように述べた。「契約自願の原則は、契約法の基本原則である。社会主義市場経済の経済体制を確立する要請から見て、契約を締結するかどうか、誰と契約を締結するか、いかなる契約を締結するか、いかなる契約責任を負うべきかについては、当事者の決定によるべきである」とされる。契約自由を貫徹する以上の制度的枠組みは、その後のいくつかの試案から完成法まで、基本的には変わっていない[55]。この意味で、従来の民事立法と比べ、統一契約法は計画中心原則から契約自由原則へ移行するものとして、その私法色をより鮮明にした。新中国立法史上において画期的な意義のあるものとして、高く評価すべきである。

確かに、このような局面を達成するのは決して容易なことではない。とりわけ、契約自由と契約への行政干渉との関係について、契約管理・契約管理機関に関する規定の存否をめぐって、国家工商行政管理局と学者の間に意見の対立があった。国家工商管理局の代表は、中国の市場経済が公有制を主導原理とし、必然的に契約に対する行政監督および管理の堅持・強化が要求されるという見地から1章を追加して契約管理および契約管理機関について規定すべきであると迫った[56]。完成法にはそのような考え方をそのまま採らないが、やはり127条において契約監督・管理の条項を設けた。実質的な内容が薄いとはいえ、公法的規定を私法に持ち込むことになった。そこで、規制か規制緩和かはイデオロギーの問題を超え、利益集団の争いという観さえ呈している[57]。

2）契約正義の強調

かつて社会正義を標榜するのは社会主義法の特徴であった。このような考え方は、市場経済に突入しても基本的に変わっていない[58]。

統一契約法は、契約正義を確保するために、いくつかの基本原則を定めた。その中でもっとも重要なのは公平原則と誠実信用原則（信義則）である。

公平原則を定めるのは統一契約法第5条である[59]。公平原則は契約自由に対する制限と理解される。統一契約法以前の民法通則においても、同じような原則が定められる。それは民法通則第4条の規定である[60]。梁彗星によれば、現代民法における公平原則を設立する目的としては、市場取引の契約関係が双方当

事者の利益を配慮するという要請があり、しかも、公平原則は信義則・事情変更原則・顕失公平規則（明らかに公平を失するものを取消しうる。民法通則59条2項、契約法54条2項）にその判断基準を提供してくれたのである[61]。中国の学者によれば、契約における公平原則は形式的公平と実質的公平を追求する[62]。形式的公平といえば、それは契約当事者法的地位の平等を指すことであり、言い換えれば、契約の内容にかかわらず外見上の平等を追求することである。手続的な平等といってもよいと思われる。しかし、究極的に法律が追求するのはあくまでも形式的平等をベースに、さらに深く契約内容に対して探求するところにある。公平原則は一般条項として、裁判官に一定の自由裁量権を与え、裁判官に一般条項への逃避をさせないことがこれからの大きな課題となるという指摘[63]が早くからも聞こえた。顕失公平規則と絡んで、どこまで実質的契約公平を実現できるかが大きな課題になるだろう。なお、注目させたいのは、中国民商法において、公平原則は過失責任・無過失責任と並列して、契約関係を超える一種の責任分担ルールとして存在している。これは各国の民事立法と違って独自な存在である。

誠実信用原則（信義則）を定めるのは統一契約法第6条である[64]。これも公平原則と同じ、民法通則第4条から由来するものである。草案の最初の段階において、学者は信義則を一般条項として裁判上の直接適用を許せると提案したが、否定された。日本の学者からも、誠実信用という一般条項は、「個別の法律問題の解決に直接適用されるものではなく、法規定や契約の合意、慣行を補充する形で適用される」と言われている。「裁判官が法律の個別規定や契約、慣行があるのにそれを無視して、一般条項を直接適用して判決することは許されていない。これは意思自治の原則に反する」と指摘した[65]。しかし、信義則の直接適用を排除いてもなお解釈上の問題がある。

統一契約法は社会正義を実現するため、とりわけ、社会弱者である労働者と消費者の利益を保護するために、いくつかの規則を設けた。これは、一般約款規制・免責条項の規制などから見られる。

3）法の効率の重視

効率重視は契約法の立法指針の1つである。従来の民事立法、特に契約立法と比べ、統一契約法は現代社会における取引のニーズに応じて、契約効率の向上

の面で大きく改善をもたらした。

　もっとも著しい表現としては契約への非市場要素の干渉を減らすことである。従来の契約立法はイデオロギーの影響で、社会主義経済の計画性を強調し、それを口実に契約への不当な干渉を繰返していた。計画経済から市場経済へ転換する宣言が行われた後、イデオロギーの論争は一応落着いたが、完全にその影響をなくしたわけではない。さらに、前述のように、イデオロギーの論争に代わり、もっと直接的に関わりのある集団・部門利益の争いが表面化し、しかも時々非常に強力な抵抗が見られる。

　非市場要素といえば、まず行政介入が想起されるだろう。工商行政管理機関による契約への干渉は行政介入のもっとも典型的な表現である。統一契約法は工商行政管理機関の契約無効認定権の廃止を正式に宣言した。既存の利益との妥協の形で、契約法においては契約管理・監督制度をまだ存続させていたが、規制緩和の道を少しずつ進んでいた。これによって、契約の無効判断権は裁判所・仲裁機関に集中し、法制の統一にもプラスになる。

　現代商取引は常に迅速・円滑な市場対応を求めている。取引の量と質とも過去に比べられないからである。それを法律に反応し、契約法の対応として、できる限り契約の安定を維持し、契約目的の達成を迅速に、あるいは達成の見込みのない契約の消滅を迅速に、取引の流れを加速するのは立法の目的である。統一契約法は、効率重視の出発点から努力を試した。

　前述のように、草案段階において契約法は民法通則が確定した規則に突破できるか否かについて論争があったが、結果は肯定的である。契約法に反映した民法通則の規定と違うところは無効契約範囲の縮小である。詐欺、脅迫の手段を用いて、人の危難に乗じて、相手の真実の意思に反する契約は従来の当然無効から取消しうるものとなり、しかも、当事者による変更の請求がある場合、裁判所または仲裁機関による取消しが許さないと定めた[66]。当事者の選択権が大幅に拡大したのである。

　また、英米法の影響で、契約法に契約の「実質変更」という概念が導入され、法案の数カ所に反映していた。例えば、契約の申し込みを無効させる要件として、申込み内容の実質的な変更が要求される。契約を履行する際、一方の契約義務違反により「契約目的」を達成できない場合、契約の解除が許される。なお、

第68条においては、相手側に経営悪化、債務逃避、信用失墜などが証明されれば、「不安抗弁」をもって契約履行の中止が許される。それらの措置によって、法の効率化の向上をある程度に達成していた。

4) 立法技術の革新

統一契約法の制定者は21世紀に向かって、法先進国に劣らない契約法の制定を目指している。これを目標にして、今まで成功した規則、最新の立法対策、最新の研究成果を法案に取り込むのは当然であろう。

まず注目すべきなのは電子商取引を契約法の視野に収めることである。契約法第11条は、「書面形式とは、契約書、手紙、および電子通信（電報、テレックスおよびファクシミリ、電子データ交換、電子メールを含む）など、記載の内容を有形的に表現できる形式をさす」と定め、ペーパーレスの電子データ交換を書面として一応認めた。具体的に考察すれば、契約法は電子商取引契約の成立問題にとどまり、電子商取引における認証、責任、消費者保護などの一般原則は定められていないが、電子商取引関連規則の土台を作った点で評価すべきである。

また、契約の義務を契約成立前と契約完成後までに広がることも目新しい。契約法第42条は、契約交渉にあたり、契約締結の名目で悪意に交渉を行い、故意的に契約と関わる重大な事実を隠蔽し、あるいは虚偽的な情報を提供するなど信義則に反する行為がある場合、相手方は損害賠償を請求することができる。これは契約義務を契約成立前にまで拡張するものである。契約法第60条は、「当事者は誠実信用の原則に従い、契約の性質・目的と取引慣習に基づき、通知・協力・秘密保持の義務を履行しなければならない」と定め、契約の付随義務を肯定した。それに続いて、第92条は、「契約の権利義務が終了後、当事者は誠実信用の原則に従い、取引慣習に基づいて、通知・協力・秘密保持の義務を履行しなければならない」と定め、契約義務を契約終了後に拡張したのである。

もともと、中国法は社会主義法といっても、近代法制度が確立されて以来大陸法の伝統が確立され、現在に至っている。改革開放以前、法整備が遅れたため社会経済活動に多大な不便をもたらしたが、そのせいで歴史の負担が法先進国よりずっと軽く、東西を問わずにあらゆる先端的な法制度を自国の法システムに取り込もうということが可能となっている。統一契約法には多数の英米法的な法制度が導入され、しかも、その中には英米諸国にも明文化されていないものが含まれ

る。

　それゆえ、大陸法としてなかなか変化しがたい領域においても法理の突破を実現することができる。大陸法国として初めて契約責任を無過失責任と明文化するのはその一例である。

　しかし、立法経験とりわけ契約立法の経験まだ浅い中国にとって、不足ないし失敗は避けられない。統一契約法の立法を参加した梁慧星がまとめたもの[67]によれば、おおむね次のような3つの面において、その不足が指摘される。

　① いくつかの先端的な法制度の放棄

　　最初に放棄されたのは英米法から導入した不当影響制度である。この制度を創設する目的としては、政府関係部門のような強い影響力をもつ部門、個人の下でなされた契約に対し、一種の対処策または救済方法として活用するところにある。しかし、法案論議の段階で、不当影響制度の実際効果について、裁判官および学者から疑問の声が出され、支持者を欠くため、法案から姿を消した。

　　次に否定されたのは第三者による債権侵害制度である。この制度を創設する目的としては、現実において増えつつある不正競争、とりわけ業者間の不正競争に対し、契約以外の第三者の行為を規制することによって、競争の公正化に寄与するところである。しかし、反論として、第三者による債権侵害がもともと不法行為法の調整領域に帰するべき[68]、契約法はそれを取り入れるべきではないという意見が有力であって、結局、結論までに至らなかった。

　　事情変更制度は契約法が可決された直前に否定されたものである。契約法の起草段階においても意見が分かれるが、全人代本会議の審議においては、現段階の経験に基づき、事情変更に対し適当な定義をつけることが難しいことであるし、ビジネスリスクとはっきりとした一線を画すことが困難であり、さらに実務においては操作上の問題があり、現実においても事情変更はかなり特殊な状況に限ってしか適用できず、したがって、現段階において契約法にその規定を盛り込む条件まだ未熟である、と、一部の審議代表から反対意見が出された。議論の結果、事情変更について、契約法は規定しないこととなる[69]。

　　そのほか、過失相殺の原則を双方違約と入れ換え、本来明文規定すべき損益相殺の原則をも削除した。

② 典型契約の不足

　最初の案（主に学者による）においては合計24の典型契約を設けた。その後、一部の典型契約は理論自体が未完成のため否定されたが、多くの典型契約は利害部門の反対または抵抗でしかたなく放棄された。言い換えれば、省益闘争の犠牲品となった。計画経済体制の下でなされた権力配分を市場経済に移行してもなおそのまま維持し、可能であればさらにその権力支配図を拡大していくという意識が各既得利益集団に残存しているのである。そのため、ある特定の典型契約は、開放的性格を有する契約法の中に取り込むことでなく、あくまでも自分がコントロールしている契約領域を業法として確保し、既存の権力を握ることを狙っている。結局、契約法が定めた典型契約は社会経済生活の一部しかカバーできず、不完全な形に終わった。完成法まで削除されたまたは提起したが法案に取り込まれなかった典型契約は、雇用、組合、役務、旅行、コンサルティング、借用、貯蓄、決算契約などが挙げられる。もちろん、この中で例えば役務契約などまだ契約理論自体が形成途中であるものが含まれ、なお慎重な議論が必要である。

③ 一部条文にある文面上および体系上の混乱

　まず、契約消滅の制度について、契約法は契約消滅という概念を使わず、代えて契約終了（第6章、契約の権利義務の終了）という概念を契約の消滅制度として契約法に盛り込んだ。しかし、契約消滅制度に関する通説は、契約の解除と契約の終了は平行的な概念として使われる。契約の解除につき、2つの結果が想定される。1つは、契約が解除された時点に契約が無効となり、将来の履行が停止し、履行された内容が原状に回復することを求める。狭義的な契約解除と解される。もう1つは、契約が解除された時点に、将来の履行が停止し、すでに履行された部分は有効なものとされる。契約の終了と解される。契約法はこの2種類の概念を区別しないまま、契約終了という概念をもって、契約の消滅として使い、さらに、契約解除の下に契約終了と狭義的な契約解除を置いたため、文面上引いて条理上において混乱を起こすのは当然であろう[70]。

　また、約款規制について、40条は、同法52条と53条を引用し、定式契約は52条と53条が定める状況のある場合無効とされる。52条は契約（絶対）

無効に関する規定であり、約款はそれを違反する場合無効とされるのは当然である。しかし、53条は、契約に人身損害、故意または重大過失の責任を免除する条項が無効とされる規定である。反対解釈から理解すれば、免責条項は原則として有効であり、53条が定める特殊な状況に限って無効とする。にもかかわらず、40条は53条を引用すると同時に、「定式約款を提供する一方の責任を免除し、相手方の責任を加重し、相手方の主要な権利を排除する場合は、当該条項は無効とする」と定めている。さらに、39条においては、免責条項に対し、事業者の注意喚起義務と説明義務が課され、それに反する場合は無効とされ、逆に、これらの義務を守れば免責条項が有効であると解してもよい。免責条項の効力をめぐって、前後矛盾な条項が契約法に集中しているのは確かに不思議である。

そのほか、典型契約においても、文面あるいは法理上の混乱、矛盾が散在している。

(6) 消費者契約との関わり

統一契約法の制定が消費者契約、広くは消費者法制にどのような影響を与えるのか、注目に値すると思う。

従来の契約立法と比べて、統一契約法の重要な特徴の1つは契約自由の確立と拡大である。中国においては、既存の契約に関する立法の中で、実質的な契約自由の内容をほかの表現で表す場合もあるが、契約自由を明言するところまでには至らず、しかも、実務においてはそのような限度的な契約自由をさらに制限、妨害、剥奪する現象が絶えない。統一契約法はこのような現状を変えることを目的としている。この目的を達成するために、統一契約法は契約自由を基本原則として明言するのみならず、具体的な制度によっても、必要な措置がとられる。例えば、学者や専門家の手で作られた契約法試案（第1稿）においては、その第3条に「当事者は法律の許容範囲内において契約自由を有し、あらゆる機関・組織と個人はそれを不法に干渉してはならない」と定め、契約自由原則を明言していた。契約自由の実現のため、草案は契約の法定形式を規定せず、当事者が契約形式を選ぶ権利を保障し、また、契約の成立、有効の必要条件を定めず、列挙の形で社会公益および第三者利益を損なう契約を無効とし、提示された事情に含ま

れない場合、すべて有効と認める。また、無効の範囲を縮小し、詐欺、脅迫による契約を取消しうるものとされる[71]。これら一連の措置によって、契約自由を完全に実現できるかどうかはまだ見守る必要があるが、現状を改善することはできるといえよう。しかし、これはあくまで学者たちの期待にとどまり、現実において、各方面からの抵抗が根強く、結局、完成法には「契約自由」という言葉を使わず、代えて「契約自願（自由意思）」という言葉を使うことになった。「契約自願（自由意思）」と「契約自由」との間、細かいところに語義の違いがあるが、統一契約法の立法の経緯および統一契約法の全体内容から見れば、契約自由原則は貫徹されるといえる。学説の大勢もこれを認める[72]。統一契約法によって、契約自由の原則が確認された。

　しかしながら、現代民法においては、契約自由の原則はさまざまな面から修正を受け、今日に至って契約自由はもはや絶対的なものではない。21世紀の現代契約法を目指す統一契約法は、契約自由のみならず、契約自由の原則に対する制限として、契約正義の原則を法に取り込むことも不可欠である。

　契約正義に対する認識は時代、国によって異なる。18～19世紀においては、契約自由自体は正義あるいは公正を意味すると解され、自由な意思は公正な結果をもたらすと思われていた。しかし、20世紀に至って、契約自由は当事者の意思自由を保障するが、当事者の間に存じる経済的格差および社会地位の食違いを無視しており、実質的に不公平を生ずることが指摘された。特に、現代に至って、企業の巨大化に伴い、契約の相手方である消費者、労働者など社会的弱者の地位にある集団に対し、契約自由を口実に、いろいろ不公平な条件を加えるようになった。契約自由の原則に対し、社会正義の原則を通じて一定の制限をかけなければ、契約の自由、とりわけ消費者など社会的弱者の契約自由を保障できないと思われる。

　多くの場合、契約の社会正義は国家干渉を通じて実現するのである。契約自由と国家干渉の概念は、取引効率と取引公平に相対するものと見られ、言い換えれば、契約自由は効率を追求することを目標とし、対して国家干渉は公平を確保することを目標とするのである。それは世界に通用する原理である。しかし、具体的に分析すれば、中国においては、西側諸国と違う事情がある。つまり、西側諸国においては、契約自由から国家干渉への進行であるのに対し、中国において

は、まったく逆に、計画経済体制の下になされた国家干渉から契約自由へ変容することである。さらに、計画経済体制の下にできた国家干渉は西側諸国の国家干渉とは異なる内容がある。統一契約法の制定において、このような食違いを無視してはならない[73]。このような認識を基に、統一契約法は強行規定を必要な程度にまで抑え、できる限り任意規定の適用範囲を拡大するという方針を採っている。国家権力による契約に対する干渉は、取引安全の確保、社会正義の維持、社会的弱者（消費者、労働者）の保護などの範囲に限られ、国の経済管理機能は契約法ではなく、行政法によってコントロールされるのである。

統一契約法をみれば、前述した立法趣旨に従って、契約自由と契約正義のバランスを調整する関連規定、とりわけ消費者契約に関わる規定は契約法に散在している。これらの規定は、契約効力、約款規制、契約解釈などさまざまの面に及び、将来の消費者訴訟の行方に重大な影響を与えるに違いないと思われる[74]。

1） 消費者契約の地位について

統一契約法は消費者契約に関する明文の規定をおいていない。しかしそれは立法者が消費者契約を意識していないこと等しいことではないと思う。もともと、統一契約法の起草を提起した大きな理由の1つは今まで分断されてきた契約立法の境界を打破するところにあった。法人、個人を問わず、すべての主体に適用することが統一契約法の目標であった。それゆえ、あえて適用主体を高度に抽象化・簡素化し、法先進国とまったく違う動きを見せるのは、決しておかしいことではないと思われる。

商人間契約と消費者契約の区別は立法当時から常に意識されていた。経済効率と社会正義の両方を配慮することは当初から契約法の立法指針の1つであった。その立法指針の具体化に関連して、梁慧星は、「法律の規則に抵触した両当事者が企業である場合、結ばれた契約は真実の意思表示に基づくものであれば、有効とされる。法律の規則に抵触した一方が消費者・労働者である場合、消費者・労働者の利益を優先的に保護しなければならない」と指摘していたが[75]、制定された契約法は基本的にその指針に従って条文が作成されている。

契約法と消費者契約関連立法との関係については、一般法と特別法の関係として理解することは中国法学界においてほぼ疑義のないことである。契約法においても、消費者保護関連立法の準用が定められている[76]。

注目すべきなのは、契約法草案段階において、典型契約として「役務契約」という章が設けられ、消費者契約にもっとも違う形で立法の試みが行われたが、完成法までに至らなかった。

２）契約効力についての規定。

現行法によれば、民事行為の効力について有効、無効、取消と３種類の形態を定めているが、無権処分などによる効力不定という形態は定めていない。

契約の無効について、契約法第52条は５つの無効原因を定める。

① 一方が詐欺、脅迫の手段をもって契約を結び、国家の利益を害するもの。
② 悪意により通謀して、国家、集団あるいは第三者の利益を害するもの。
③ 合法的な形で、法に反する目的を隠蔽するもの。
④ 公共の利益を害するもの。
⑤ 法律、行政法規の強行規定に反するもの。

変更または取消しうる契約について、契約法第54条は次のように変更・取消原因を定める。

① 重大な誤解によって契約を結ぶ場合。
② 契約が結ばれる際、明らかに公平を失するもの。

　一方が詐欺、脅迫の手段または人の危難に乗じて、相手方に真実の意思に反する状況でなされた契約につき、被害側は裁判所または仲裁機関にその変更または取消を求める権利を有する。

当事者が変更を求める場合、裁判所または仲裁機関はこれを取消すことはできない。

無権処分について、契約法第51条は、「処分権のない人が他人の財産を処分し契約を結んだ場合、権利者の追認があれば、また契約が成立した後に処分権を取得すれば、これを有効とする」と定めている。

契約の効力について、統一契約法における重要な変化の１つは、国家利益を害するものを除き、詐欺、脅迫による契約を無効から取消しうるものと変更された点である。しかも、取消しうる契約についても、当事者が変更の請求を求めている場合、取消すことができない。

これらの変更は世界各国の法制度との一致を求めただけではなく、被害者側により多くの選択肢を与え、契約被害者救済に柔軟な対応を図ることを狙ってい

る。とりわけ、消費者契約の場合、社会的優位にある事業者に対し、消費者は契約の解消とともに、契約内容の変更によって、自らの正当な利益を保つことができる。言い換えれば、消費者契約における真の意思表示への復帰を実現する可能性が提示されたのである。

また、明らかに公平を失する契約に優位濫用、無経験などの主観条件をつけることが草案段階で提起されたが、完成法はそれを認めず、実務レベルでそれをどのように解釈するのかが課題として残っている。

3） 約款規制について

契約法は中国立法史上初めて普通取引約款規制の条項を設けた。このことは普通取引のみならず、消費者取引にも寄与するところが大きいと考えられる。

契約法第39条は約款の定義を定めている。それによれば、「定式約款とは、当事者が繰り返し使用するために、前もって制定し、かつ契約を締結するとき相手方と協議しない条項である」。

約款規制の手段として、契約法は約款内容の規制、約款提供者の注意喚起義務、約款提供者の説明義務という3つの方向から約款提供者の義務を定めた。契約法第39条は、「定式約款を採用して約款を締結する場合、定式約款を提供する一方は、公平の原則に従い当事者間の権利と義務を定めなければならず、かつ合理的な方式で相手方に対して、責任免除または制限条項に注意するよう提示し、相手方の要求に応じて当該条項について説明をなされなければならない」と定めている。

免責条項につき、契約法第40条は、「定式約款につき本法第52条と第53条に規定した状況がある場合、または定式約款を提供する一方の当事者の責任を免除し、相手方の責任を加重し、相手方の主要な権利を排除する場合、当該条項は無効とする」と定めている。第52条は無効契約を定め、第53条は契約の中で無効となる免責条項について、

① 相手方に人身傷害をもたらした場合。
② 故意または重大過失により相手方に財産損失をもたらした場合。

の2つを定めている。

なお、約款解釈について、第41条は、「定式約款に関する理解について争いが生じた場合、通常の理解に従って解釈しなければならない。定式約款につき2

種類以上の解釈が生じた場合、約款を提供した一方に不利な解釈をなさなければならない。定式約款と非定式約款条項が一致しない場合、非定式約款条項を採用しなければならない」としている。

4) 契約義務の拡張と消費者契約

前述のように、統一契約法は契約義務を従来の契約成立後および進行中から契約成立前から契約完成後に拡張した。それに加え、契約以外の義務、いわゆる付随義務についても明確な法的根拠を与えた。これらの変化は普通取引のみならず、消費者取引に大きな影響を与えうる。

消費者契約の場合、契約双方の力の不均衡から生じる契約の実質的な不平等という危険性が常に存在している。約款の規制は契約中に現れる不平等条項をコントロールする機能を果たすことが期待されるが、契約中に隠される条項、まして や契約中にまったく現れない条項に対してはあまり期待できないと考えられる。契約の背後および契約の延長線上にある実質的な不平等を一掃するための法理上の突破が必要となっている。

契約義務の拡張法理はもともと欧米法の判例実践から生まれるものであり、中国はそれを自らの契約法体系に取り込み、しかも明文化するのは、中国契約法の後発的な優勢を発揮したもっとも典型的な例の1つである。

契約法第42条は「当事者は契約を締結する過程において、以下の状況のいずれか1つがあって、相手方に損失をもたらした場合、損害賠償責任を負わなければならないと定めている。

① 契約の締結の名目で相手方の利益を損害することを目的とし、悪意の協議を行った場合。
② 意図的に契約の締結に関わる重要な事実を隠す、あるいは虚偽の状況を提供した場合。
③ その他、誠実信用原則に反する行為があった場合。

これらは契約締結上の過失（前契約義務）に関する規定と解される。

第60条は「当事者は約定に基づき自己の義務を全面的に履行しなければならない。当事者は誠実信用の原則に従い、契約の性質・目的と取引慣習に基づき、通知・協力・秘密保持の義務を履行しなければならない」と定めている。この規定は付随義務に関する規定と解される。

また、第92条は「契約の権利義務が終了後、当事者は誠実信用の原則に従い、取引慣習に基づいて、通知・協力・秘密保持の義務を履行しなければならない」と定めており、契約の余後効（後契約義務）に関する規定と解される。

いずれにせよ、契約効力の拡張は契約被害の司法救済と密接に繋がりのあるものである。消費者契約の場合、契約の柔軟的解釈を通じて、契約本体のみならず、契約の延長線まで消費者の司法救済を行い、消費者利益を保全することが契約法の立法目標の1つともいえる。今後、法実務レベルでその効果に注目したい。

5）特別法に与える影響

契約法は民法の特別法であり、契約法の下で、さらに特別法がある。法理上、契約法で定める規則の新設・変化に伴い、これらの特別法に影響を与えるのは明白であろう。

例えば、今大きな社会問題となっている建設工事契約の場合、契約法第282条は、「請負人の原因によって、建設工事が合理的な使用期間中に人身あるいは財産的損害が生じる場合、請負人は損害賠償責任を負わなければならない」と定めている。事実上は不動産の品質問題に関わる条項である。1993年9月1日から発効した「産品質量法（製品品質法）」においては、不動産につき製造物責任が適用するか否かについて、法文上には明確な表現がないものの、学説の大勢は本法由来のルートである欧米製造物責任法の分析から、「製品品質法」の不動産への適用を否定している。2000年7月28日、「製品品質法」が大幅な修正を受け、法第2条に「建設工事は本法に適用しない。ただし、建設工事に用いられる建築材料、建築部材や設備などは前項で定めた製品範囲に属する場合、本法に適用する」と、不動産につき製造物責任の準用を明確的に排除した。

しかし、早くも商品化された不動産は事業者だけでなく、一般消費者にも大きな利害関係に絡んでいる。特に近年住宅商品化の加速に伴って、不動産品質問題による被害がますます深刻化し、しかも広がりつつある。法はこの問題の解決に直面して、対応策の模索が求められる。製造物責任法を引用できないため、伝統契約関係の下で、消費者は瑕疵担保責任を用いて、契約相手の不動産売主に損害賠償を請求することしかできず、しかも時効の制限がある。一般商品の領域においてすでに確立している製造物責任と比べ、その保護手段が不十分であることは

明らかである。契約法は製造物責任立法の不足を補い、消費者は「合理的な使用期間中」に、不動産販売業者のみならず、不動産開発・建設業者に対しても、損害賠償を請求することもできるようになった。

6) 消費者訴訟に与える影響

訴訟のあり方に関わる基本制度につき、従来の契約法立法と比べ、統一契約法にはいくつか異なる変更点があった。

まず、長年にわたって中国法学界引いては法実務に混乱を起こす契約責任と不法行為の競合問題である。統一契約法ははっきりとして競合を認めた。契約法第122条によれば、「一方の当事者の契約違反行為によって、相手方の人身、財産の権利・利益を侵害した場合、被害者は本法に基づき違約責任を負わせ、もしくはほかの法律に基づき不法行為責任を負わせ、いずれかを選択する権利を有する」。また、1999年12月19日「最高裁中華人民共和国契約法の適用に関する若干問題の解釈（一）」30条は請求権の競合について、「債権者は契約法第122条の規定に基づき裁判所に提訴しその選択を行った後、一審開廷する前に訴訟請求の変更があれば、裁判所はこれを承認しなければならない。相手方当事者は管轄権に対する異議を提起し、審査の上その異議が成立すれば、裁判所は訴訟を棄却しなければならない」と補足規定を定めている。被害者は消費者である場合、消費者は自分に有利な訴因で訴訟を起こすことが可能となり、消費者保護に肯定的な面があると考えられる。

もう1つの法理上において重大な突破ともいえるのは過失責任の放棄である。旧「経済契約法」の場合、契約責任を負わせる要件として相手方に過失があることが必要である。その後の「渉外経済契約法」において、過失責任の要件を放棄し、代わりに無過失責任を確立したが、あくまでも渉外事件にしか適用できないので、普遍的な意義を欠いている。法実務においては、過失のないことを被告側に負わせ、事実上の過失推定をもって裁判を行っているが、被告側に無過失の立証によって免責される可能性が残るため、紛争の速やかな解決を阻害するという弊害が生じていた。契約法はこのような弊害を回避するため、従来の大陸法の伝統から離脱して明確に厳格責任を契約法に取り込んだのである[77]。すでに過失推定は法実務に用いられているから、契約責任の成立要件の変化は消費者訴訟に与える影響はそれほど大きくないと考えるが、契約責任の客観化を徹底している

ことは消費者訴訟にまったく無関係なわけではない。もちろん、双方の契約違反を考えると、決して消費者に一方的に傾く保護条項ではない。少なくとも事業者側が意図的に契約の中で無過失条項を埋め込むことによって、本来負うべき責任を回避してしまうという、今広く運用されている企業防衛手段を阻止することができるだろう。

第3節　特別法からみる消費者私法

(1) 消費者保護の立法

　計画経済時代においては、消費、消費者という言葉はほとんど提起されなかった。市場と消費の関係が密接であって、市場がなければ消費もなく、もちろん、消費者が存在しえないからである。

　消費者立法の重要性が認識されるのは80年代に至ってからである。中央レベルの法律、法規の制定が遅れているから、各地は地方法規の先行きに力を入れた。1990年までに消費者保護に関する地方法規を作ったのはすでに28カ省、自治区、直轄市にのぼっていた。それら地方の立法はその後の「消費者権益保護法」の制定に非常に貴重な経験を与えた。

　中央レベルの立法を見れば、その段階において、消費者保護の基本法は制定されていないが、改革開放以来、市場経済の深化に応じて、立法者は経済分野においての立法に力を入れ、一連の民事立法は制定されていた。

　消費者権益保護法のほか、中国の消費者法を構成するものとして、次の法律が公布されている[78]。

　　製品・サービスの安全
　　　薬品管理法（1984年9月20日公布、2001年2月28日改正）
　　　製品品質法（1993年2月22日公布、2000年7月8日改正）
　　　食品衛生法（1995年10月30日公布）
　　計量・規格・表示の適正化、公正競争の確保
　　　商標法（1982年8月23日採択、2001年10月27日改正）
　　　計量法（1985年9月6日公布）

標準化法（1988年12月29日公布）

　　反不正競争法（1993年9月2日公布）

　　広告法（1994年10月27日公布）

　　価格法（1997年12月29日公布）

　　独占禁止法（2007年8月30日公布）

　取引利益の保護

　　郵政法（1986年12月2日採択）

　　鉄道法（1990年9月7日公布）

　　民間航空法（1995年10月30日採択）

　　契約法（1999年3月15日公布）

　これらの法律の中に、消費者私法ルールを含め多くの消費者保護と関わる条項が定められている。

（2）　消費者保護の基本法─「消費者権益保護法」─

　「中華人民共和国消費者権益保護法」は1993年10月31日に可決され、1994年1月1日から施行する。同法は全8章55条からなる（第1章　総則、第2章　消費者の権利、第3章　事業者の義務、第4章　消費者の合法的権利と利益に対する国の保護措置、第5章　消費者組織、第6章　紛争の解決、第7章　法律責任、第8章　付則）。多くの市場関連法律と同様に、同法には公法規定と私法規定、実体法規定と手続法規定が混じる。

　1962年にアメリカのケネディ大統領が「消費者の利益保護に関する特別教書」を議会に提出した。この特別教書は、消費者には「4つの権利」があると指摘している。4つの権利とは、①安全を求める権利、②知る権利、③選ぶ権利、④意見を聞いてもらう権利をいう。1969年、ケネディ大統領の「4つの権利」論をベースに、ニクソン大統領は賠償を求める権利を加え、消費者権利論をより詳細に示した。アメリカから発信する消費者権利論はまもなく世界中に広く伝わり、各国の消費者立法に深刻な影響を与えた。

　中国において、消費者権利が意識されたのは80年代からのことである。1984年、中国消費者協会はその定款の中で、6つの消費者権利を盛り込んだ。それは、①商品とサービスを了解する権利、②商品とサービスを選択する権利、③商

品とサービスの安全、衛生を求める権利、④価格、品質を監督する権利、⑤商品とサービスに意見を提出する権利、⑥損害に遭ったとき賠償を求める権利である。

その後、各地方レベルの消費者立法は、ほぼそれを踏襲した。

「消費者権益保護法」は次の通り、第7条から第15条まで、9つの消費者権利を定めた。それは、①安全を求める権利、②知る権利、③選ぶ権利、④公平取引権、⑤賠償を求める権利、⑥結社権、⑦教育権、⑧人格権、⑨監視権、

それらの権利は、従来の消費者権利論を踏襲するものであるが、消費者人格権の新設が注目に値すると思われる。もともと、消費者人格権と民法上の一般人格権とは変わりはないが、あえてそれを強調するのは中国独自の事情があるからである。長年にわたって定着した不当な取引習慣を少しでも変えようと法関係者の努力を見せ、とりわけ「消費者権益保護法」が成立直前に起った「恵康事件」[79]のような悪質な消費者人格権被害に救済措置を設けるといった立法者の狙いがある。その上、多民族、多宗教といった中国独有の事情もその理由の1つではないかと思われる。

事業者の義務については法16条から25条まで定めている。まず、第16条は、「産品質量法」およびその他の関連法律・法規で定めた事業者の義務はすべて適用されると明言している。第17条以降の条項を見れば、それは「広告法」「産品質量法」などの法律・法規と重なる内容が多い。

法第22条は、「事業者は正常状態で商品あるいは役務が有すべき品質・性能・用途と有効期間を保証しなければならない、ただし、消費者は商品を購入あるいは役務を受ける前、その欠陥の存在を知った場合は除く」並びに、「事業者は広告・製品説明・実物サンプルその他の形で商品あるいは役務の品質状況を表す場合、その実際に提供する商品と役務の品質が表示した品質状況と一致することを保証しなければならない」と定めている。これを瑕疵担保責任と読取る人もいるが、私見は、これは事実上、英米法的な「黙示保証責任」と「明示保証責任」の法理を導入し、消費者法の分野限定で適用されるものではないかと思われる。

もちろん、その部分で、もっとも評価すべきは第24条約款規制に関する規定である。同法の第24条は、「事業者は定式約款・通知・声明文・店頭掲示などの形で、消費者に不公平・不合理で、あるいは消費者の合法的な権利と利益を損なうことにより負うべき民事責任を軽減・免除する規定を作ってはならない」と事

業者に義務づけ、さらに、「定式約款・通知・声明文・店頭掲示などは前款で述べた内容を含める場合、その内容を無効とする」と定めている。

「消費者権益保護法」もう1つの特徴は実体法と手続法の混合である。本法は、消費者の訴権を行使しやすいように、いくつかの措置をとって、消費者の選択肢を広げる。消費者が商品を購入・使用し、被害に遭った場合、

① 原則としては販売者に賠償を求めることができる。欠陥による損害の場合、販売者に求めてもよいし、生産者に求めてもよい。

② 元企業は分立、合併した場合、変更後権利義務を受け取った企業に賠償を求める。

③ 「看板貸し（営業免許）」の場合、使用者に求めてもよいし、所有者に求めてもよい。

④ 展覧会、売場貸しの場合、販売者に賠償を求める。展覧会が終了また売場賃貸契約が期限切れの場合、主催者、売場の貸主に賠償を求めることができる。

不実な広告による被害の場合、事業者に賠償を求める。広告経営者は事業者の真実な名称、住所などを提出できない場合、賠償責任を負う。

(3) 消費者権益保護法改正の動き

制定から10年以上を経た消費者権益保護法は消費者保護に大きな役割を果たしたが、時代の変化とともに、さまざまな面で法対応の遅れが顕在化している。例えば住宅販売の場合、10年前の法制定当時、住宅は福祉措置の一環として国・企業から支給されるのがほとんどであり、現在のような活発な住宅取引は存在していなかった。また医療紛争について、10年前には医療保険制度が確立していないため、今のような自費を前提に立てられた医療制度と異なり、仕事さえあれば誰でも国費・公費医療の恩恵を受けることができ、深刻な医患衝突は発生していなかった。そのほか、情報社会への進行における消費者プライバシーの保護、クルマ社会の到来におけるリコール制度の確立など、10年前とまったく違う問題に直面している。そのため、近年消費者権益保護法改正の要望が絶えず立法機関に寄せられ、立法機関もすでに法改正の作業に着手している[80]といわれる。しかし、いまだ転換期にある中国にとって消費者権益保護法の改正は決して容易

なことではない。いかに変化しつつある社会情勢・経済状況を正確に把握するか、広義の消費者法としてほかの関連法規はどの程度整備されているか、また消費者法理論研究の深化、消費者保護実務経験の蓄積など、やるべき課題が山積みされている。性急な法改正は消費者保護に資することがなく、逆に有害であると有識者らは認識している。当面、地方レベルの消費者法改正が先駆けとなり、中央レベルの消費者権益保護法はしばらくは現状維持であろう[81]。

〈注〉
1) 針生誠吉・安田信之 編『中国の開発と法』アジア経済研究所 1993 年 p.156。
2) 王家福・乾昭三・甲斐道太郎『現代中国民法論』法律文化社 1991 年 pp.11-12 参照。
3) 王家福・乾昭三・甲斐道太郎前掲書 p.13。
4) 王家福・乾昭三・甲斐道太郎前掲書 p.12。
5) 段匡「中国不法行為法に関する若干の考察―日本との比較（一）」『東京都立大学法学会雑誌』第 32 巻 2 号 pp.232-233。
6) 李開国「《民法通則》的歴史功績与歴史局限」『現代法学』1997 年 4 号 p.4。
7) 李開国前掲文 p.7。
8) 梁慧星『民法総論』法律出版社 1996 年 p.71。
9) 李開国前掲文 p.7。
10) 李開国前掲文 p.8 以降参照。
11) 北川善太郎『消費者法のシステム』岩波書店 1980 年 p.83。
12) 北川によれば、「消費者問題は種々の法分野にかかわっているので、それに対する法の対応も種々様々であるが、一応以下のように分けることができる」とされている。北川善太郎 前掲書 p.108 参照。

私法レベル	民法型対応
	商法型対応
公法レベル	行政法型対応
	経済法型対応
	刑事法型対応
手続法レベル	手続法型対応

13) 柳経緯・林秀芹・呉克友・林興登「中国法学会民法学経済法学研究会 1997 年年会総述」『中国法学』1997 年 6 号 p.118
14) 徐国棟「民法基本原則解釈」中国政法大学出版社 1992 年 p.362 以降参照。

15) 「中華人民共和国侵権責任法」、2009年12月26日に可決、2010年7月1日から施行、全12章92条からなる。
16) 史浩明「関於完善我国合同法制的思考」『南京社会科学』1993年4号 p.92。
17) 蘇恵祥・車丕照「合同法体系若干問題的探討——兼論制定基本合同法問題」『吉林大学社会科学学報』1993年4号 p.32。
18) 藍承烈「関於制定統一的合同法的幾点思考」『求是学刊』1993年3号 p.60。
19) 梁慧星「従三足鼎立走向統一的合同法」『中国法学』1995年3号 p.12。
20) 史浩明前掲文 p.97。
21) 梁慧星前掲文 p.11。
22) その12の大学・研究機関は、中国政法大学、北京大学、中国人民大学、中国社会科学院法学研究所、対外経済貿易大学、吉林大学、煙台大学、武漢大学、西南政法大学、中南政法学院、西北政法学院、華東政法大学。
23) 梁慧星前掲文 p.13。
24) 総則9章 第1-164条、

　　第1章 一般規定、第2章 契約の成立、第3章 契約の効力、第4章 契約の履行、第5章 契約の権利と義務の譲渡、第6章 契約の解除と終止、第7章 契約の消滅、第8章 違約責任、第9章 契約の解釈。

　　分則25章 第165-535条、

　　第10章 売買契約、第11章 贈与契約、第12章 使用貸借契約、第13章 リース契約、第14章 土地使用権設定、譲渡契約、第15章 企業経営契約、第16章 金銭貸借契約、第17章 借用契約、第18章 請負契約、第19章 運送契約、第20章 貯蓄契約、第21章 決算契約、第22章 出版契約、第23章 演出契約、第24章 委託契約、第25章 仲介契約、第26章 行紀契約、第27章 保管契約、第28章 組合契約、第29章 雇用契約、第30章 保証契約、第31章 技術開発と技術役務契約、第32章 技術、商標譲渡と使用許可契約、第33章 保険契約。第34章 附則 第536-538条。

　　梁慧星「従三足鼎立走向統一的合同法」『中国法学』1995年3号 p.13参照。
25) 総則7章

　　第1章 一般規定、第2章 契約の成立、第3章 契約の効力、第4章 契約の履行、第5章 契約の変更と譲渡、第6章 契約の終止、第7章 違約責任。

　　分則21章

　　第8章 売買契約、第9章 電力、水道、ガス、熱供与契約、第10章 請負契約、第11章 工事建設契約、第12章 運送契約、第13章 使用貸借契約、第14章 リース契約、第15章 委託契約、第16章 行紀契約、第17章 仲介契約、第18章 保管契約、第19章 倉庫契約、第20章 貯蓄契約、第21章 金銭貸借契約、第22章 借用契約、第23章 技術開発と技術譲渡契約、第24章 相談契約、第25章 役務契約、第26章 贈与契約、第27章 組合契約、第28章 雇用契約。

　　第29章 附則。

梁慧星「関於中国統一合同法草案第三稿」『法学』1997年2号 p.47参照。
26) 総則7章
　　第1章 一般規定、第2章 契約の成立、第3章 契約の効力、第4章 契約の履行、第5章 契約の変更と譲渡、第6章 契約の終止、第7章 違約責任。
　　分則16章
　　第8章 売買契約、第9章 電力、水道、ガス、熱供与契約、第10章 贈与契約、第11章 金銭貸借契約、第12章 使用貸借契約、第13章 リース契約、第14章 請負契約、第15章 工事建設契約、第16章 運送契約、第17章 技術契約、第18章 保管契約、第19章 倉庫契約、第20章 委託契約、第21章 行紀契約、第22章 仲介契約、第23章 附則。
27) 1998年9月5日「法制日報」、1998年9月7日「人民日報」に、契約法最新草案を全文掲載した。
28) 契約法草案の日本語訳として、程林・紀群訳、前田達明監修、「中華人民共和国契約法（草案）」(1)、NBL No.658 p.62以降参照。
29) 梁慧星「従三足鼎立走向統一的合同法」『中国法学』1995年3号 p.13。
30) 鄧一峰「関於完善我国合同法的探討」『山西大学学報』1993年1号 p.14。
31) 梁慧星前掲文 p.13。
32) 梁慧星「関於中国統一合同法草案第三稿」『法学』1997年2号 p.48。
33) 総則8章
　　第1章 一般規定、第2章 契約の成立、第3章 契約の効力、第4章 契約の履行、第5章 契約の変更と譲渡、第6章 契約権利義務の終止、第7章 違約責任。第8章 その他の規定
　　分則15章
　　第9章 売買契約、第10章 電力、水道、ガス、熱供与契約、第11章 贈与契約、第12章 金銭貸借契約、第13章 使用貸借契約、第14章 リース契約、第15章 請負契約、第16章 工事建設契約、第17章 運送契約、第18章 技術契約、第19章 保管契約、第20章 倉庫契約、第21章 委託契約、第22章 行紀契約、第23章 仲介契約。
34) 契約法立法の参加者である梁彗星が披露した資料によれば、抵抗のもっとも強かったのは国家工商管理部門と国家科学技術委員会であった。国家工商管理局との意見対立は主に契約監督権の存否に集中している。国家科学技術委員会との意見対立は技術契約の行方に集中している。これは、国家科学技術委員会にとって死活問題でもある。「技術契約法」を廃除し、その内容を統一契約法に統合させるという契約法立法者の意見に対し、国家科学技術委員会は最初から「技術契約法」の存続を求め、指導層（全人代李鵬委員長）がこれを否定した後、代わって「契約法は総則だけでよい、分則は不要」という主張を打ち出した。なお、預金契約でも、中央銀行である中国人民銀行ないし銀行業界の対立を配慮し、できるだけ対立を避け、なるべく早く契約法を可決させるという危機感から、やむをえず、預金契約の存否に対する十分な議論を行わないまま立法案からこれを削除した。梁彗星「合同法的成功与不足（下）」『中外法学』2000年1号 pp.96-97参照。

35) 王晨による契約法建議草案（1995年1月稿、第1草案）に対する紹介・評価がある。王晨「社会主義市場経済と中国契約法」有斐閣　1999年　p.205以降参照。
36) 民法通則85条前段、「契約とは、民事関係を創設、変更、終了させる当事者間の合意である」。
37) 例えば、アメリカの場合、「契約とは、一個または一組の約束であって、その違反に対して法が救済を与え、または何らかの形でその履行を義務として認めるものをいう」。
　　（Restatement (Second) of Contract 1979) 樋口範雄『アメリカ契約法・アメリカ法ベーシックス1』弘文堂、平成6年 p.16参照。
38) 広義の契約概念はすべての権利義務関係を確定する協議を契約としている。これによれば、民法上の民事契約のみならず、行政法上の行政契約、労働法上の労働契約、国際法上の国家契約も含まれる。明らかに、これは民法上の契約概念ではない。狭義の契約概念とは、債権債務関係を発生させる協議を指し、契約に対するもっとも狭い理解である。この両者に間にあるのは折衷的契約概念である。つまり、契約は権利義務関係を創設、変更、終了させる協議を指し、単に民法上の契約、言い換えれば民事契約を適用対象とする。この概念の下で、債権債務の発生を目的とする契約はもちろん、物権契約、身分関係の契約にも適用対象とされる。ドイツをはじめ、多くの大陸法の国々はその概念を民事法体系に取り込んだ。中国の民法通則85条もそれに沿って展開していると考えられる。しかし、契約法の立法にあたって、契約の定義につき、「債権債務関係を設立、変更、消滅させる協議」という狭義的契約概念を採ることが草案に一貫していた。(楊立新編『「中華人民共和国合同法」解釈与適用（上）』吉林人民出版社　1999年　p.13以降参照)。その根底にあるのは身分関係に対する配慮ではないかと思われる。なぜならば、社会主義法の法理論は身分関係または人身関係に対する認識は「ヒトは商品ではない」という建前から発し、親族、雇用関係などの対価性を否定し、別の契約形態として扱う。狭義（債権）契約概念はこのような要求に満足できるが、本来契約の調整対象となるべき物権契約は外れるという不都合が生じた。ゆえに、契約法は折衷的契約の概念を採りながら、後段の身分関係の除外条項によって、両方の要求に応えるようになった。
39) 1993年修正を受けた「経済契約法」第3条前段は、「経済契約は、即時履行するものを除き、書面形式によらなければならない」と規定している。
40) 王晨前掲書　p.209。
41) 銭偉栄「中国統一契約法草案について」『中国研究月報』603号（1998年）p.21。
42) 王晨前掲書　p.212。
43) 楊立新編　前掲書　p.280。
44) 民法通則91条、「契約の一方が、契約の権利・義務の全部または一部を第三者に譲渡する場合、契約の相手方の同意を得なければならず、決して利益を謀ってはならない」。
45) 楊立新編『「中華人民共和国合同法」解釈与適用（上）』吉林人民出版社　1999年　p.316参照。
46) 王晨前掲書 p.217。契約法草案に対するまとめであるが、完成法にも通用すると思われる。

47) 統一契約法以前の契約立法において、契約責任の有責性につき、一部の学者は「民法通則」「渉外経済契約法」「技術契約法」などがすでに厳格責任を確立したと主張しているが（梁彗星編『民商法論叢』第8巻、法律出版社 1997年、p.102 参照）、契約責任が過失責任あるいは過失推定責任に立つのは通説であり、立法機関の公式見解でもある。
48) 梁彗星「従過失責任到厳格責任」『民商法論叢』第8巻、法律出版社、1997年、pp.4-5参照。
49) 中国語訳は予期違約、先期違約などが使われる。
50) 楊立新「中国合同責任研究（下）」『河南省政法管理幹部学院学報』2000年2号、pp.21-23、同氏『「中華人民共和国合同法」解釈与適用（中）』吉林人民出版社、1999年、pp.406参照。
51) 王晨前掲書 p.225、p.228 注9参照。
52) 王晨前掲書 p.229。
53) 楊立新編『「中華人民共和国合同法」解釈与適用（上）』吉林人民出版社、1999年、pp.25-27参照。
54)「民法通則」第4条、「経済契約法」第5条。
55) 王晨前掲書 p.207、p.209 注3参照。
56) 王晨前掲書 pp.230-231。これは1997年6月に開かれた契約法徴集意見稿討論会において国家工商管理局の代表が持ち込まれた意見である。具体的理由として、①我々は社会主義市場経済であり、資本主義市場経済のような契約自由は反対、②改革開放以来、国有資産の流失問題が契約に絡んで非常に深刻であり、流失の主なる途として、国有企業を騙し、国有企業の経営者と契約相手をぐるになって騙すケースが非常に多い、③契約を利用した違法行為が横行して、市場秩序が混乱している。契約の履行率が非常に低い、④訴訟・仲裁はあくまで事後的な対処であり、主動性のある行政監督・管理は司法救済の不足を補い、当事者の合法的権益をよりよく保護することができる、などが挙げられた。もちろん、この案に学者・裁判官が強く反発した。結局、折衷案として、附則で「契約を利用して違法な行為を行う場合、工商管理部門は法に従いこれを摘発・処理する」（梁彗星案）を盛り込んだ。しかし、1998年8月になって、新しい試案で、契約監督の条項が復活し、これに対し学者・裁判官が猛反発した。そして、最終段階において立法機関は王家福の意見を採用し、現在の127条に至った。127条は元試案で分散している契約監督・管理の条項を一つの条文にまとめ、しかも監督・処理の範囲を違法行為に限定するのが特徴である。その立法経緯は梁彗星「合同法的成功与不足（上）」『中外法学』1999年6号参照。
57) 王晨前掲書 p.231、232 注8。
58) 例えば、中国社会科学院法学研究所の梁彗星は、日本の学者から社会主義市場経済の真義を問われた際、こう答えた、「社会主義市場経済もっとも典型的表現としては、やはり社会正義・公平の強調にある」。梁彗星「合同法的成功与不足（上）」『中外法学』1999年6号参照。
59) 契約法第5条、「当事者は公平の原則に従って、各方の権利・義務を確定しなければならない」。
60) 民法通則第4条、「民事活動においては、自由意思、公平、等価有償、誠実信用の原則に従

わなければならない」。

61) 梁彗星『民法総論』法律出版社、1996 年　p.43。
62) 楊立新前掲書 p.31 以降参照。
63) 王晨前掲書 p.207。
64) 契約法第 6 条、「当事者は、権利を行使し、義務を履行するにあたっては、誠実信用の原則に従わなければならない」。
65) 北川善太郎「中国契約法草案に対する私見」、これは、北川が、中国契約法典の立法関係者の求めに応じて、1995 年 6 月に出した契約法建議草案の鑑定意見書である。王晨前掲書 p.208、p.209 注 4 から。
66) 民法通則第 58 条 3 項「一方が、詐欺、脅迫の手段を用いて、または人の危難に乗じて、相手方に真実の意思に反する状況で行わせたもの」は無効である、契約法第 52 条 2 項「一方が詐欺、脅迫の手段または人の危難に乗じて、相手方に真実の意思に反する状況でなされた契約につき、被害側は裁判所または仲裁機関にそれを変更または取消しを求める権利を有する」。
67) 梁彗星「合同法的成功与不足（下）」『中外法学』2000 年 1 号 pp.92-100。
68) 日本においても、「民法の起草者は、709 条の権利侵害にいう権利は債権を含むと考えていた。その後、物権と債権を峻別するドイツ法の影響を受けて、債権は債務者以外の第三者に対して権利内容の実現を請求しえない相対権であり、第三者による債権侵害は不法行為とならないという学説が有力になった時期もあるが、やがて、債権もすべての権利に共通する『不可侵性』や他人による侵害を許さない『対世的効力』を有するとして、第三者による債権侵害が不法行為となることを認める考え方が判例・通説として確立した（大判大 4/3/10 刑録 21・279)」という経緯があった。吉村良一『不法行為法』有斐閣　1995 年 p.46。
69) 第 9 回全人代法律委員会中華人民共和国契約法草案の審議結果に関する報告による。
70) 梁彗星「合同法的成功与不足（下）」『中外法学』2000 年 1 号 p.97、楊立新編『中華人民共和国合同法』解釈与適用（上）吉林人民出版社　1999 年　p.315 参照。なお、日本民法においては、契約の終了と解除を明確に区別していないが、解除の遡及効を中心として、直接効果説、間接効果説と折衷説があり、中でも、折衷説は「原契約上の債権債務からの解放と原状回復義務の発生を解除の効果として率直に認め、解除の意思表示により未履行債務は将来に向かって消滅し、既履行債務につき原状回復義務が発生する」（遠藤ほか、『民法 (5) 契約総論』有斐閣双書 1992 年、pp.177-179）と主張し、中国の学者にもっとも近い認識といえる。
71) 梁慧星「中国合同法起草過程中的争論点」『法学』1996 年 2 号 p.14。
72) 江平・程合紅・申衛星「論新合同法中的合同自由原則与誠実信用原則」『政法論壇』1999 年 1 号　p.3、楊立新編『中華人民共和国合同法』解釈与適用（上）吉林人民出版社　1999 年、p.25 以降参照。
73) 「中国法学会民法学経済法学研究会 1996 年年会総述」『中国法学』1996 年 6 号 p.120。
74) 統一契約法試案の内容については、梁慧星「関於中国統一合同法草案第三稿」『法学』1997 年 2 号 p.49、梁慧星「従三足鼎立走向統一的合同法」『中国法学』1995 年 3 号 p.13、梁慧星「中

国合同法起草過程中的争論点」『法学』1996年2号 p.15、李開国「対『合同法征求意見稿』若干問題的看法和修改建議」『現代法学』1998年6号 p.17、北京大学法学部民法教研室「関興統一合同法草案的修改建議」『中外法学』1999年1号 p.91参照。完成法に対する評論としては、梁彗星「合同法的成功与不足」（上、下）『中外法学』1999年6号、2000年1号参照。

75) 梁彗星「合同法的成功与不足」（上）『中外法学』1999年6号 p.27参照。
76) 契約法第113条参照。事業者が消費者に提供した商品またはサービスに詐欺行為のある場合、「消費者権益保護法」の規定を準用する。
77) 梁彗星「合同法的成功与不足」（上）『中外法学』1999年6号 pp.23-24参照。
78) 小林昌之前掲「中国の社会主義市場経済化と消費者法の発展」p.138がまとめたものを参考にして作成。
79) 倪培莫、王穎訴中国国際貿易中心侵害名誉権糾紛案「最高人民法院公報」1993年1号。
80) 「消法修改已成定局」『海峡消費報』2003年8月28日付。
81) 中国社会科学院の劉俊海のインタビューでは、消費者権益保護法の改正は今後2～3年間で完成する可能性は低い。「修訂消法為時過早、専家称応落実条款」『中国青年報』2003年9月19日付。

第5章

消費者権利の実現

第1節　集団訴訟と消費者権利の実現

(1) 基本概念の整理

　中国において、多数当事者訴訟に関する規定は「民事訴訟法」第53条以降に定めている。

　法53条によれば、当事者の一方あるいは双方は2人以上であり、その訴訟の標的が同一で、あるいは訴訟標的が同一種類である場合、当事者の同意を得て、裁判所はこれらを併合して審理することができる。それはいわゆる「共同訴訟」である。さらに、53条の前半において、訴訟物が同一で、当事者が訴訟物に対する共同の権利義務を有し、裁判所の職権判断によって併合して審理する場合、必要的共同訴訟という。そして、53条の後半において、訴訟物が同一種類で、当事者が訴訟物に対する共同の権利義務を有せず、裁判所は当事者の同意を得て併合して審理する場合、通常共同訴訟という。通常の共同訴訟においては、ある共同訴訟人の訴訟行為は、他の共同訴訟人に効力を生じず、また、共同訴訟人の一部に生じた審理の進行に関する法定効果、例えば訴訟の中断、中止などは、他の共同訴訟人に及ばない。これと異なって、必要的共同訴訟において、1人の共同訴訟人がなされた訴訟行為は、他の共同訴訟人の同意を得れば、その効力は共同訴訟人全体に及ぶことになる。

　続いて法54条は、当事者一方の人数が極めて多い場合には、当事者は代表者を選任して訴訟を行うことができると定めている。選任された代表人の訴訟行為は当事者全体に効力を生じ、ただし、訴訟請求の変更・放棄、あるいは相手側の訴訟請求の承認、和解の受け入れなどは、当事者の同意が必要である。それはい

わゆる「代表訴訟」である。講学上において、「集団訴訟」と呼ばれることが多い。

日本の場合、選定当事者制度がある。選定当事者制度とは、共同の利益を有する者の中から全員のために原告（または被告）となるべき1人または数人を選定し、その選定された者が自己と他人のために、当事者として訴訟を行う制度である。中身には些細な違いがあるが、基本的には中国の代表訴訟に類似する制度だと思われる。

その意味で、厳格にいえば、集団訴訟は法定概念ではなく[1]、共同訴訟から分離したものでもない。共同訴訟制度をベースに、訴訟代理制度の機能を加え、新たに作り上げた制度だと理解してもよいと思われる。これはアメリカを代表とするクラス訴訟との違いを反映し、中国の独自性を示したのである。小島は日本におけるクラス訴訟制度の導入について検討する際、いくつかの障害を提示したが、おそらくそれも中国に通用しうるのではないかと感じられる[2]。にもかかわらず、民事訴訟法は多数当事者訴訟の対応策として、法に新しい内容を盛り込むのは肯定すべきであり、今後さらに合理な制度の確立へのステージにもなる。消費者利益の実現を果たすために、既存の制度を最大限に活用し、法理または実務上において、集団訴訟と一般共同訴訟を区別して、集団訴訟の構成を検討しなければならないと思われる。

「民事訴訟法」および最高裁「関於適用《中華人民共和国民事訴訟法》若干問題的意見（民事訴訟法の適用に関する若干の意見）」によれば、集団訴訟には以下の特徴がある。

① 当事者の人数。「当事者一方の人数が極めて多い」というのは、通常には10人以上と解される。

② 訴訟代表者の選出。当事者全体共同で、あるいは当事者グループそれぞれ訴訟代表者を選出することができる。選出できない場合、裁判所は当事者の中から指定することができる。代表者の人数は2〜5人とする。

③ 訴訟代表者の権限。訴訟代表者の訴訟行為の効力はその代表される当事者に及ぶ。ただし、訴訟請求を変更、放棄し、あるいは相手の訴訟請求を承認し、および和解を行う場合、代表する当事者の同意を得る必要がある。

④ 通知の方式。裁判所は公告の方式で、権利者に裁判所へ登記しようと通知を出すことができる。公告の期間は事件の事情に応じて決め、ただし、最

短期間は30日以上でなければならない。
⑤　登記と審査。訴訟に加入しようとする当事者は、裁判所で登記手続を行う際、相手との法律関係および被った損害を証明しなければならない。証明できない場合、登記を受けられない。拒否された当事者は別の訴えを提起することができる。
⑥　判決の効力。判決は登記の範囲内のみ執行する。登記しなかった権利者は、別の訴えを提起し、その請求が成立した場合、裁判所の裁定によって、集団訴訟の判決に適用することができる。

「民事訴訟法」第55条によると、集団（代表）訴訟は人数確定と人数未確定に区別され、それぞれ異なる手続規定が適用される。

起訴した時点ですでに当事者の人数が確定した集団訴訟の場合は、訴訟物の帰属によって、通常共同訴訟または必要的共同訴訟として扱われる可能性はいずれもありうる。また、訴訟代表人の選任についても、全体当事者によって選任する、または一部の当事者によって選任するのは、いずれも可能である。選任拒否の当事者は、必要的共同訴訟の場合においては、自らの名義で訴訟を参加することができるし、また、通常共同訴訟の場合においては、新たに訴訟を提起することができる。

起訴した時点において当事者の人数が確定できない集団訴訟の場合は、すでに裁判所にて登記手続の済ませた当事者らによって訴訟代表人を選任し、全体共同訴訟人を代わって訴訟を遂行することになる。訴訟代表人の選任について、主に下記の3つの方法が用いられる。
①　推薦。すでに裁判所にて登記手続の済ませた当事者によって訴訟代表人を選任する。
②　協議。訴訟代表人の推薦が難航した場合、裁判所は候補者を提出し、当事者との協議によって訴訟代表人を決定する。
③　指定。協議による代表人の選任が難航した場合、裁判所は職権により訴訟代表人を指定する。

人数未確定の集団訴訟は通常共同訴訟に限定されると解される。

人数未確定の集団訴訟の権利人の住所は複数の裁判管轄区域にわたって散在しているのが普通であるので、管轄裁判所の確定がまず問題となる。このような

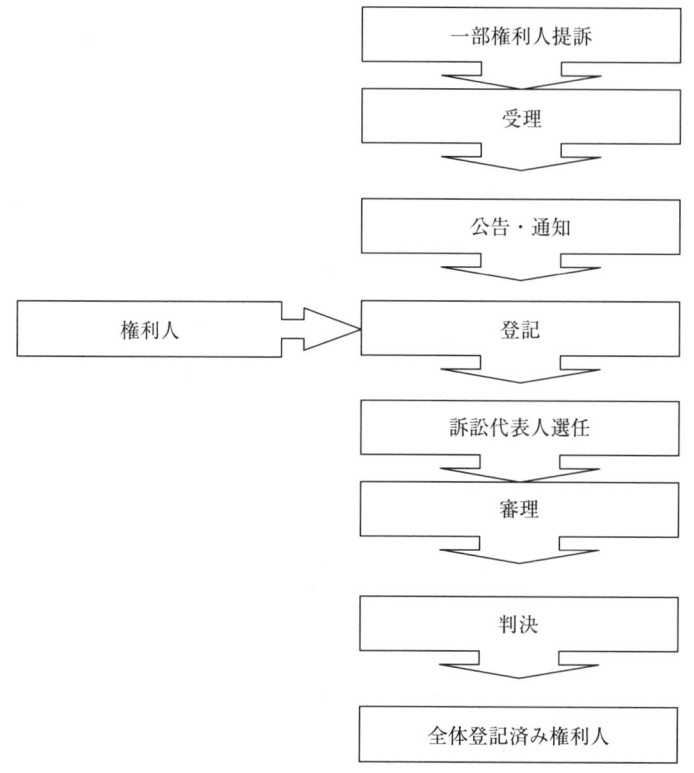

```
                    ┌──────────────┐
                    │ 一部権利人提訴 │
                    └──────┬───────┘
                           ↓
                    ┌──────────────┐
                    │     受理     │
                    └──────┬───────┘
                           ↓
                    ┌──────────────┐
                    │  公告・通知   │
                    └──────┬───────┘
                           ↓
      ┌────────┐      ┌──────────────┐
      │ 権利人 │ ══▶  │     登記     │
      └────────┘      └──────┬───────┘
                           ↓
                    ┌──────────────┐
                    │ 訴訟代表人選任 │
                    └──────┬───────┘
                           ↓
                    ┌──────────────┐
                    │     審理     │
                    └──────┬───────┘
                           ↓
                    ┌──────────────┐
                    │     判決     │
                    └──────┬───────┘
                           ↓
                    ┌──────────────────┐
                    │ 全体登記済み権利人 │
                    └──────────────────┘
```

図3　人数未確定の集団訴訟の流れ
出所）張衛平『民事訴訟法』法律出版社2004年、第159頁

場合、管轄権の持つ複数の裁判所が事件の具体的状況を鑑み、内部の協議によって1つあるいは複数の裁判所の管轄を決める。協議が難航する場合には、共同の上級裁判所の指定によって管轄地を決める。

　人数未確定の集団訴訟の流れは図3の通りである。

（2）　集団訴訟の実際と問題点

　判例から見れば、集団訴訟の最初の試みは、1984年に遡ることができる。この事件においては、農作物の種作り、販売を業務としてA種子会社は、稲の種を作ることを内容に、1,569軒の農家と契約を結んだ。ところが、その後種子会社は県政府の通達の形で、一方的に種の買戻しの価格を変更していた。1,569軒

の農家はこれに反発し、契約の順守を求める訴訟を提起したのが本件である。本件は農家と種子会社の和解に終わり、1986年最高裁は初の集団訴訟の事例として、本判例を公表した[3]。その当時、集団訴訟に関する立法を欠き、参考できる例もなかったので、裁判は法理に従って行われ、訴訟代表制度ではなく、訴訟代理制度によって問題を解決した。これと比べて、1992年同じく種子問題をめぐって起きた集団訴訟には、手続上の進歩が見られた。この事件では、505軒の農家は種子の提供者Aから稲種を買い、種に問題があるため稲作による収穫が減り、大きな損害を受けた。505軒の農家は損害賠償を求め、裁判所に提訴したのが本件である。法廷の調べたところ、AはB研究所から種子を買い入れ、さらに、BがAに売っていた種子は実験段階のものであることがわかった。本件も農家とA、Bの和解に終わり、A、Bともに損害賠償責任を負った。1993年、最高裁はこの判例を公表した[4]。前の事例と違って、本事件において原告側は、5人の訴訟代表人を選出し、集団訴訟の規則に従って訴訟活動を行ったのである。

近年、消費者集団訴訟の多発は消費者訴訟の領域における独特な風景にもなる。その中でも、北京で起こった「ダイヤモンドゴールド時計」事件は「消費者権益保護法」が実施されて以来、もっとも影響の大きい消費者集団訴訟事件として注目される。この事件は、1993年毛沢東誕生100周年を機に、上海にある時計製造会社がスペシャル記念時計の生産を計画したことから始まる。11月13日、時計製造会社は地元の販売会社A社を通じて、北京の日刊紙に宣伝広告を出した。広告によると、この時計は9,999枚の限定生産で、時計の表面はダイヤ、金など貴重品で飾られ、値段は驚くべき8,800元（日本円でおよそ7万円）とされた。その後、販売が順調に進んだ。しかし、まもなく時計の品質に問題が発見され、ついにマスコミが時計の重大な品質欠陥を公開し、北京、上海、ハルビン等各地で消費者が裁判所に殺到した。中でも北京は原告300人にのぼり最も多く、被告も広告、販売会社合わせて6社に達した。原告らは、A社の不正広告による責任の追及、ならびにA社ら販売会社6社の商品代金の返還、利息の賠償および2倍の懲罰的な損害賠償を裁判所に請求した[5]。

本件においては、1994年4月当時、最初に訴訟を提起したのはわずか13人の消費者であり、被告も1社に限られていた。ところが、5月4日、裁判所が受理を決定し、5月10日に「北京晩報」を通じて登記の公告を出すと、多くの時計購

入者がその公告を見て、有効期間内に登記手続を行った。その結果、原告の総人数は300人を超えたのである[6]。なお、本件が注目を浴びるのは、集団訴訟として規模の大きさのほかに、製品品質の判断、不正広告責任、懲罰的損害賠償の適用などさまざまな問題に触れているからである。なかでも、ダイヤという言葉の使い方をめぐる論争がおもしろい。消費者側は「ダイヤ」を天然ダイヤと理解し、生産販売者の詐欺を問い、逆に、生産販売者は「ダイヤ」を人工宝石と理解するのは時計業界の常識だと主張し、詐欺を改めて否定した。上海で行った生産者と販売者の訴訟では後者の見解を採り、商人間の売買として、販売者の請求を下げたのである[7]。

サービス業においても、消費者集団訴訟が起きている。その一例として、1994年、中国史上初の、乗客と航空会社の間で起きた航空サービスの是非をめぐる集団訴訟を、挙げることができる。この事件は、1993年9月30日、広州発北京行き、12時40分発予定であるA航空会社2138便の198名の乗客は、最初はタイヤ遅れと知らされ、夜8時ごろ、当日便がキャンセルとなった。事件当日は仲秋の日のため、乗客は航空会社のずさんな対応に猛反発した。1994年1月20日、乗客81人は同じく当日の乗客である2人の弁護士に委託し、A航空会社を相手に、謝罪、料金の半値にあたる370元の損害賠償を求める訴えを提起した[8]。本件は、集団訴訟の形で、サービス業者、とりわけ航空会社に賠償を求めることは、さまざまな法律問題と関わっているから、社会的関心を呼び、当時起草中の「民用航空法」にも大きな影響を与えた。

しかし、消費者集団訴訟の普及にはまだ大きな障害を克服しなければならない。2004～2005年の間に中国全土に広がった漢方薬「龍胆瀉肝丸」の健康被害訴訟を例として説明してみよう。「龍胆瀉肝丸」という漢方薬は古くから伝わる名薬であり、全国200軒以上の製薬メーカーがこの薬を製造している。中でも、300年以上の歴史の持つ漢方薬の老舗「北京同仁堂」がトップシェアを占めている。ところが、2003年、「龍胆瀉肝丸」の成分の一部が腎臓機能を損ねるという研究報告が発表され、これによって、全国に「龍胆瀉肝丸」による健康被害は推定10万人を超えるといった一大薬害事件が発覚された。全国各地の被害者は北京同仁堂を相手に、集団訴訟を起こすつもりだったが、実現されなかった。同仁堂が「龍胆瀉肝丸」のトップシェアを持つといわれても、完全独占ではなかっ

た。「龍胆潟肝丸」による健康被害は十数年前から、長い場合には二十数年前から薬を服用するケースも少なくないので、集団訴訟における利害関係のある「権利人」としての適格証明は決して簡単なことではない。そのため、全国各地の被害者は一般訴訟の形で訴訟を提起したが、いずれも証拠不足あるいは因果関係の存在の証明に根拠が足りないなどを理由として訴えを退けられた。

　もちろん、上記のようなケースについては、手続法上の問題より実体法上の問題が大きいと受け止めるしかないだろう。しかし、集団訴訟の発動は完全に裁判所に握られる点について、なお検討する余地があるのではないかと思われる。

　しかし、消費者訴訟に限らず、実際に起きた集団訴訟あるいは代表訴訟はそれほど多くなかった。問題はどこにあるのだろうか。少なくとも以下の問題点が検討に値すると考える。

① 集団訴訟の形成から見れば、民事訴訟法の第55条3号において、「人民法院の判決・裁定は、訴訟参加の登記をしている全体権利人に効力を生ずる。訴訟参加の登記をしていない権利人は訴訟時効の期間内において、訴訟を提起する場合、当該判決・裁定が適用される」と定めている。このような規定は幅広く権利人の利益を保護する立場から見れば評価に値するところがあるが、集団訴訟の形成に阻害する負の一面をも否定できない。なぜなら、権利人は訴訟のリスクを避け、訴訟の進行・結果を見ながら自分に有利な時期を選んで随時に訴訟に参加することができるからである。人間は社会的生物であると同時に、経済的生物でもあるから、最低限のコスト、リスクで最大の利益を得るのが普通である。このような考え方が集合した結果、だれも集団のために危険を冒すことなく、集団の形成が敬遠される事態となる。集団訴訟の形成を促すため、まずはフリーチケットを廃止しなければならないだろう。

② 訴訟代表人の権限から見れば、民事訴訟法の第54と55条においては、訴訟代表人が訴訟請求を変更、放棄し、あるいは相手の訴訟請求を承認し、および和解を行う場合、代表する当事者の同意を得る必要があると定めている。訴訟当事者の権利の援護、ならびに訴訟代表人の権力乱用を防ぐという観点から、訴訟代表人に一定の制限をかけるのも必要であると考えるが、実際に運用効果を見ると、ばらばらと各地に散在するすべての当事者

の同意を得るのは不可能に近い任務ともいえよう。集団訴訟を促すため、このような不合理な制度設計を改めなければならないと思っている。
③　裁判所の権限から見れば、集団訴訟について過大な権限を持たせるのが明らかである。集団訴訟の発動は、完全に裁判所のコントロール下に置かれ、とりわけ、人数未確定の集団訴訟のような大規模な集団訴訟について、裁判所の持つ絶大な権限は逆に集団訴訟の活性化の一大阻害要因となる。集団訴訟の多くは社会的または政治的に影響力が大きいものと考えられ、社会不安の要素と警戒されるので、裁判所は、国の指導部が掲げる「安定第一」という政治的配慮の下、あるいは地元政府の圧力の下で、意識的に、ないし無意識的に集団訴訟を抑制・回避することは十分ありうる。例えば、最高裁の司法解釈においては、上場企業の不正開示による損害賠償請求訴訟は集団訴訟に適用されないと明言している。集団訴訟を活性化するために、一定の条件を満たす場合においては、裁判所の裁量を必要とせず、直ちに、自動的に集団訴訟を発動できるといった仕組みを作らなければならないと考える。

第2節　消費者組織と消費者団体訴訟

(1)　消費者組織の役割

　前述のように、中国消費者協会は中央政府の決定に基づき設立された全国的な社会団体である。地方の消費者協会にも同様の政府背景がある。地方の場合、消費者協会の職員は工商行政管理局から出向し、経費も工商行政管理局から提供される。協会は国家工商行政管理局の指導の下で活動を行い、出版物には『中国消費者』(雑誌)と『中国消費者報』(新聞)があり、その運営資金はすべて政府が拠出し、広告を載せないことが原則となっている。中国消費者協会会長が中国消費者協会理事会で行った報告によれば、協会は「法律によって名称、性質、職能および行為規範が定められた政府によって経営される社会団体」であり、日本の国民生活センター、韓国の消費者保護院に相当する準行政組織であると見ることができる。したがって、中国の消費者協会は消費者権益保護法第12条が定める

「消費者結社権」に基づき消費者が自発的に結成する民間消費者団体ではない。
　消費者権益保護法第32条によれば、中国消費者協会の主な職能は次の通りである。
　① 消費者に消費情報および相談を提供する。
　② 関係行政部門が商品およびサービスに対し行う監督・検査に参与する。
　③ 消費者の合法な権利・利益の問題について、関係行政部門に報告し、調査を求め、または提案する。
　④ 消費者の苦情報告を受け、ならびに苦情報告事項に対し調査、和解活動を行う。
　⑤ 苦情報告が商品またはサービスの品質にかかわる場合は、鑑定部門にテストを求めることができ、鑑定部門はそのテスト結果を知らせなければならない。
　⑥ 消費者の合法な権利・利益を損なう行為がある場合、被害を受けた消費者の提訴を支持する。
　⑦ 消費者の合法な権利・利益を損なう行為に対し、マスコミを通じてそれを公表、批判する。
　消費者権益保護法の公布に伴い、消費者協会の役割も高まっている。消費者苦情処理・紛争解決は協会の中心的な仕事である。1995年12月、中国消費者協会は「消費者苦情報告の受取りに関する規定」を作成し、消費者苦情処理のガイドラインを策定した。この規定によれば、消費者協会は意思自由、合法、合理、公正原則の下で、事実と証拠に基づき、調査、和解活動を行う。消費者苦情の処理は原則として無償である。同規定によって消費者苦情のデータ収集・分析・公表制度が確立された。
　「消費者権益保護法」の立法段階において、消費者協会は特定しない多数消費者を代表して、訴訟を提起しうるか否かについて、論争を行ったという経緯がある[9]。賛成意見としては、現実において、消費者は事業者が自らの利益を侵害したという事実を知らなかった場合が多いから、消費者の合法な利益を保護し、事業者の不正行為を防ぐために、消費者協会は不特定の多数消費者を代表して、訴訟を提起し、事業者に損害賠償を求めることが許されるべきであると主張している。これに対し、反対意見は、民事訴訟法の規定および民事訴訟法理から、訴

権は当事者の訴権であり、当事者が権限を授けなければ、何人も訴権を行使しえないと主張していた。消費者協会は消費者の訴訟を支持することができるが、彼らを代表して提訴することができない。事業者の不正行為を防ぐために、不特定の多数消費者が権利侵害という事実を知らなかった場合、消費者協会は行政機関に事業者の不正行為を告発し、事業者を罰することを提言しうるのである。現行「消費者権益保護法」第32条6号の規定を見れば、立法者は反対意見を採ることを明らかにしている。

「消費者権益保護法」第32条6号によると、消費者の合法な権利・利益を損なう行為に対し、被害を受けた消費者が提訴する場合、消費者協会はこれを支持することができる。

しかし、消費者協会はどのような形で消費者の訴訟を「支持」するのか、明らかにされていない問題点はまだ数多く残されている[10]。「支持」という言葉が法律用語として、法律条文に現れるのは、消費者訴訟のみならず、ほかの法領域にも使われる。けれども、いまだに立法機関またはその他の機関が下した有権解釈は見られない。

解釈論として、消費者協会が消費者の訴訟を支持するということは、次のような2つの機能を含まれると解されている[11]。

① 消費者に金銭・道義上および法律知識の援助を与えること。
② 消費者の訴訟代理人として直接訴訟に参加すること。

そのような見解にたてば、消費者訴訟において、消費者協会の役割はかなり限定されているといわざるをえない。消費者協会が影響力と専門知識を利用して、係争中の消費者を支持するのは、時に多大な効果を出すかもしれないが、訴訟の外部にたつから、訴訟自体との関わりが薄く、訴訟の行方に影響を与えるのは困難であろう。相対的に、代理人として訴訟を参加するのは、より一歩実体の解決に近づいたが、実体的処分ができるわけではないから、その役割はやはり限定的ものであろう。しかも、その代理権の前提は消費者の訴権であり、消費者協会自体はこのような訴権を持っていないのである。

そのような「提訴資格の拡大」の問題について、かつて日本も直面していた。しかし、中国においては、いくら政府あるいは民間組織としての消費者団体への訴権拡大の意義を強調しても、民事訴訟法法理上の突破がなされていない限り、

法解釈によって消費者団体訴訟制度の導入はまず不可能であろう。「提訴資格の消費者組織への拡大」という命題を将来の目標として挙げるのは何の間違いもないが、厳しい現実を無視することもできない。その意味で、現行法の枠のうち、大規模な消費者被害の対応策として、消費者団体が関与のできる集団訴訟などの制度を丹念に研究し、それらの訴訟事件の代理またはその他の途を通じて、不特定多数の消費者の利益を守るといった目標の達成にもっと意義があるのではないかと思われる。

(2) 法律援助制度

消費者権益保護法第32条6号が定める「支持消費者提訴」制度（前述消費者協会職能の⑥）をより確実に遂行するために、2000年3月15日、中国消費者協会が消費者法律支援金制度を正式に発足した[12]。支援金は経済能力の弱い消費者をバックアップすることを目的とし、製品・サービスから生じた被害について事業者に対して訴訟を提起する場合、裁判所の訴訟費用、弁護士費用、商品の検査・鑑定費用およびその他の文書作成・調査費用などが援助対象となる。

中国消費者協会に続き、各地の消費者協会は次々法律支援金を設立し、消費者訴訟の実現に大きな役割を果たした。

2001年7月、中国消費者協会は初めて全国各地の19名の欠陥近視矯正装置の被害者に総額10万元の消費者法律支援金を支給した[13]。

消費者訴訟支援金制度のほか、司法省が提唱、設立した「法律援助」制度があり、一般訴訟を対象に、弁護活動の支援を中心として役割を果たしている。1994年以降、司法省の指揮の下で、各地に法律援助センターが設立され、センターに配属する弁護士は公職弁護士として政府から給料を支給されている。もちろん、条件を満たせば消費者も利用可能である。

(3) 日本の消費者団体訴訟制度

2006年、「消費者契約法」の改正によって（消費者契約法の一部を改正する法律、平成18年6月7日法律第56号）、消費者団体訴訟制度が確立され、2007年6月から施行されている。この法改正によって、内閣総理大臣により認定された適格消費者団体が、消費者契約法上の事業者の不当行為に対して差止請求をする

ことができるとされた。

　差止めの対象とされる事業者の行為は、「消費者契約法」が定める不当な契約条項の使用および不当な勧誘行為が含まれる。

　また、2008年の「消費者契約法」の再度改正および「景品表示法」「特定商取引法」の一部改正によって、優良誤認表示・有利誤認表示といった景品表示法に規定する不当な行為、および不実告知や威迫・困惑等の不当な勧誘行為またはクーリング・オフを無意味にするような特約を含む契約の締結等の特定商取引法に規定する不当な行為が新たに差止めの対象に加える。

　消費者団体訴訟制度が、消費者全体の利益を擁護するため、一定の消費者団体（適格消費者団体）に対し差止請求権を認める制度であることを踏まえると、適格消費者団体の要件は、以下の3つの観点を基本とすべきであると、政府の最終報告書が提示した[14]。

① 消費者利益代表性。消費者全体の利益を代表して消費者のために差止請求権を行使できるかどうか。
② 訴権行使基盤。差止請求権を行使しうる基盤を有しているかどうか。
③ 弊害排除。不当な目的で訴えを提起するおそれはないか。

　そして、具体的な適格用件として、①法人格、②団体の目的、③活動実績、④団体の規模、⑤事業者等からの独立性、⑥組織運営体制、人的基盤、財政基盤、⑦反社会的存在等の排除、などの用件が提示される。こうした審査基準をクリアした消費者団体は現時点で6つである[15]。

　公共訴訟や選定当事者制度と違って、消費者団体訴訟制度はこれまで存在しなかった新しい種類の多数当事者訴訟制度として、積極的に評価すべきだと思っている。

　しかし、消費者被害の損害賠償請求について、消費者団体が損害賠償等を請求する制度以外にも、選定当事者制度やその他司法アクセスの改善によって個人提訴に伴う困難性そのものを改善する手法があるから、「消費者団体が損害賠償等を請求する制度の導入については、上記のような手法の展開を十分に注視し、その上で、同制度の必要性も含めて、慎重に検討されるべきである」[16]として、金銭請求を否定した。差止め訴訟は将来の被害の発生を防止する機能を営むだけであるから、これのみではすでに発生している損害の回復を図ることはできない。

また、消費者個人に損害賠償請求権が認められるとしても、個々の消費者の被害額は、多くの場合には極めて少額であるので、現実に行使されることは期待できない。そこで、消費者団体が個人に代わって損害賠償請求訴訟を提起できるものとすれば、消費者の被害の救済に資することは明らかであるし、事業者に対して損害賠償支払義務という形で制裁が加えられることにより、消費者全体の利益を一般的に実現するための法のコントロールも強化されるであろう[17]。消費者団体に損害賠償請求の訴権を付与することについて、早急に制度の導入に向けての検討を開始すべきだと思われる[18]。

（4）小　結

　中国現行法上において、消費者団体訴訟制度が認められていない。前述したように、消費者団体訴訟制度は、伝統的な手続法の考え方とかなりの隔たりがあるため、学者・有識者の間で意見の統一に至るまで十分な時間と議論が必要である。そして、中国において消費者団体訴訟制度の導入の最大の阻害要素といえばやはり真の消費者組織の欠如にあるだろう。日本などの民主主義の国と違って、中国においては民間組織の成立・活動が厳しく制限されるので、消費者組織の発達にはまだ遠い道のりが待っている。もともと、NGOやNPOのような非営利の民間組織は寄付または政府の資金援助によって支えられ、その構成員のほとんどは基本生存の重荷から解放されたものであり、利他精神の下で活動を展開する。それゆえ、たとえ政治的な影響要素が排除されても、中国を含む多くの発展途上国において直ちに民間組織の繁栄時代がやって来るはずもない。

　また、消費者団体訴訟は通常の訴訟と異なって、独自の性格を有する。差止訴訟の場合には、未然防止・拡大防止といった観点から提訴するため、通常の民事訴訟に要求される事件性や争訴性の要素が乏しく、その意味では抽象的審査訴訟の性格を有することも否定できない[19]。結果重視の中国において、差止請求に限定される消費者団体訴訟はむしろ社会からの関心が低く、事業者に対する警告効果も限定的なものであろう。それゆえ、仮に中国において消費者団体訴訟制度が導入されるとすれば、その訴権は差止請求権にとどまるのがむしろ少数意見であり、差止請求権より損害賠償請求権への期待感が高いともいえよう。

第3節　少額訴訟と簡易裁判手続の活用

（1）簡易裁判手続について

　簡易裁判手続について、「民事訴訟法」第13章に定めている（第142～146条）。法によれば、簡易裁判手続は、「事実が明瞭であり、権利義務関係が明確で、かつ係争標的が重大ではない民事事件」に適用する（法第142条）。通常の裁判手続と比べて、その違いは以下の通りである。

　①　原告の口頭による提訴を認める。
　②　当事者双方が同時にいる場合、即時処理できる。
　③　いつでも便利な方式で当事者、証人を喚問することができる。
　④　一人の裁判官による「独任審判」ができる。
　⑤　3カ月以内に審理を終結しなければならない。

　そのほか、簡易手続は一審普通手続の期間制限、法廷調査、法廷弁論などの規則に拘束されず、裁判官は事情に応じて自由に裁判の方式を決めることができる。

　「民事訴訟法」における簡易裁判手続に関する規定が簡素すぎるといった司法現場からの指摘を受け、2003年9月10日、最高裁は「民事事件の審理における簡易裁判手続の適用に関する若干規定（関於適用簡易程序審理民事案件的若干規定）」を公布し、司法解釈の形で簡易裁判手続についてのルールの具体化によって、司法現場で起きる混乱・困惑を収めることに一定の効果をあげていた。

　簡易裁判手続設立の目的について、次のような2つの要因が考えられる。

　①　訴訟当事者に利便性を与える。中国は広大な国土と膨大な人口を持つ国であり、それに加え、多くの地域において交通網はまだ整備されていないため、多くの人が裁判を受ける権利を実現するために大きな障害を乗り越えなければならない。簡易裁判手続はある程度このような状況を緩和することができると考える。

　②　裁判所に利便性を与える。市場経済の導入・確立に伴って、各地の裁判所に寄せられた民事事件は急速に増加し、かつ、これからも増加傾向は止まらないと考えられる。しかし、これらの民事事件のうち、係争内容の簡単

な事件が数多く含まれるので、簡易手続によってこれらの事件に迅速に対処することが実現すれば、裁判の効率を上げることができ、ひいては裁判全体の質の向上を実現することができると思われる。

(2) 簡易裁判手続と少額訴訟制度

現行法上、少額訴訟に関する規定は存在していない。

「消費者権益保護法」の制定において、少額被害の救済制度の導入をめぐって、学者・有識者の間で見解が分かれている。論争の焦点はスモール・クレイムズ・コート（small claims court）、すなわち、少額訴訟制度の導入の是非に集中していた[20]。

反対論者は、現存の裁判体制以外に新たな組織を作ることに反対し、既存の裁判体制を維持しながら、消費者少額訴訟を対処するために、商業繁華地域などに限って少額裁判法廷を派遣すれば、現行法上の簡易裁判手続に従って、速やかな裁判を行うことができると主張している。

これに対し、賛成論者は、「消費者権益保護法」においては少額裁判法廷に関する特別規定を設けるべきだと主張し、スモール・クレイムズ・コート制度の導入を支持している。そして、具体案として、少額裁判法廷は1,000元以下の消費者紛争に限定し、訴訟費用を安く据え置き、簡易裁判手続に従って速やかな裁判によって消費者の利益の保護を図る。当事者は裁判に不服、控訴する場合、上級裁判所ではなく、地方裁判所に申し立てをすればよい。申し立てに対する審査は手続的審査に限られ、事実的審査は行わないとする。

しかし残念ながら後に公表した「消費者権益保護法」においては、スモール・クレイムズ・コート制度は盛り込まれず、少額訴訟については一切触れない形で終わってしまった。

確かに、既存の裁判組織の以外に新たな裁判組織をつくり、あるいは既存の裁判組織の内部において新たな裁判体制を導入することは、法体制を変えるぐらい大作業であり、決して消費者保護法のみで対応できるものではない。司法救済の基本手段としての当事者の控訴権を剥奪するのも、消費者訴訟領域を越え、民事訴訟全体に影響を及ぼす恐れがあるので、慎重に検討しなければならない。法システム全体の安定性を考え、明確な結論を打ち出す前に、現状維持の立場に立つ

のも当たり前のことだといえよう。

　注意すべきなのは、賛成派も反対派も、いずれも現行民事訴訟法に定めている簡易裁判手続の活用を強調することである。少額訴訟というまったく新しい、しかも異質的な裁判手続類型の導入は、民事訴訟法の大幅改造でなければ実現できないといった現実の前に、迂回手段として、既存法の枠の中で、消費者訴訟の独自な性格を配慮し、一般民事訴訟と異なる柔軟な対応を求めていくという発想から議論を展開するのではないかと思われる。

　簡易手続を適用しうるのは地方裁判所とその派遣法廷である。中国では、日本のような簡易裁判所が設置されず、日本の簡易裁判所の所管に当たる事件は地方裁判所が一括管轄することとなる。もともと、派遣法廷は地方裁判所の出張所として農村部の人口密集地に置かれ、当事者に訴訟の利便を提供することが目的である。もちろん、都市部に派遣法廷を設けるのは、法律上何らの障害もない。現実においても、大企業が集中する地域に都市派遣法廷が設置される例が多い。それゆえ、前述のように、少額消費者訴訟を柔軟に対応するために、商業繁華街に派遣法廷の形で、簡易手続を適用し、事実上の「消費者少額法廷」をつくるのは、可能かつ容易なことであろう。

　司法現場の状況を見れば、1990年代から、各地の地方裁判所は独自に少額訴訟法廷の創設を試みた。1994年8月に新セン市福田区人民法院は急増する少額債権紛争を処理するため、「少額銭債法廷」を設置した。また、2000年9月に、山東省青島市市南区人民法院において、少額金銭債務に関わる事案を審理するための専門法廷が設置された[21]。広州市の場合、1990年代に「少額金銭債務法廷」を含む各種の巡回法廷を設立したが、期待した効果に及ばなかったとして1999年になってすべて撤収となった。また、北京市の場合、1999年から経済審判法廷の内部に「少額債務法廷」を設立し、係争事実が簡単で訴額が10万元未満の事件を対象として簡易裁判手続に基づいて審理を行う。また、少額債務法廷では休日・夜間審理、即日終結などの措置が取られるという[22]。司法制度の改革に対する熱意あるいは勇気がある意味で評価に値するものの、手続法の規定から逸脱する傾向が見られる。

　しかし、派遣法廷については実際に存在している問題が多く、一部の地方裁判所ではすでにそれを撤収する動きを見せはじめている。もともと派遣法廷は「裁

判は人民に奉仕する」という思想から生まれものであり、近年、そのような裁判思想は衝撃を受けつつあり、裁判制度の規範化へ転換している。とりわけ、農村部の交通、通信条件の改善から、派遣法廷の必要性が薄くなりつつあり、一方、地方裁判所の本拠地である都市部における訴訟事件が急増し、定員が限られる裁判所を圧迫することとなる。そのような変化は消費者派遣法廷の創設にどのような影響を及ぼすか、まだ見守る必要があると思われる。

　また、簡易手続の適用についても、裁判官の資質の問題が問われる。中国の裁判官の資質の問題について、本書においてはしばしば提起されたが、簡易手続および派遣法廷の場合において、再びそれを追及する必要があると思われる。もともと、農村への派遣法廷の場合には、本拠地である都市から離れ、しかも少人数の体制の中で裁判を行うため、組織上の管理および業務上の指導が欠け、裁判の歪みが生じやすい閉鎖的な環境だと認めざるをえない一面がある。通常手続と比べて、簡易手続の場合、裁判官の自由裁量権が大きく、とりわけ、独任裁判の場合、裁判官の個人資質が判決の結果を左右する場面が少なくない。そのため、地方裁判所の責任者は簡易手続の適用について、とりわけ独任裁判の適用については常に慎重な態度をとり、簡易手続による裁判はそれほど活発ではなかった。そのような状況を一変したのは1990年代の後半からである。急増する民事事件を背景に、裁判の効率化が求められ、簡易手続の利用率は急速に高まった[23]。

（3）日本の少額訴訟制度

　日本における少額訴訟制度は、1996年の新民事訴訟法によって創設される。少額訴訟は、60万円以下の金銭の支払を求める請求についての特別手続であり、現行法によって創設され、2003年の改正によって、訴額の上限が30万円から60万円に引き上げられた。口頭弁論の方式によって審理がなされる点では、通常の判決手続と共通性があるが、原則として1回の期日で審理が終結すること、証拠が即時に取り調べうるものに限定されること、判決が弁論終結直後直ちになされること、判決において支払猶予を命じうること、不服申立手段として控訴が許されず、受訴裁判所に対する異議のみが認められることなどの手続に関する特則がある。これらはいずれも、少額の金銭請求について、迅速、かつ、当事者の実質的公平に即した裁判を実現しようとするものである。もっとも、少額訴訟が

原告の利益を優先していることとの均衡から、被告には通常手続への移行申述権が与えられる[24]。

少額訴訟手続は新たに創設された制度として消費者被害の救済に大きな期待が寄せられている。紛争主体の一方がこの手続を避けようとすれば、この手続は利用できないといった制度上の問題があるから、消費者のために実際にどの程度機能するかについてはまだ疑問が残されるものの、消費者による訴訟の機会を広げようとするものとして十分評価に値する[25]。しかし、少額訴訟制度の消費者利用の現状は決して楽観的ではない。消費者の立場から見た場合、この制度には思わぬ副作用が現れる。一言で言えば、これまでの簡易裁判所は「消費者のための少額裁判所」というよりは「消費者金融機関のための取立裁判所」の観を呈していた[26]。このような利用状況を是正するため、事業者の利用に一定の制限をかけることが提案され、結局、新法は回数制限策を導入し（民訴368条1項）、具体的には年10回の利用を上限とした（民訴規223条）。そして、原告に回数の届出を義務づけ、虚偽の届出に対しては過料が科されることとされた。

（4）小　結

前述したように、日本の少額裁判制度と比べれば、中国の簡易裁判手続はまったく別のものである。一言で言えば、簡易裁判手続はミニ版の通常裁判手続にすぎない。簡易手続と通常手続の境界線ははっきりとされず、一部の地方裁判所は両者の混用によって審理期限を延ばすといった弊害がしばしば指摘される[27]。裁判組織から見れば、中国においては、現行法の下で少額事件を扱う裁判所は存在していない。また、伝統および理念から見ると、少額裁判所の新設に対してむしろ否定的見方が圧倒的に多い[28]。そのため、仮に将来少額訴訟制度の導入が実現されれば、既存の地方裁判所の内部に少額法廷の設置によって少額裁判に対処するという案の実現可能性がもっとも高いとはいえる。

少額訴訟制度の設計について、簡易手続の改造によって少額裁判に対応するといった「改造派」と、簡易手続と別に新たな少額訴訟制度の新設によって少額裁判に対応するといった「新設派」がある。少額裁判独自の性格を鑑み、「新設派」の主張の通りに簡易手続と平行的に位置づけられる少額手続の導入がもっとも望ましいが、一刻も早く多発する消費者の少額被害を救済するためには、便宜手段

として「改造派」の主張も無視してはならない。現行法の枠の中で、簡易手続の活用によって消費者少額事件を救済するのが、法律上は可能であり、その必要性も十分にあると思われる。

しかし、立法論あるいは解釈論のほかに、少額訴訟制度を検討する際、中国独自の事情を考慮しなければならない。例えば、不服の申立について、日本や欧米などの法先進国においては事実上の一審制が大きな混乱をもたらす可能性は非常に低いともいえるが、同じ想定をそのまま中国にあてはめるのは大きな危険性をはらんでいる。大村が指摘したように、少額裁判が成功するためには、裁判官の積極的・後見的な訴訟指揮が必要とされる[29]。しかし、中国の状況を見ると、裁判官の素質の問題に由来した司法の歪みに加え、汚職・裁判の不公正による裁判結果への抵抗感情は容易に克服できるものではない。二審制による司法救済が安易に簡略化されれば、たとえ審理段階における不満が抑えられても、執行の段階に入ると必ず再び矛盾が表面化し、裁判の実現を妨げる結果となる。また、少額手続は制度として確立されても、司法現場においては必ずしも期待通りに本領発揮されるとは限らない。1991年の新民事訴訟法によって導入した督促手続が冷遇されるのがその一例である。督促手続が請求相手の異議申し立てによって中止され通常手続へ移行するというルールの設定が最大の要因と思われるが、督促手続の訴訟費用が通常訴訟と比べると低く設定されるので、訴訟費用の収支は裁判所の福利厚生に繋がることを考えれば、督促手続が冷遇されるのも決して不思議なことではないだろう。それため、少額訴訟制度を導入する際、このような非法律的な要素を考えなければならない。

第4節　民事抗告制度

旧民事訴訟法（「民事訴訟法（試行）」1982年3月採択）においては裁判監督手続の定めがあったが、民事抗告制度についての規定がなかった。1991年4月9日採択した「中華人民共和国民事訴訟法」は、検察機関による民事抗告制度を取り込んだ。

現行民事訴訟法第14条は、「人民検察院（検察庁）は民事裁判に対する法律

監督を行う権利を有する」と定めている。

　裁判監督手続については、民事訴訟法第16章（第177～第188条）に定めている。中国において、裁判監督手続とは、すでに効力が生じた判決、裁定に対して、当事者の申立てまたはその他のルートを通じて、原裁判の誤りまたはその可能性がわかった場合、裁判所、検察庁が職権によって、最終判決を出す裁判所にやり直せるという制度であり、再審とも呼ばれる。不当裁判を阻止する最後の努力として位置づけられる。法によれば、再審の提起は（私的）当事者の申立てがもたらしたものと、（公的）職権により決められたものとがあり、両者は大きな違いがある。前者の場合、裁判所の判断を経ることが必要であり、再審は裁判所の法定義務ではなく、かつ、当事者は判決、裁定の効力を生じた時点から2年以内に提出しなければならない（民事訴訟法第181条）。それに対して、検察庁が職権によって抗告を提起する場合、裁判所は再審しなければならない（民事訴訟法第186条）。かつ、2年の期間制限に拘束されないと解される[30]。すなわち、2年の期限を超えても、当事者は検察機関を通じて権利を主張することができる。

　しかし、検察機関の民事分野における法律監督はあくまでも一種の事後監督であり、裁判所の裁判活動に介入することではなく、当事者を代わりに訴訟活動を行うわけでもない。事件の実体的判断よりも、手続から裁判への影響が大きい。とはいえ、中国の裁判は二審制を採ることから、再審制度は、当事者の訴権を補充することによって、裁判の恣意を防ぐのではないかと思われる[31]。

　民事裁判への公的権力の介入は世界的に見てもむしろ稀な存在である。いくら中国独自の事情を強調しても、このような中国独自の制度設計は法理上または実務上において成り立つのかについて、学界または実務界において必ずしも共通見解に達するとはいえない。最高裁の副院長を務めた黄松有はその一人である。黄の論文[32]は実務レベル上における民事抗告制度の諸問題の提起にとどまらず、民事抗告その制度の存在自体にも大きな疑問を提起した。その最も問題視されるのは、検察の公権力による民事裁判への介入は、必ず本来あるべき裁判所の審判権の独立行使の弱体化を引き起こし、審判権の威信を損ない、ひいては司法公正または社会正義を危うくする恐れが十分考えられることである。要するに、多くの場合、同じ事件の判決に対して異なる裁判官や検察官、学者または弁護士がそれぞれ異なる見解を持つことは決して稀なことではない。裁判は数学のように唯

一の正解を求めるものではない。一般的に、裁判の結果を左右する要素には2つがあり、その1つは事実判断、その2つは法律判断である。いずれも不確定性が満ち溢れる判断基準であることから、裁判結果の不確定性を導くのも十分想像できる。もちろん、異なる事件ではその事実認定と法律適用の曖昧さと不確定性の程度も異なり、簡単明瞭な事件の不確定性は弱く、複雑難解な事件の不確定性は強いことも普通に考えられる。たびたび法学界や法実務のレベルで大きな論争を引き起こす事件の多くは事実認定と法律適用の両面で大きな不確定性を有するが、その不確定性を的に誤審や恣意裁判を理由として抗告を提起することには論理上の合理性が欠如することが明白である。検察側は自らの異なる見解に基づいて、抗告あるいはほかの形で「誤審糾弾」の攻勢を発動し裁判所の最終判断を覆すという行動自体が訴訟の基本原理から逸脱し、一事件に一判断という間違った審判の価値観に陥った。もともと民事抗告制度は旧ソ連や東ヨーロッパ等社会主義諸国の制度を参考に作り上げたものでもあり、計画経済体制の下で国家による社会経済活動への高度な監視あるいは監督が求められ、それを背景にしてはじめて検察の公権力による民事裁判への介入が可能となるという経緯を忘れてはいけない。しかし、改革開放によって、市場経済体制が確立され、経済分野における国家集権の理念はもはや過去の遺物である。市場経済の性格から、すべての民事活動の参加者に私的意思自治や契約自由の保障が強調され、国家の公権力による民事領域への干渉はできる限りに制限あるいは弱化されることで自由平等な市場環境の形成が可能になり、市場経済の発展が可能になる。民事裁判は私的権利を保護する司法手段として、刑事裁判と異なって独自のルールがある。民事裁判の当事者は裁判所の判決に不服のある場合、法の救済措置として上告、再審の申し立て、ないし執行中の和解など、多くの権利を与えた。これらの権利は民事裁判の当事者によって自由に行使されるべきで、公の権力を含めいかなる人や組織によっても干渉されるべきものではない。もちろん、裁判所の司法判断を認めないものの、時間・精力・費用またはその他の訴訟コストに屈して、自らの訴訟権利を放棄することも十分に考えられる。といっても、検察は「誤審糾弾」「誤判是正」といった旗を掲げ、ホワイトナイトを自任する行動は当事者の訴訟権利（権利の放棄を含め）への不当な干渉に当たるのではないかと黄は指摘する。ゆえに、民事裁判と刑事裁判を混同し、本来は刑事裁判に限定すべき抗告制度を無理

やり民事裁判に引き入れる制度設計に反対する意見は決して少なくないのが現状である。

　法実務においても、民事抗告を提起した検察側は訴訟活動の過程においてどのような立場をとるべきかについても明確な答えは出されていない。裁判所側の意見の多くは、民事抗告を提起した検察側は手続的な「案内人」の役を演じるに過ぎず、再審手続きが開始する時点で検察側の役割が終わり、検察官は原告側あるいは被告側に立って法廷調査・法廷弁論に参加させるべきではないと主張している。なぜなら、民事裁判において原告と被告の地位は完全に平等であるべき、裁判官は中立の立場で独自の判断を下すからである。これに対し、検察側はたとえ検察官は民事抗告裁判に参加しても、裁判官と同じように原告と被告の間に中立的な立場をとり、どちらにも偏ることなく、法で定めた検察による裁判監督権を行使すると同時に、当事者の訴権を保護することができると反論している。ならば、検察官は民事抗告の法廷活動に参加することは単なる裁判官の裁判活動を監視・監督するのではないか、言い換えれば検察官は裁判官の上に立つことは裁判所の独立審判権を侵害するのではないかと黄論文が指摘する。また、再審の結果に対して検察側が不服の場合、再び抗告を提起することができるから、裁判は延々と続いて最高裁まで争うことになり、本来は当事者の間にあるべき訴訟の紛争は裁判所と検察との間の権力闘争と変身してしまい、立法趣旨から大きく離れてしまう結果となる。さらに一部の意見は、最高裁まで争う場合、民事抗告の提起者としての最高検察院が最高裁の判決に不服ならば最高裁の判断は終局的なものと見なすべきでなく、中立的な第三者機関、つまり立法府である全人代に最終的な判断を仰ぐべきと提案している[33]。実現するならば、裁判所の独立審判権と終局裁決権を損なう結果となることだろう。

　民事抗告についての規定は主に民事訴訟法第185条に定めている。その条文は次の通りである。

　最高人民検察院は各級人民法院の効力の生じた判決、裁定に対し、上級人民検察院は下級人民法院の効力の生じた判決、裁定に対し、以下の事情がある場合、裁判監督手続に従って、抗告しなければならない。

①　原判決、裁定においてその事実を認定する主たる証拠が足りない場合。
②　原判決、裁定において法律の適用に誤りがある場合。

③ 人民法院が法定手続に違反し、適正な判決、裁定に影響を及ぼしうる場合。
④ 裁判官が当該事件を審理する際に、汚職、収賄および職務上の義務に違反する不正行為を行った場合。

地方各級の人民検察院は同級人民法院の効力の生じた判決、裁定に対し、前項で定めた事情がある場合、上級人民検察院に裁判監督手続に従って抗告することを具申しなければならない。

法185条の規定をより具体化にするため、1992年4月18日、最高人民検察院は「関於民事審判監督程序抗訴工作暫行規定（民事裁判監督手続における抗告に関する暫定的規定）」[34] を制定した。その規定によれば、検察院の抗告は以下のルートから受け取れる（規定第2条）。

① 当事者の申立て。
② 公民、法人およびその他の組織の摘発、申立て。
③ 国家権力機関、上級人民検察院から引き受け、およびその他の組織から転送されるもの。
④ 人民検察院が自力で発見するもの。

なお、次の場合、抗告の申立てを受けないとする（規定第3条）。

① 判決、裁定が効力をまだ生じていない場合。
② 人民法院がすでに再審を決定した場合。
③ 婚姻関係の解除の判決。

以上の諸規定を見れば、検察官による民事抗告の範囲は非常に広いことがわかる。もちろん、解釈上において、「当事者」「公民」などは消費者に、「その他の組織」は消費者組織と解されるのは何らの障害もない。民事抗告制度は消費者にとって、不正な裁判から身を守る最後の武器になる可能性は十分にありうるのである。

しかし、実際に行った民事抗告のうち、消費者訴訟の事例はまだ見られない[35]。民事抗告制度ができた時間はまだ短く、十分な宣伝も行っていない。民事抗告制度全体の利用実績として、1991〜1998年までの間に、全国の検察機関が提起した民事・行政事件の抗告は2万501件に達し、うち裁判所が再審請求を却下するケースは1万1,187件、全体の55％を占める。裁判所が再審を決定するケー

スは9,314件、全体の45%を占める。再審決定事件のうち原判決を破棄・差し戻すまたは破棄自判の平均割合は82%に達し、極めて高い破棄率を示している[36]。また、民事抗告事件は年々増加傾向にあるといわれる。

　検察機関はもっぱら刑事事件を所管するという固有の意識はまだ民衆の中で根強く存在している。民衆に限らず検察機関自体でもそのような意識が残っている。それに加えて、検察機関の組織構成から見れば、民衆にとって身近に利用できる「窓口」が設けられていないから、消費者など一般民衆との交流のルートを欠いているともいえる。

　確かに、もともと検察機関の責務は犯罪行為に対処して、社会の公共利益を守ることである。民事抗告といっても、そのもともとの出発点は当事者の利益の保護ではなく、裁判の歪みを防ぎ、それをもって公共秩序のうちもっとも重要な裁判の秩序を維持することである。中国語の表現とすれば、それは裁判に対する「法律監督」ということであり、裁判権を制約することを意味するのである[37]。現実では、消費者訴訟が多数起きており、消費者はその一部を検察機関に持ち込んでも、抗告を出すかどうかについて、現体制が強化されない限り、その判断を速やかに下すのは無理であろう。

　そのような事情を考えれば、消費者組織を通じて消費者訴訟の再審を申し立てるのはもっとも効率的な解決方法であると思われる。というのは、民事抗告が提出しうるかどうかについて、消費者組織による事前のチェックを受け、その衝動的、一方的なものが除かれるので、申立て自体の信頼性の向上にのみならず、検察機関の審査の効率アップにも役に立つからである。今後、このような体制の構築により、消費者訴訟の途を広げることに期待している。

第5節　消費者公益訴訟

（1）私訴による公益訴訟

　1990年代後半から、いわゆる「公益訴訟」の登場が目立つようになった。これらの訴訟の多くは弁護士ら法律関係者や消費者保護に関心のある人が関わったものであり、王海のように巨額賠償の獲得を目的とせず、あくまでも消費者に不

利益な現存の秩序を変えることを目的とするものであり、社会的に広く支持されている。公益訴訟は、1996年に弁護士である丘建東が提訴した公衆電話の深夜割引訴訟を発端とし、通信・鉄道・電力など独占企業の料金設定情報公開、巨大企業の誇大広告などがしばしば公益訴訟の標的となってきた。公益訴訟の多くは長年にわたって正当とされてきたやり方に異議を唱えるものなので、相手企業に衝撃を与えるだけでなく、所管官庁の法令の改正をもたらすケースも珍しくない。

消費者公益訴訟の社会的役割として、1つの例を挙げて説明する。

2000年12月21日、鉄道省（国鉄）は翌年旧正月の間に一部の線路の値上げを決め、その旨の通達を所管各鉄道局に下した。通達を受け、各区間は旧正月の間20～30%の値上げを実行した。河北省在住の弁護士喬占詳はこの間2回にわたり値上げ鉄道を利用したため、通常より9元程度高いチケット代を払った。その後、彼は鉄道省の通達が乗客の合法的利益を損なうことを理由に、鉄道省に行政再審査を申し入れた。2001年3月19日、鉄道省は再審査決定を彼に言い渡し、値上げの合理性を強調して上記の通達を維持した。彼は鉄道省の再審査決定を不服として、北京市の中級法院に提訴した。個人が中央省レベルの機関を相手に提訴するのはおそらく中国初のことであった。喬占詳提訴の根拠としてはおおむね2点に絞ることができる。その1つは、鉄道省の値上げ決定は国務院の所管部門の許可を得ずに勝手に決めたものであり、その2つは、値上げを決定する前に価格法に従って価格公聴会を開かなかったことである。残念ながら一審、二審とも喬の敗訴で終わったが、二審審理中の2002年1月2日、国家発展計画委員会（現国家発展改革委員会）は2002年旧正月期間中鉄道料金の設定に関する価格公聴会を開いた。中国史上初の国家級価格公聴会であった。その後、民生に関わる重大な価格決定行為については事前に消費者代表を含む関係機関のメンバーを招いて公聴会を開くことが恒例化された。1つの小さな訴訟から生まれた大きな成果であった[38]。

まとめて見ると、中国における消費者公益訴訟には2つの特徴がある。

1つは、多くの消費者公益訴訟に弁護士が直接関与あるいは間接的に協力する形でバックアップしていることである。改革開放以来、中国の弁護士はゼロから再出発し、今日までに12万人を擁する一大勢力に発展してきた。高度な専門知

識と鋭い法律感覚を持つために、一般消費者が提起する公益訴訟と比べ、目的が明確で、訴訟の波及効果が大きい。

　2つ目は、訴訟は欧米のように私的独占企業または巨大企業を相手にするのでなく、公的独占地位を持つ企業と政府官庁を相手にするほうが多いことである。これは中国の特殊な事情につながるものと考えられる。まず、企業の実態から見れば、20年あまりの市場拡張によって多くの企業が巨大企業に成長したが、市場を独占するまでにはまだ至らない。これと対照的に、従来の公的独占企業は市場と政策両方に恵まれ、古い体質の変わらないまま急成長を果たした。他方、市場法の整備状況を見ると、不正競争を規制する法律として「反不正競争法」が存在しているが、私的独占を規制する法律は長い間に存在しなかった[39]。消費者権益保護法とほぼ同時に制定された反不正競争法の中に公的独占を規制する規定が設けられたが、規制のルールは非常に原則的なものであり、しかもほとんどの公的独占企業は地方当局と深く関わっているため、行政権によって企業の不正行為を規制するのには無理がある。市場化が進むなか、法策定当時の公的独占企業もはや公益事業者ではなくなっており、政府もこれら独占企業の弊害に気付き、すでに通信・航空・石油・電力などの分野で企業の分割・整理作業を行い、自由競争の原理の導入を試みている。消費者公益訴訟は行政規制の無力化、法整備が遅れるという背景の下で、個々の訴訟を通じて新しいルール作りに寄与するところが大きい。

　しかしながら、消費者公益訴訟の道程はまだ長いだろう。公益訴訟の社会的影響はあまりにも大きいため、裁判所は消極的な姿勢を取るのが普通である。訴訟を成立させるためにまず法律上の利害関係の存在を証明しなければならないので、提訴段階で事件の受理に難色を示され、さらに受理を拒否されるケースが少なくない。事件が受理されても、法の明文の規定がないことあるいは裁判所に判断権限がないことなどを理由に、消費者側の訴えを拒むケースが多い。

（2）公訴による公益訴訟

　ところが近年、検察機関など公的機関による公益訴訟の展開の可否についての議論が急速に広がっている。前述したように、中国において、公的機関である検察院は刑事分野に限らず、民事・行政訴訟の分野においても、大きな権限が与え

られた。しかし、公訴による公益訴訟、すなわち、いわゆる「民事公訴」は法律上ないし法理上から見れば可能であるか、また、たとえ可能であっても妥当といえるかについて、見解が分かれる。

民事・行政訴訟における検察機関の抗告権は「行政訴訟法」および「民事訴訟法」によって確認され、組織上においても検察院の内部に民事行政検察庁（部）が置かれる。また、「刑事訴訟法」は、検察機関が刑事公訴を提出する際、起訴される犯罪行為によって国の財産が損害を受けたと判断される場合、附帯民事訴訟を提起することができると定め、附帯民事公訴の権限が認められる。しかし、一審の原告として民事・行政訴訟を提起する権限について、現行法の下で、はっきりとした規定は存在していない。

検察機関による公益訴訟を認めようといった考え方は、むしろ主流となりつつある[40]。検討中の民事訴訟法改正試案においても、公的機関による公益訴訟の条文が盛り込まれている[41]。検察機関の訴訟参加を肯定する理由について、①検察機関は政府から独立した法律監督機関であり、国家の利益および公共の利益を守るという責務を担う、②検察機関の訴訟参加は公益保護における国家干渉原則の具体的表現である、③諸外国の立法例を見ると、公益訴訟について検察機関の訴訟参加を肯定する例が多数存在する、などが挙げられる。

他方、検察機関を原告として訴訟参加させることについて、少数ではあるが否定的意見も見られる。その中心は、民事の賠償問題に検察機関が介入することについては、私的自治の原則を侵し民事関係の安定を損なうおそれがあるとする裁判の中立性を考慮した主張と、検察機関の組織としての限界に言及するものに分かれる。後者には、司法の行政化は検察改革における不治の病と指摘するもの、検察機関の経費および人事権が地方政府に握られているなどの実態を指摘するものがある[42]。

確かに、中国において、検察機関に特殊な地位を与えるのは旧ソ連社会主義法から受け継いだ検察機関の一般監督権という理念による影響が大きいと思われる[43]。中国司法システムの中で、検察機関は裁判所と平行して置かれ、政府から独立した存在として扱われるため、政府との対抗役として期待が寄せられる。もっとも、公益を損なう事件の多くは政府と絡んで行うといった背景を考えると、民事公訴への熱い視線、高まりつつある期待感はある程度理解できる。

しかし、公的機関による公益訴訟の議論を見ると、そのほとんどが国有資産流失の防止、環境保護、独占禁止、不正競争防止などに集中していて、消費者公益訴訟の話題はあまり言及されなかった。消費者の利益は「公益」より「私益」のほうが色濃く見られるのではないかといった印象が残る。実際に起きた民事公訴の例を見ると、1997年河南省の下級裁判所で起きた中国初の民事公益公訴はやはり国有財産の流出阻止という事件であった[44]。この事件は後に各地の検察機関に民事公訴のモデルとして引用され、大きな反響を呼んだ。このような事態を受け、民事公訴に対する最高裁の態度は徐々に変化が見られ、法的根拠がないとして民事公訴の受理に難色を示しはじめ、事実上は検察機関による公益訴訟を拒んだ。現在、各地の検察機関による民事公訴の実験的な提訴は最高検察院の指示に従ってストップさせる状態にあるという[45]。

　検察機関による消費者公益訴訟についてはまだ多くの疑問が残されるが、消費者の権利実現の新しい道として、今後、注意深く見守る必要がある。

第6節　訴訟外解決（ADR）の活用

（1）　中国における ADR の基本構造

　ADR は、Alternative Dispute Resolution（代替的紛争解決）の略であるとされている。ADR という概念はもともとアメリカ起源のものであり、日本を経由して中国に輸入され、今日に至って少なくとも学界においては広く知られるようになった。ADR という概念と対応する中国語の表現は「非訴訟紛争解決」とされるが、両者は完全に一致するものではない[46]。

　消費者紛争の解決について、中国における ADR の体系は次のようなものが考えられる[47]。

　① 裁判上の和解
　② 仲裁
　③ 自治体・（準）民間組織による調停

　以下、詳しい解説を試みる。

1）裁判上の和解

　中国においては、伝統として、裁判上の和解が極めて重視されている。共産党が政権を確立する前の延安時代から、いわゆる「馬錫五裁判方式」[48]が提唱され、調停重視の路線が確立された。中華人民共和国建国後、このような路線が引き継がれ、裁判の主流となっている。裁判上の調停が重視される理由については、以下の要素が考えられる。それは、①共産党が標榜する大衆路線といった政治的イデオロギーの表れ、②背後にある「和を貴ぶ」といった中国伝統価値観の働きかけ、③「執行難」を解消するといった実用的考え方の働きかけ、④上級裁判所のチェックを免れ業績評価を向上させるといった功利的考え方の働きかけである。

　調停重視の姿勢は1990年代までは不動な地位が保たれたが、1990年代後半から、経済・社会情勢の変化とともに、司法正義の本質が一層強調され、調停の「非裁判的性格」が批判の的になってきた。それと同時に、政治・経済開放の結果、民衆の権利意識が一段と高まり、裁判官の指揮的存在を恐れず、調停不調のケースがますます増えてきた。

　このような背景の下で、2004年9月14日、最高裁は「人民法院における民事調停業務に関する若干の問題の規定（関於人民法院民事調解工作若干問題的規定）」を公布し、調停重視の路線をバックアップすると同時に、具体的なルールづくりについても力を入れた。

　現行法の下で、裁判所は一審二審を問わず、しかも、訴訟開始後から判決を言い渡す前の任意の段階において調停活動を行うことができる。必要に応じて、裁判所は外部から関係者を招き、調停活動に参加させることができる。当事者の間に達成した和解協定の内容は訴訟請求の範囲を超えても裁判所はそれを許可することができる。さらに、訴訟請求の一部に限って当事者の和解が成立した場合、裁判所は当該調停協議に関する法律文書を作成し、段階的に調停を行うことができる。これらの規定から見れば、中国における裁判上の和解に関する規則は非常に緩やかとされ、柔軟な対応をとっていることが分かる。

2）仲　裁

　中国においては、もともと、国内取引の仲裁機関は政府部門である工商管理機関の内部に設けられ、仲裁員もほとんど政府官僚の場合が多かったが、1994

年8月31日に公布した「仲裁法」によって、そのような状況は大きく変わった。仲裁機関は政府部門から独立し、仲裁員も弁護士、学者などの有識者から選ばれ、仲裁結果の公正・公平性への期待感が一気に上がった[49]。「仲裁法」は国際基準に沿って一審制をとり、その迅速性と経済性は法律の制定当初から大きく期待されてきた。

　「仲裁法」によれば、当事者に仲裁合意がなければ、仲裁委員会は仲裁の申立てを受理することができない。逆に、仲裁合意があれば、裁判所に提訴することができない。ただし、仲裁合意があったにもかかわらず、一方の当事者が裁判所に提訴して、相手側が初回の法廷審理で異議を申し立てない場合、仲裁合意を放棄するものと見なされ、裁判は継続するとされる。また、仲裁事項が法律の定める仲裁範囲を超えた場合、仲裁合意が民事行為無能力者もしくは民事行為制限能力者により取り決められた場合、一方が脅迫の手段をもって相手方に仲裁合意の取決めを強制させた場合には、仲裁合意は無効である。当事者は仲裁委員会または裁判所に対して、仲裁合意の効力について裁定を請求することができる。契約の変更、解除、終了ないし無効は仲裁合意の効力に影響を及ぼさない。

3）自治体・（準）民間組織による調停
① 人民調停制度

　人民調停制度とは、末端人民政府および末端人民法院の指導の下で、大衆的自治組織である居民委員会、村民委員会、または企業・非営利性事業体の内部に設けられた大衆組織としての人民調停委員会がこれを主宰し、法律・法規・規則・政策・社会道徳に基づいて、当事者双方の自由意思・平等の原則の下で、私人間に発生した、人格的、財産的権利利益およびその他の日常生活で発生した紛争を処理する手続である[50]。人民調停制度の原型は共産党政権が樹立する前にすでにできていて、1949年中華人民共和国建国後もそのまま受け継がれた。1980年代から始まった改革開放に伴う社会の変動が紛争を変化させ、量的にも紛争を急増させるとともに、激化するケースも増えた。このような状況に対応するために、1989年、国務院は人民調停委員会組織条例を制定し、公布・施行した。条例の施行は人民調停制度の抜本的改革をもたらすとはいえないものの、組織の整備、調停の手続などの面で従来より明確になった。しかし、肝心の調停協議の法的効力について明確化させることには至らな

かった。

　しかし、1990年代の後半から、人民調停の利用者が急減していた。人民調停制度が敬遠される理由についてはさまざまな推測できるが[51]、経済発展に伴って、地域または職場を中心とする社会が、人口の移動によって解体されたことがもっとも重要な一因だと思われる。人々の関係も、従来の親密な信頼関係から、相対的にお互いに独立した関係になりつつあるため、説得中心の人民調停は機能しなくなった[52]。

　こうした状況に対処するため、2002年9月5日、最高裁は司法解釈の形で「人民調停協議に関わる民事事件の審理に関する若干の規定（関於審理渉及人民調解協議的民事案件的若干規定）」を公布した。当該解釈によると、まず、人民調停によって成立した協議の位置づけについて、民事契約としての性質をもつことが明確にした。そして、民事契約として、当事者双方のいずれか一方から訴訟を提起し、調停協議の強制執行、あるいは調停協議の無効[53]・変更・取消し[54]を請求することができるとされる。なお、調停による時効上の中断効が明確に付与されるようになる。

　最高裁の司法解釈とほぼ同時に、2002年9月11日、人民調停の所管官庁としての司法省が「人民調停業務に関する若干の規定（人民調解工作若干規定）」を公布し、組織強化をはじめ、調停の手続、行政・裁判所との関係など、従来より詳しく定めた。すでに衰退している人民調停制度の再起を図る最新の努力として注目される。

② 消費者協会による調停

　前述したように、中国の消費者協会はいわば半官半民の性格を持つ組織である。「消費者権益保護法」第32条4号は、消費者協会の重要な職能の一つとして、「消費者の苦情報告を受け、ならびに苦情報告事項に対し調査、和解（調停）活動を行う」ことを定めている。しかし、調停の手続、調停協議の法的効力については、深入りしていない。訴訟外の消費者紛争解決手段として、消費者協会による調停は間違いなくもっともよく利用され、かつ、もっとも有効な手段であると思われる[55]。

　消費者協会が処理した苦情報告のうち「消費者権益保護法」第49条に基づいて2倍の損害賠償を請求した件数・金額の推移は図5の通りである。全体

第 5 章　消費者権利の実現　*189*

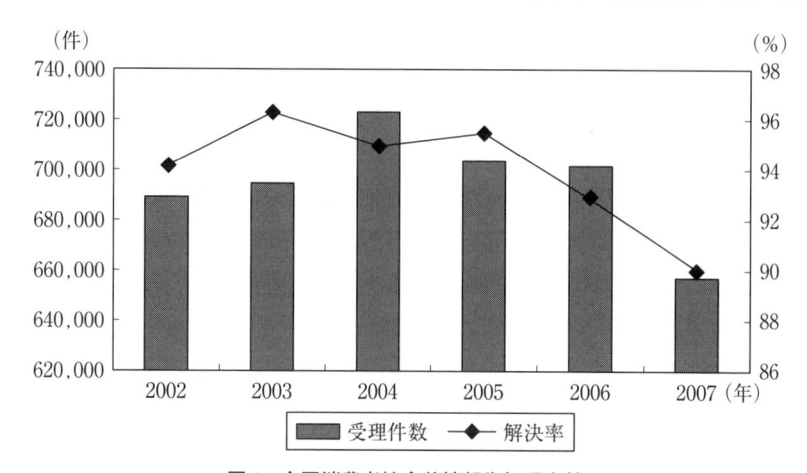

図 4　全国消費者協会苦情報告処理実績
出所）中国消費者協会www.cca.org.cnデータに基づき筆者作成

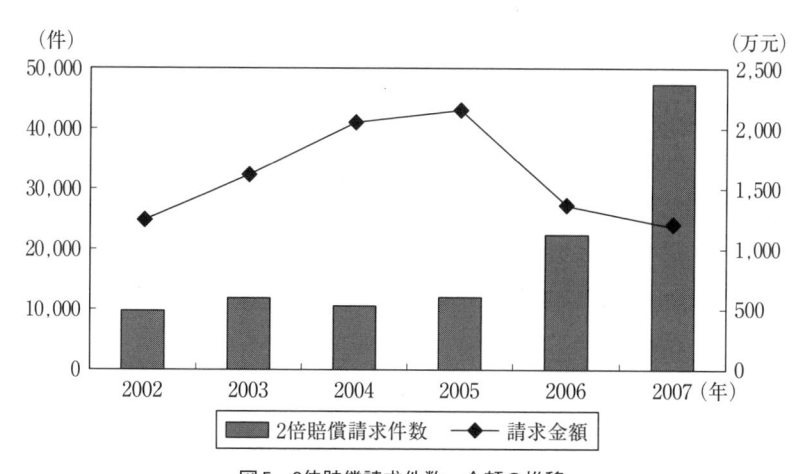

図 5　2倍賠償請求件数・金額の推移
出所）中国消費者協会www.cca.org.cnデータに基づき筆者作成

の請求金額は減ったものの、請求件数は増加傾向にあることが分かる。

消費者協会による消費者紛争の調停の法的性質について、通説としては一種の私的救済だと解される[56)]。ここで、調停協議の法的効力についてが問題となる。具体的に言えば、調停協議の拘束力はいかがなものであるか、当事者の一方あるいは双方が翻意する場合はどう対応すべきか、調停協議をもって裁判所に提訴す

る場合は直ちに強制執行の段階に踏み切ることが可能であろうか、などが問われるのである。これらの問題について、現行法上においては明確な答えが出されていないが、学説としては、消費者協会の主宰の下で達成した調停協議が一般の民事契約と見なされ、契約法によって保護されると解している[57]。実務上、一部の消費者協会は法律上のあいまいさを回避するため、消費者協会の内部に人民調停委員会を設置し、人民調停制度の導入によって調停協議に明確な法的効力を与え、調停への信頼感と安心感の向上を図っている[58]。

しかし、一般の民間調停と比べると、消費者協会による消費者紛争の調停は独自の性格を持っている。日本の消費者団体のような「準民間組織」と異なって、中国消費者協会は「消費者権益保護法」などの法律に基づいて成立した「法定組織」であり、「準行政組織」でもあることから、消費者協会の主宰の下で達成した調停協議は一般民間組織の主宰の下で達成したものと区別する必要があると思われる。この点について、今後の法改正または法解釈によって明確にする必要がある。

(2) 消費者紛争とADR

裁判上の和解、あるいは裁判上の調停について、そのADRの性格に対する疑問が前からあった。とりわけ、中国の場合、和解と調停を区別することがなく、ただ実用的・功利的観点から、裁判の一環として利用されるに過ぎない。そのため、司法上の調停を制限・改造ないし排除するような意見がしばしば見られる。日本においても、裁判所とADRの関係が検討される際、現在裁判所が行っている各種のADRを裁判所から切り離し、ADRをすべて司法外の機関や組織に移そうとする、いわゆる「司法純化モデル」が出されたことがある[59]。しかし、消費者保護の観点から、裁判上の和解・調停はむしろ強化すべきだと思っている。なぜなら、消費者の少額・多発被害を救済するために迅速・低コストの司法救済が求められ、司法資源の効率的利用が要請されるからである。問題は和解目標を達成するため、無理やり和解の受け入れを強要するところにある。このような状況は消費者訴訟に入れ替えると、弱者的な地位に置かれる消費者を「弱いものいじめ」しているとされる危険性が高いだろう。

仲裁制度の消費者利用について、現実においては大きな障害がある。仲裁は一

発勝負だから、仲裁を選んだ双方にとってもリスクの高いゲームである。そのため、経済的・社会的優位に立つ事業者はわざわざ仲裁を選ぶことは考え難い。消費者契約のほとんどが事業者の手によって生まれることを考えると、仲裁利用の前提である仲裁合意の存在はむしろ非常に稀なことであろう。

　村・町単位の自治体を中心に展開する人民調停制度において、前述したように、すでに危機的な状況に面している。当局は人民調停制度の再生を図ってさまざまな努力を果たしたが[60]、挽回することが難しいであろう。もっとも、人民調停制度は自治体の構成員の間に生じた紛争を円満解決するために用意したものであるため、近所同士で発生した婚姻・家庭・債務などの紛争解決が制度の利用に想定され、消費者紛争の解決はむしろ想定外的存在であった。もちろん、自治体内部で起きる消費者紛争の解決について、双方の当事者が人民調停制度を利用して問題の解決を図ることは十分ありうるが、市場開放・経済発展に伴いこのような状況はますます希少なケースとなりつつあり、消費者紛争の解決に与える影響は限定的ものであろう。

　それゆえ、現存 ADR の中で、消費者組織による調停がもっとも期待される訴訟外紛争解決手段としてさらなる補完措置を取る必要があると考えられる。消費者協会の主宰の下で成立した調停協議の法的効力については、少なくとも人民調停協議と同等の効力を持つことを立法あるいは解釈によって明言しなければならない。また、中長期的目標として、政府・事業者から独立させる真の消費者民間組織の育成に力を入れ、消費者 ADR に新たな可能性を模索していくべきだと考える。

〈注〉
1) 張衛平『民事訴訟法』法律出版社 2004 年、p.159。
2) 日本におけるクラス訴訟導入の障害として、①手続保障の観念性、②司法的裁量への危惧、③異質なフィロソフィーへの戸惑い、④制度乱用への危惧、⑤事実効・波及効への過剰期待、⑥集団提訴への執着などが挙げられる。小島武司「クラス訴訟と消費者保護」『消費者法講座 第 6 巻』加藤一郎・竹内昭夫 編 p.231 以降参照。
3) 「安岳県元壩郷、努力郷 1569 戸稲種経営戸与安兵県種子公司水稲製種購銷合同糾紛案」『最高人民法院公報』1986 年 9 号。
4) 「席春林等村民訴滑家当鎮供種站購銷種子損害賠償糾紛案」『最高人民法院公報』1993 年 1 号。

5) 「鑚石金表引來百人訴訟」『中国律師』1994年12号 p.24、「鑚石金表惹怒上帝」『当代司法』1995年3号 p.24、「鑚石金表案中的厳格産品責任」『中国律師』1995年6号 p.12参照。
6) 「鑚石金表厂惹怒上帝」『当代司法』1995年3号 p.24参照。
7) 「上海手表厂鑚石金表違約案判決評析」『中国法学』1995年3号 p.105、「鑚石金表案引発的学理分析」『法学』1995年1号 p.46参照。
8) 「二律師率団状告航空公司」『中国律師』1994年4号 p.30、「81名旅客訴西北航空公司案台前幕後」『当代司法』1994年7号 p.17参照。
9) 「就消費者権益保護法問題答記者問」『中国律師』1994年2号 p.31以降参照。
10) 中国消費者協会の統計によると、各消費者協会の支持の下で提訴した事件、1998年は1万192件、1999年は8,000件に及んだ。中国消費者協会編『消費者協会簡報』第4号（2000年1月20日）p.2。
11) 劉秀山・陳永明『産品責任与消費者権益102問』人民法院出版社1995年 p.154。
12) 「中国消費者協会設立首筆法律支持金」、中新社ニュース、2000年3月16日付。
13) 「OK鏡受害者領到首筆法律支持金」、『北京晩報』、2001年7月18日付。
14) 国民生活審議会消費者政策部会消費者団体訴訟制度検討委員会「消費者団体訴訟制度の在り方について」平成17年6月23日、p.10。
http://www.consumer.go.jp/seisaku/shingikai/19bukai9/file/shiryo1.pdf
15) 認定された適格消費者団体一覧：特定非営利活動法人消費者機構日本、特定非営利活動法人消費者支援機構関西、社団法人全国消費生活相談員協会、特定非営利活動法人京都消費者契約ネットワーク、特定非営利活動法人消費者ネット広島、特定非営利活動法人ひょうご消費者ネット。
http://www.consumer.go.jp/seisaku/cao/soken/tekikaku/zenkoku/zenkoku.html
16) 前掲国民生活審議会報告書、p.4。
17) 三木浩一「消費者団体訴訟の立法的課題―手続法の観点から」『NBL』No.790（2004年8月1日）、pp.55-56。
18) 消費者団体に損害賠償請求の訴権を付与する場合、その法的構成としては、①消費者個人が有する損害賠償請求権を消費者団体に譲渡するものとする考え方（権利譲渡構成）、②消費者団体固有の損害賠償請求権を認めるものとする考え方（固有権構成）、③アメリカのクラス・アクションのように消費者個人からの授権なしに法定訴訟担当者の地位を認める考え方（クラス・アクション構成）が考えられる。三木前掲論文、p.56参照。なお、1994年に制定された台湾の消費者保護法の第50条は、「消費者保護団体は同一原因で多くの消費者が被害を受けた場合、20名以上の被害たる消費者から損害賠償請求権を譲り受けた後に、自己の名義で訴訟を提起することができる」と定め、①の権利譲渡構成に基づいて消費者団体の損害賠償訴権を認める立法例である。松本恒雄「総論・アジア諸国の消費者保護と法」『ワールド・トレンド』（アジア経済研究所）2003年8月、p.7参照。また、アメリカ・EU諸国における消費者団体訴訟の損害賠償請求権の立法例について、鹿野菜穂子「消費者団体訴訟の立法的課題―団体訴権の内容

を中心に」『NBL』No.790（2004年8月1日）、p.65以降参照。
19) 三木前掲論文 p.44 参照。
20) 「就消費者権益保護法問題答記者問」『中国律師』1994年2号 p.32。
21) 王冊「調停好き神話の崩壊（2）―現代中国紛争処理手続利用の変化が意味するもの」『北大法学論集』58巻1号（2007年）p.282 参照。
22) 範愉「小額訴訟程序研究」『中国社会科学』2001年3号、p.150 参照。
23) 1991年の新民事訴訟法が制定された当時、地方裁判所における簡易手続の利用率は20％前後と想定されたが、現在、一部の地域においてはすでに70％に達している。範愉前掲論文 p.150。
24) 伊藤真『民事訴訟法（第3版補訂版）』有斐閣 2005年、p.13。
25) 小島武司「消費者保護と民事訴訟」『民事訴訟法の争点（第三版）』ジュリスト増刊、1998年、p.33 参照。
26) 大村敦志『消費者法』（法律学大系）有斐閣、1998年、p.304。
27) 熊躍敏「日本民事訴訟中的小額訴訟程序概述―兼論我国小額訴訟程序的構建」『当代法学』2002年5号、p.97。
28) 1990年代、行政訴訟を導入する際、行政裁判所を新設するか否かについて、議論があったが、管理上の問題、そして効率の問題から、否定された。また、現存の専門別裁判所としては軍事裁判所、海事裁判所、鉄道輸送裁判所が存在しているが、鉄道輸送裁判所の統廃合の意見が以前から根強くあった。
29) 大村敦志前掲書 p.303。
30) 但昭文「検察機関提起和参与民事再審有関程序問題探討」『法学評論』1994年1号 p.24。
31) 黄勝春「試論民事検察監督与訴権保護―兼論我国民事検察監督機制的完善」『江海学刊』1993年5号 p.70。
32) 黄松有「対現行民事検察監督制度的法理思考」
    http://www.fatianxia.com/paper_list.asp?id=16661 参照
33) 李浩「民事訴訟検察監督若干問題研究」『中国法学』1999年3号。
34) 「最高人民検察院公報」1992年3号。
35) 最高検が公表したいくつかの民事抗告に関する判例の中で、消費者訴訟に触れるものはまだ見られない。ちなみに、公表した判例が、商品品質紛争（事業者同士）についての例「伊河塗料厂訴伊精聯営建築公司三隊購銷合同質量紛争抗訴案」最高人民検察院公報1992年1号、売買契約紛争の例「甘粛省人民検察院首例民事抗訴案」最高人民検察院公報1992年2号、請負契約紛争の例「黒竜江承包糾紛抗訴案」最高人民検察院公報1993年2号、などがある。
36) 王利明『司法改革研究』法律出版社 2001年、p.544 参照。
37) 中国の伝統的な法理としては、警察、裁判、検察という三者の間に、各自の責任を持ち、お互いに協調して、制約して、いずれ権力の乱用を抑制していくという「分工負責、互相配合、互相制約」の原則がある。
38) 「喬占詳訴鉄道部春運期間部分旅客列車票価上張案」、2003年5月17日、中国法院網

www.chinacourt.org
39) 独占禁止法は 2007 年 8 月 30 日可決、2008 年 8 月 1 日から施行
40) 鄧思清「我国公益訴訟的起訴主体研究」『西南政法大学学報』2008 年 2 号。
http://www.procedurallaw.cn/xzss/zdwz/200812/t20081213_112198.html
41) 「民事訴訟法改正試案」第 12 条：国家、集団あるいは公共の民事権益を損なう行為に対し、国家機関または社会団体が、本法およびその他の法律法規に基づき、被害を受けた単位あるいは個人のために、自らの名義で、人民法院に提訴することができる。江偉ほか「『中華人民共和国民事訴訟法』修改建議稿（第三稿）及立法理由」人民法院出版社、2005 年、p.4。
42) 櫻井次郎「中国における『公益訴訟』」『アジア法研究』2008 年、p.48。
43) 顔運秋『公益訴訟理念研究』中国検察出版社 2002 年、p.202 参照。
44) この事件は、1997 年、河南省方城県工商管理局の主導の下で、国有資産である某不動産を不当な低価格で A に売却しようとして発覚し、方城県検察院は国有資産の流失を阻止するため、原告として訴訟を提起し、工商管理局と A の間に結んだ不動産売買契約の無効確認を求める。12 月 3 日、同県裁判所は検察側の訴えを認め、不動産契約の無効が確認された。
45) 肖建国「民事公益訴訟的基本模式研究—以中美徳三国為中心的比較法考察」『中国法学』2007 年 5 号。
46) 例えば、人民調停制度は外見上、確かに「裁判外」であり「代替的」な手続であるが、しかし、欧米・日本において一般的に論じられている ADR の役割や理念などとは大きく異なっているといった指摘がある。また、中国の裁判外紛争処理と外国のそれらの制度を並べて議論することが危険だとの指摘もある。王冊前掲論文 p.272 参照。
47) 範愉のまとめによると、中国における ADR は次のように分類されることができる。(1) 民間 ADR。①自治体による人民調停、②民間化された仲裁、公証、法律事務所、末端の法律サービス施設、③行政と民間の間に置かれる消費者協会や労働仲裁機構など、将来民間化される可能性濃厚の組織、が含まれる。(2) 専門 ADR。①労働紛争の調停および仲裁、②消費者紛争の調停、行政処理、仲裁、③交通事故の処理および調停、④土地、山林権利の紛争処理、⑤知的財産権の紛争処理、が含まれる。(3) 業界 ADR。会計士、医師、金融、不動産、家電、建設、化学工業、旅行など、業界の自治組織による紛争解決体制。(4) 行政 ADR。①行政による調停、②行政裁決、が含まれる。(5) 行政再審制度。範愉「当代中国非訴訟糾紛解決機制的完善於発展」『学海』2003 年 1 号、p.83 参照。本書においては、紙面の関係で消費者紛争と関わるものを限定的に抽出して検討を展開する。
48) 「馬錫五裁判方式」の特徴としては、①現地裁判、②調停を主とすること、③政策・法令・情理を裁判の準則とすること、④形式に拘らない手続、以上のような特徴を持つ「馬錫五裁判方式」は「裁判と調停とを結びつける裁判方式」であり、「一言でいえば司法活動における大衆路線が具体的に現れたものである」といわれる。「馬錫五裁判方式」の詳しい紹介は、武鴻雁「中国民事裁判の構造変容をめぐる一考察—『馬錫五裁判方式』からの離脱のプロセス」『北大法学研究科ジュニア・リサーチ・ジャーナル』第 11 巻、2005 年、p.77 以降参照。

http://eprints.lib.hokudai.ac.jp/dspace/handle/2115/22345
49）　仲裁法によると、仲裁委員会は、仲裁業務に8年間従事する者、弁護士業務に8年間従事する者、以前に裁判官を8年間担当した者、法律の研究または教育の業務に従事しかつ高級職称をもっている者、法律知識が有って経済貿易等の専門業務に従事しかつ高級職称をもっている者または同等の専門的水準を有する者の中から仲裁人を任命するものとする（第13条）。
50）　王冊「調停好き神話の崩壊　(1)――現代中国紛争処理手続利用の変化が意味するもの」『北大法学論集』57巻2号、2006年、p.157。
51）　範愉が提示したものとしては、①地域または職場を中心とする社会が、人口の移動によって解体している、人々の関係も、従来の親密な信頼関係から、相対的にお互いに独立した関係になりつつある、②農村では古い住民管理システムは解体したが、新しい村民自治体制はいまだ未完成のため、人民調停組織網に穴ができ、また運営に障害が起きている、③人民調停は、制度の権威性、確定性ないし強制性を欠く、④手続の規範化が欠けている、⑤調停委員の資質に問題がある、とりわけ法律知識が乏しい、⑥予算が限られるため、人材の確保が難しい、⑦社会的価値観が変化し、法治主義が求められる中、訴訟は権利実現の唯一の方法とされ、その利用が推進される一方で、調停は軽視されるきらいがある、⑧法院判決が確定した損害賠償金は高額化しており、紛争当事者には訴訟をすればもっと賠償をとれるという射倖心理が生まれ、調停よりも訴訟が選択される、⑨法整備にともない法律が増え、同時に紛争が複雑化し、調停委員が紛争処理過程で戸惑いを感じている、などが挙げられる。王冊前掲論文 p.243 参照。
52）　王冊前掲論文 p.243。
53）　調停協議が無効とされる理由は次のように提示される。①国家、集団ないし第三者の利益を損なう、②合法的な形で非合法的な目的を隠す、③公共利益を損なう、④法律、行政法規の強行規定に反する、⑤人民調停委員会に調停を強要された場合。
54）　調停協議の変更・取り消しが認める理由は次の通りである。①重大な誤解に基づいて達成した調停協議、②著しく公平性を欠いた状況の下で達成した調停協議、③詐欺、脅迫の手段を用いて、あるいは他人の危難を乗じて、当事者の真意に反する状況の下で達成した調停協議。
55）　李昌麒・許明月編『消費者保護法』法律出版社、1997年、p.342。
56）　李昌麒・許明月前掲書 p.342、金福海『消費者法論』北京大学出版社、2005年、p.264。
57）　金福海前掲書 p.265 参照。
58）　「消協調解員挙『盾牌』――消協部門的調解今後将有一定法律効力」『新聞晨報』2003年3月11日記事。
　　http://www.jfdaily.com/gb/node2/node4085/node4141/node5013/userobject1ai110997.html
59）　小島武司「司法制度改革とADR―ADRの理念と改革の方向」『ジュリスト』No.1207、2001年、p.13。
60）　新な「中華人民共和国人民調停法」は2010年8月28日に可決、2011年1月1日から施行。

第6章

比較法からの示唆

第1節　消費者の概念を求める

(1) 消費者の概念

　社会科学における19世紀の最大の発見は労働者であり、20世紀のそれは消費者であるといわれる[1]。ある国・地域における市場経済法制の発達度は、その国・地域の①投資者保護、②労働者保護、③消費者保護の発達度によって決められる[2]。労働者と消費者問題の発生は、いずれも大量生産・大量消費の市場経済体制と深く関わっており、労働者・消費者の概念は生産者・事業者と相対的概念である。それゆえ、消費者問題を論じる際、常に生産者・事業者を念頭に置く必要がある。

　消費者私法の観点から、消費者問題の実質はいかに事業者と消費者の間に適当なバランスを保つかという問題である。それに加え、国・事業者・消費者といった三者間の連動は消費者私法の態勢を左右するのである。

　消費者は生きものである。ここでいう生きものとは、単に個々の消費者が生命体として生きているのではなく、消費者そのものがいきいきとして日々変化していることをいうのである。消費者は時代の変化とともに成長し、常に新しい顔を見せる。19世紀に大都市の大通りを堂々と走る馬車はタクシーに替えられ、また、つい十数年前まで大衆に愛用された電報やポケットベルなど、今は静かに姿を消した。科学の進歩、生活スタイルの変化によって、ある消費者群が静かに去っていくが、同時にある新しい消費者群が生まれてくる。また、まさに生物の多様性のように、国・地域・民族・宗教・生活慣習の違いによって、消費者の個性がそれぞれであり、画一的なものではない。よく消費者法の国際化・グローバ

ル化が進んでいるといわれるものの、経済の格差などから生まれた消費の格差は簡単に解消できるものではない。それゆえ、消費者私法を論じる際、とりわけ消費者私法の比較法的研究を展開するに際して、消費者のこのような時代的、地域的な性格を無視してはならない。

　言うまでもなく、消費者が生きものとしてもっとも表れる特徴といえばやはりその人間性にあるだろう。もっとも、近代法上の消費者概念はかなり最近になってから生まれたものだが、消費行動は決して法学者の空想で擬製したものでなく、消費行動を実践した消費者ははるか昔からすでに存在していたのである。あえてその区別を挙げてみれば、「人」から「消費者」へという流れの中、視角の転換に伴って、価値判断の座標が変わったことに過ぎず、決して突然変異ではなかった。消費者は依然として人間が持つべきすべての要素をそのまま継受し、自らの欲求を充足するために、自らの判断で行動している。消費者は人間として、強いものがいる一方弱いものもいる。感情で行動するものがいる一方、理性で動くものもいる。また、被害者として同情すべきものがいる一方、加害者として憎悪すべきものもいる。性善説であれ、性悪説であれ、消費者は決して天使ではなく、もちろん悪魔でもない。消費者私法が誕生した前の長い間に、消費者は抽象的「人」として、私法のルールによって保護されるのである。

　こうした近代法的の私法ルールは、均一で、確固とした意思と判断力を持った合理的人間像（人間観）を前提に法的枠組みが形成されている。法律の世界でも、古典派経済学が前提にしている「合理的人間像」とほぼ同様の「人」の概念が前提にされているといえる[3]。経済学の伝統理論では、市場経済の価格メカニズムが有効かつ効率的な作動の条件として、そこに私人による作為的な操作・介入が加わることがないという要件とともに、市場参加の取引主体の双方に対称性のあることが想定されていた。この後者の想定を法制的に支えてきたのは、次の要件である。第1は、売り手と買い手の間に、「間接的な一対一契約」を規定する近代民法のたてまえであり、第2に、契約社会において自由で責任を持つ個人が行動する以上「過失なきところ責任なし」とする、そして、この背景には、「行動主体の立場の互換性」という重要な想定がある[4]。近代法上の私法ルールはこうした「立場の互換性」の想定の下で、平等主体の間に発生する権利・義務関係を調整する目的で作られたのである。

しかし、こうした事業者と消費者とのバランス関係はやがて大量生産・大量消費の出現によって完全に破壊された。分業化が進み、技術・情報・組織を系統的に動員した巨大産業組織との間に、「立場の互換」はもはや幻想であり、したがって、事業者が消費者と同様に抽象的「人」として平等に扱われる社会構造が変わって、それに基づいて作り上げた法システムは社会情勢の変化に追いつかなくなったのである。

このようないわゆる消費社会の形成について、日中においては時期的、また起爆剤となるものはそれぞれ異なる側面が見られるが、共通した部分が数多く存在している。

前述したように、中国では、1979年の改革開放政策への転換まで、社会主義計画経済体制の下、商品の生産と交換が制限されていたためモノが不足した時代であった。人々は日々の生活用品の入手に精一杯であり、消費者被害が大きな問題として扱われることはなかった。1978年、改革・開放政策への路線変更により、経済活動は活発化、経済体制改革が進行するにつれて、大量生産、大量消費をもたらし、消費者生活の需要は満たされるようになったが、消費者利益を侵害する事件が急増したのである。このような背景の下で、1980年代前半から各地で消費者団体の設立が始まり、1984年には全国レベルの組織として「中国消費者協会」が設立された。

日本の場合、大衆消費社会を背景とした製品の安全性にかかる問題がさらに大きくなるとともに、訪問販売や通信販売などで新しいタイプの消費者問題が発生するなど、消費者被害は食品・製品の品質・安全性に関するものから、その販売方法や契約などに関するものへと変化してきた。また、この時期は日本においても消費者運動が活発化した時期であり、カラーテレビの二重価格を契機とする消費者団体5団体の不買運動（1970年）、主婦連合会による灯油訴訟提訴（1975年）などがあった。この頃、特定消費生活用製品の製造・販売の規制および安全性確保の促進を定めた「消費生活用製品安全法」（1973年）、訪問販売などのトラブルを未然に防止することを目的とした「訪問販売等に関する法律」（1976年）、ねずみ講を禁止した「無限連鎖講の防止に関する法律」（1978年）が制定された[5]。

消費社会の形成がもたらしたものは、いかがなものだろうか。言い換えれば、抽象的「人」から「消費者」への転換において、どのような特性を持つのだろう

か。大村の整理によると[6]次の4点が挙げられる。まず、第1に、事業者に比べると一般に、消費者は商品（モノやサービス）に関する十分な情報を持たず、また、情報を持っていたとしても十分にそれを評価することができない。第2に、事業者に比べると一般に、消費者は十分な交渉力を持たない。第3に、一般に、消費者は必ずしも常に合理的な行動をとるわけではない。消費者の決定は状況の圧力を受けやすいし（勧誘されると断りにくくなる）、そもそも決定の前提となる消費者の欲求自体、周囲の状況によって左右されることが少なくない（勧誘されるとよいと思ってしまう）。つまり、消費者の決定は外部的な影響を受けやすいのである。第4に、一般に、消費者は回復困難な損害を受けやすい。事業者が商品の取引を行うのはそれを転売して利益をあげるためであるが、消費者が商品を購入するのは、それを自分自身（あるいは家族などが）使用するためである。それゆえ、当該商品の安全性に問題があると、それを使用する消費者は、その人身に損害を被る危険にさらされることになる。

　一言で言えば、消費者は、事業者に対し①情報、②交渉力において劣位に立ち、また、③精神、④身体を備えるがゆえの脆弱性を持った存在であるのだが、消費者と事業者の間に見られるこのような格差は、消費社会の発展に伴う構造的なものなのである。そして、すべての消費者問題は、この格差から生じているのである[7]。こうした消費者、あるいは消費者問題の特性として、従前から、①供給者と消費者間の格差、②消費者の弱さ、③消費者の負担転化能力の欠如の3点に整理されて論じられることが多い[8]。しかし、近年、規制緩和の流れとともに、市場の機能を重視し、消費者の自立を促すといった主張は次第に主流となり、消費者法の動向に大きな影響を与えるようになった。

　このような特性のために、消費者は従属的であり、供給者に比べ劣位に置かれており、その格差の是正や弱点の補強、損失予防のために法的な保護が必要だとされている[9]。

（2）法律学における消費者概念

　法律上の概念として消費者を厳密に定義することは難しい。

　日本の場合、包括的な消費者法典が存在していないため、実定法レベルでは統一的な消費者概念は存在しない。2004年、消費者基本法である「消費者保護基

本法」が大幅な修正を受け、題名も「消費者保護基本法」から「消費者基本法」と改められたが、法律上の消費者の定義については依然不明のまま課題として残される。「消費者契約法」においては、消費者とは、事業としてまたは事業のために契約の当事者となる場合におけるものを除く個人をいうとされているが（消費者契約法1条1項）、この定義もあくまで消費者契約法の適用対象を決めるための指標であり、消費者法全般で妥当するものではない。そもそも、消費者概念を厳密に定義してみても、具体的な問題解決の法理や制度が直ちに導き出されるわけではないといった観点から、消費者の明確な法の定義より、消費者一般が有している特質を抽出して、それに適合な法理や制度を検討することのほうが有意義だという考え方がある[10]。法律上の消費者の定義がはっきりとしないのはこのような考え方からの影響が働いているかもしれない。

　他方、中国の場合、「消費者権益保護法」においては、消費者は生活消費のため商品を購入・使用し、あるいは役務を受ける際、その権益は本法の保護を受けると定め（消費者権益保護法第2条）、法律上の消費者の定義として、「生活消費」といった極めて簡素な文言で消費者の概念をまとめている。しかし、後述のように、厳密に定義されない消費者の概念は、法の実施後の司法現場において、立法史上に稀にしか見られない混乱を引き起こし、いまだに法実務者を悩ませる問題となっている。中国では、日本と同じく、包括的な消費者法典が存在していないものの、「消費者権益保護法」が消費者基本法として、消費者全般をカバーする効力を持つため、消費者基本法における消費者の定義はほかの消費者関連法律に波及する効果が大きい。

　消費者の定義について、「消費者権益保護法」法案の起草メンバーの一人である梁彗星によると、法の草案段階ですでに「二分法」といった分類法、つまり消費者か事業者か、いずれかの集団に帰属させるという方法で消費者を定義する[11]。日本の消費者契約法が適用する「除外法」（事業者を除く個人）とは対照的に、「二分法」を用いて消費者と事業者を区別することは、真正面から消費者問題を対処する試みとして評価に値する一方、定義の曖昧さがさまざまな副作用をもたらした。具体的に言えば、

　① 法人・組織は消費者から除外すべきか否かについて、明確されていない。
　　多数説として、法律上の消費者は自然人に限定すべきだと主張している。

消費者権益保護法が可決した直前に採択されたEC (EU) 不公正契約条項指令の限定的な態度に大きく影響された結果だといえるかもしれない[12]。しかし、地方における消費者立法を見ると、ほぼ一致して、消費者法の人的適用範囲を自然人に限定せず、単位（法人・その他の組織）も適用対象となっている[13]。学界と実務界の間に生じた認識の隔たりが大きな問題となっている。

② 生活消費の内包について、「王海現象」をきっかけにおおいに議論され、司法現場に混乱をもたらした。立法者も、「王海現象」の発生は立法当時においてはまったく想定していなかったことを素直に認めた[14]。もっとも、生活消費と生産消費とは、消費者と事業者のように、対応した概念として念頭において出されたものであったが、実際に両者の間にはっきりとする一線を画すことができない場面はしばしば見られる。自らの消費目的ではなくても、贈り物、コレクションなどの目的で商品を購入するケースは少なくない。さらに、インターネットC to C取引がさかんに行われる現在、商品を購入した後にも簡単に転売することができる。生活消費の内包をめぐって、経験法則に基づいて購入者の購入目的を判断し、もって生活消費であるか否かを判断する意見と、購入目的にこだわらず、購入商品が生活必需品であれば生活消費に認めるべきだという意見が対立して、いまだに結論が出されていない。

確かに、消費者概念の是非をめぐって起きた議論の多くは消費者権益保護法が定める懲罰的賠償制度に惹起されたものである。しかも、懲罰的損害賠償の上限が設けられていないため、賠償請求の高額化が急速に進み、事業者と消費者の間にあるギャップが深まる一方であった。恐らく、消費者被害における懲罰的損害賠償制度が廃止され、もしくは懲罰的損害賠償制度が民事損害賠償全体に拡散されない限り、このような論争は永遠に続くだろう。その意味で、消費者の定義の非を責めることよりも、消費者法制の全体を検討するほうが実務的に意義が大きいと思われる。

日本の場合、懲罰的損害賠償制度が認めないため、消費者訴訟においても、消費者取引のルールは取引一般を想定した民法のルールよりも消費者に有利に設定されるといわれても、結果的には大差がない。しかし、大村が指摘したように、

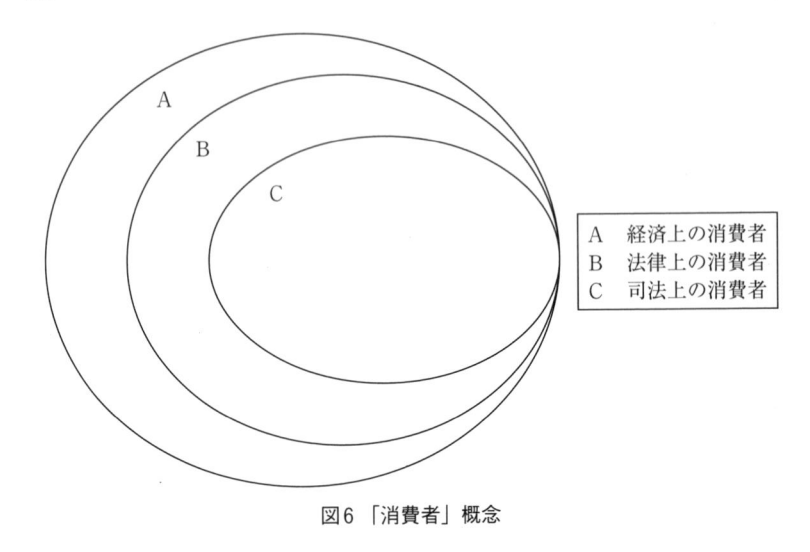

```
        A
          B
            C                     A  経済上の消費者
                                  B  法律上の消費者
                                  C  司法上の消費者
```

図6 「消費者」概念

　将来において消費者にのみ適用される法律の制定を考える場合には、適用範囲を画する基準として「消費者」概念は不可欠になる[15]。
　とは言え、たとえ法律上の消費者の定義が厳密に、正確になされても、法律上の消費者と司法上の消費者は必ず合致するわけでもない。
　本来、〈法律上の消費者〉＝〈司法上の消費者〉のはずだが、中国のような途上国の場合は〈法律上の消費者〉＞〈司法上の消費者〉、逆に、日本のような先進国の場合は〈司法上の消費者〉＞〈法律上の消費者〉、といった現象が見られる。日本の場合、PL法が採択される前には、裁判所は、現行法の積極的な解釈によって、安全性を確保すべき高度の注意義務など、過失の前提であるメーカーの注意義務を高度化することによる被害者救済を行ってきた[16]。消費者取引についても、消費者契約法が採択前の段階において、民法上の意思表示論、公序良俗、信義則などによって、消費者取引被害の救済を行う経緯がある[17]。消費者契約法の採択は、従前から消費者に認められている法律上の保護に新たにプラスされるものであることはいうまでもない[18]。司法上の消費者が法律上の消費者より広くカバーするのも、そのような流れの延長線にあることに過ぎないと思われる。しかし、日本のような先進国の裁判所が守ってきた柔軟なやり方とは対照的に、消費者訴訟の分野においては、中国の裁判所は硬直的、ときには冷酷な対応が見られる。精神

賠償（慰謝料）が正式に認められたのはつい最近の出来事のように、計画経済時代から、長い間に、事業者＝国有企業＝国家といった固定概念が司法現場を支配した結果、私人である消費者の利益が犠牲にされ、司法上の消費者が法律上の消費者より人為的に縮まってしまうのである。そして、ここ近年になって、事業者の構造は大きく変貌したが、市場経済の環境の下で、政府と絡んで新たな利益集団に変身し、司法現場への影響力の維持を図っている。もちろん、私人である消費者の利益を抑える現象は中国に限らず、社会主義国以外の多くの発展途上国においても似たような現象が起きるのは、経済発展優先といった国の基本方針が背後に働いているためである。また、技術的角度から見ると、先進国のようなリスク分散システム（税収の移転・商業保険など）ができていないこともその要因の一つである。この意味で、消費者保護体制を改善するためには、経済の発展、市場の成熟といかに緊密に繋がるかを改めて考えなければならないと思われる。

第2節　消費者保護の原点に戻る

（1）消費者保護の原点

　前述したように、法律上の消費者概念ないし消費者法の出現は、弱者保護という立場から、従来の私的自治や契約自由の原則を修正し、国家の介入によって消費者と事業者の間に生じた実質的不均衡を是正するものである。しかし、社会資源は無限なものではないので、消費者保護とは、社会全体の暗黙の合意に従って、一部の資源を弱者である消費者に帰属させるという背後にあるプロセスが見られる。同様に、司法資源も無限なものではなく、限られた司法資源をいかに消費者保護に活用するかが理念上ないし技術上の重要な課題となっている。広範囲・多発・少額の消費者被害はもっとも保護価値の高いものとして力を入れるべき、また、消費者保護の原点でもあると考えられる。この意味で、消費者権利の拡張傾向に一定のブレーキをかけ、消費者の過保護を是正することもそれなりの合理性があると思われる。

　中国において、弱者が自然的弱者群と社会的弱者群に分けられ、前者は環境・自然災害や児童・高齢者・女性・障害者・エイズ患者など、自然条件の下で生ま

れた弱者集団をいい、そして、後者は失業者・出稼ぎ労働者・消費者など、社会的・制度的原因で弱者集団に陥った人々を意味する[19]。弱者群に対する保護・救済はマクロの視点から公平理念の実現を追求し、かつ、実質的な公平を実現することは常に念頭に置くべきだと考えられる。こうした理念の下で、市場・政府、そして法制度の力を動員し、弱者保護を通じて社会発展と社会安全の実現を目指すのである。もちろん、消費者保護においても、このような考え方が有益かつ必要であると思われる。消費者保護の進退を考える際、もう一度こうした原点に戻って冷静に現在の位置づけを認識する必要がある。

ところが近年、市場原理・市場機能を重視する立場から、消費者の自立・自己責任を強調する論者が次第に増えてきた。消費者の弱者地位を強調しすぎた結果、消費者を無能力者として扱うのは逆に消費者に有害だと主張しているのである。そのため、市場における消費者の機能を軽視する考え方を改め、「賢くなりうる自立した消費者像」を前提として消費者法を捉えるべきであるという説が有力となっている[20]。

1990年代の後半から2000年の消費者契約法の制定をきっかけに、日本において、消費者による権利主張・実現の機運が一気に高まり、そして、2004年の消費者基本法の書き換えによって、保護から自立支援への転換といった大きな戦略目標を達成した。その後の消費者契約法の改正で導入した消費者団体訴訟制度はさらにその目標を攻める戦術的手段として、新たな可能性を提示した。保護から自立支援へという文言だけで消費者保護から脱却、あるいは、消費者保護から後退するのではないかといった心配の声も聞かれるが、消費者の自立・自立支援は消費者保護の弱体化を意味するものではない。むしろ、消費者私法の視角から見ると、消費者保護が大きな一歩を踏み出したのである。従来の行政保護から自立支援へ、行政法中心主義から私法中心主義へ、事前規制重視から事後規制重視へといった趣旨の下で、消費者私法の進化を果たした。振り返ってみると、1990年代から始まった規制緩和の流れの中に起こした制度の創造・変動について、検討または反省すべきものも多々存在しているが、消費者私法の分野に行われた制度の創造・改革は誇りある行動として評価に値するであろう。

日本の活発的な制度革新と対照的に、ここ数年、中国の消費者私法の分野においてはやや停滞感・閉塞感が感じられる。1994年の消費者権益保護法と1999

年の契約法以降、立法における大きな動きはなかった。私法分野においては、立法者の関心は物権法、不法行為法など民法の基礎構成法に引きつけられ、消費者保護法の改正は余儀なく放置された。法実務の進展から見ると、消費者は技術的概念として扱われる傾向が見られる。まるで機械の部品のように細かく分析し、消費者が生身の人間であることを無視して、硬直化した司法現場の判断力が問題となる。1999年に起きた「恒昇電脳事件」がその例として挙げられる[21]。この事件は、1997年8月、第一被告人の王洪が恒昇コンピュータの代理店であるA店から1台のノートパソコンを購入したことから始まる。購入した際の領収書のあて名は王が勤める会社となっている。しかし、翌年からパソコンの故障が頻発するため、A店に持ち込み無料修理（保証期間内）を求めるところ、高額な修理代金が請求され、双方にトラブルが発生した。その後、王は自分の不満や怒りをインターネット掲示板に書き込み、中には「ゴミ」「豆腐」などの表現が使われた。後にコンピュータ専門紙（第二被告）と地元新聞紙（第三被告）がこの事件を取り上げ、事態を一気に拡大した。このような事態を受け、恒昇コンピュータが北京の地方裁判所に提訴し、名誉毀損を理由に三被告人に損害賠償を求めたのが本件である。一審判決は原告の主張を全面的に認め、そして第一被告人の王に50万元（670万円相当）の賠償金の支払を命じた（第二、第三被告は24万元）。中国人の平均収入を考えると、驚くほど高額であった。本件の核心部分はインターネット環境における消費者の言論の自由の境界を模索するものだが、一審判決においては、王がパソコンを購入する際に発行された領収書のあて名が会社名義であることを理由に、王の消費者の身分を否定し、それに基づいて王が消費者として発言する資格がないという結論が導きだされた。消費者と事業者、あるいは非消費者の言論自由の境界について一審判決は触れていなかったが、文脈から判断するとそれを峻別する可能性が提示された。しかし、インターネットにおける言論の受忍限度の判断とは別に、ただ一通の領収書によって、王の消費者の資格を否定することは、司法現場における機械的、硬直的な消費者判断手法の存在を露呈させた。

　確かに、法人・組織を消費者として認めるべきかどうかについて、簡単に結論を出せる問題ではない。日本の場合、「自然人」への限定はありうる限定ではあるが、日本法においてこれまでこのような限定がなされてこなかったことを思う

と、必ずしも適当なこととは思われない[22]。中国の実情の考えると、限られた資源を社会的弱者に優先的に配置するといった消費者保護の原点から、消費者の資格を自然人に限定するのもそれなりの合理性があると思われる。ただし、たとえ自然人への限定が確立されても、複雑な消費形態を考えると、法または法実務における柔軟な対応が不可欠であることをあらかじめ強調しておきたい。

（2） 社会資源としての消費者

　消費者保護の本質は限られた資源を弱者である消費者集団に優先的に配置することにあると思われるが、消費者自体が一種の社会資源として認識されなければならない。消費者の人間性に秘められた潜在能力をうまく発掘すれば、社会全体を推し進める大きな力になりうる。他方、消費者権利は一種の「腐りやすい」権利でもある[23]。情報の非対称性から、消費者は自らの権利が侵害されているかどうか、またどの程度侵害されているかについて、十分に把握することができない。それに加え、権利の主張・満足はコストのかかる作業であるから、事業者と比べると消費者は十分な交渉力を持たず、訴訟物の価値、ないし訴訟のリスクを考えると、大量の主張・実現しうる消費者権利が放棄されるのが現状である。それゆえ、制度設計の観点から、社会資源としての消費者の力をいかにうまく誘導・利用するかが重要な課題となっている。

　日本において、法の実現における私人の役割について、古典的文献として、田中・竹内の論説があった[24]。ひと昔前から訴訟における私人の役割について、入念に研究されたことが分かる。しかし、法制度や法実務の実際を見ると、1990年代民事訴訟法の改正まで、権利主張のために行われた活発な私訴はあまり見られなかった。消費者訴訟についても、つい最近になって消費者契約法が成立したが、濫訴の発生はいうまでもなく、訴訟の急増さえ起きていなかった。司法統計上において、消費者訴訟が単独で計算されるデータを出していないため、ここで民事・行政事件の新受件数の推移のデータを挙げることで、その変化から消費者訴訟の増減傾向が推測できると思う。

　なぜ訴訟は日本人に受け入れなかったのか。この問題について、多数の先行研究がなされ、大きな成果を生み出した。比較法の視点から見ると、明治以来、日本において近代法治国家の体制が確立され、今日に至っている。長年の法によ

(件)

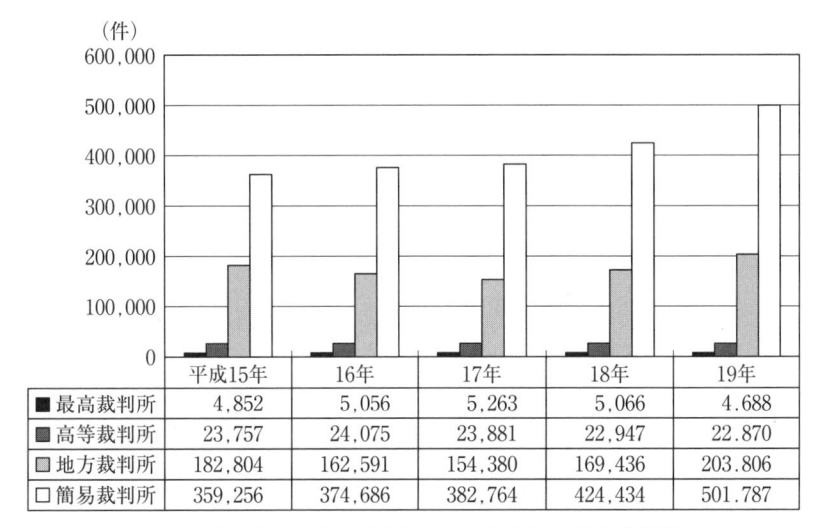

	平成15年	16年	17年	18年	19年
■最高裁判所	4,852	5,056	5,263	5,066	4,688
■高等裁判所	23,757	24,075	23,881	22,947	22,870
■地方裁判所	182,804	162,591	154,380	169,436	203,806
□簡易裁判所	359,256	374,686	382,764	424,434	501,787

図7　民事・行政事件の新受事件の最近5年間の推移（訴訟）
出所）最高裁司法統計を基に筆者作成

る統制の結果、人々の法令順守の観念が高く、それに加え、他人に迷惑をかけないといった日本人の伝統的な価値観の影響で、まずトラブルの発生源が他の国と比べて少ないことを認めなければならない。それに、官憲保護の伝統の影響で、人々が行政の保護に頼り、行政の一極化・肥大化をもたらした。裁判へのアクセスの改善は、制度上だけの問題ではなく、こうした背後にある国民性的要素を無視してはならない。

　振り返って中国の状況を見ると、近代以来、中国は絶えず戦乱や動乱を経て、ここまでたどりついたので、民衆の自己保護・自己救済の意識が非常に強く、あらゆる面で自己主張の強い国民性を示した。しかし、西洋の価値観と違って、中国人も日本人と同様、決して訴訟好きではない。むしろ、裁判への根強い不信感が支配的存在として長年にわたって温存されており、訴訟を敬遠する傾向が見られる。このような感情の下で、法外の自力救済が横行し、法の権威が損なわれ、社会秩序を撹乱する一つの要因となった。このような現象は発展途上国の共通問題として捉えることが妥当だといえるかもしれないが、経済の発展とともにますます激化するさまざまな矛盾を緩和するために、裁判への誘導ないし奨励が要請される。消費者保護関連法を含め、1990年代から成立した一連の法律はこのよ

うな指導方針の下で行われたものだともいえよう。

とは言え、日本の自由民主主義体制と異なって、特色ある社会主義体制を標榜する中国においては、法制度の設計が独自の性格を持つことはある意味からいうと当然なことだといえる。消費者私法の場合、指導部は消費者の自発的力を誘導・利用して、正義と効率の両立の実現を図るが、政治的配慮から、徹底した措置はとられなかった。消費者に与えた自由は、あくまで「鳥籠の中の自由」にすぎない。民間消費者組織への制限、消費者集団訴訟に対する消極的態度、重大・敏感消費者被害事件の行政主導などは、このような構造的欠陥を露呈したものである。

もちろん、すべての問題を政治の功罪として問うのは簡単だが、合理性・公平性を欠いている。技術の面から見ると、消費者権利の拡充、または消費者主体の拡大を考案する際、日本と同様に、濫訴への危惧感が常に払拭できない。そのため、裁判における消費者への門戸開放について、常に慎重な態度をとっている。しかも、日本と異なって、立法のみならず、司法の現場においても、受理の段階で適格審査が行われ、「執行難」と並べて「受理難」と言われるほど、消費者の提訴に厳しい制限をかける。さらに、事件が重大かつ影響が大きい場合、職場、党の組織、自治体などの影響力を動員して、消費者に圧力をかけることも珍しくない。

注意すべきなのは、消費者権利が単なる私人の権利ではなく、実質上一種の社会的権利でもある[25]という点である。消費者私法は、個々の消費者の救済を通じて、消費者全体に権利保護の方向を示し、ひいては社会全体の正義の実現を目標にして作られた法制度である。効率的に目標を達成するため、日本のような消費者団体訴訟制度を早期導入する、あるいは公益訴訟などの手法で消費者の適格主体の拡大が不可欠だと考えている。社会全体のマクロ的な視点から、ミクロ的世界である消費者保護のバランスをいかに保つのかについて、日本に学ぶべきことは多い。

(3) 懲罰的損害賠償制度の再検討

現在、中国において、もっとも民衆に熟知される法律といえば、「消費者権益保護法」をその一つとして挙げることができる。「消費者権益保護法」の中で

もっとも民衆に熟知される条項といえば、第49条の懲罰的損害賠償（2倍賠償）を疑わないだろう。「王海現象」のおかげで、49条の規定がマスコミに取り上げられ、周知されるようになったのである。

2倍賠償の請求を目的にして商品を購入する場合、法第49条の適用について、消費者と事業者が激しく対立している。学者や有識者の間にも、賛成と反対の意見が真正面から対立し、いまだに勝負の決着が付かない[26]。また、法実務においても、地域・裁判所によって判断がばらばらで、統一した見解は存在していない。本来、司法解釈を用いてこのような混乱な局面を収拾するはずの最高裁は沈黙のまま、十数年の歳月が経った。

確かに、「消費者権益保護法」立法当時、懲罰的損害賠償制度の導入によって消費者訴訟を奨励する意図があったが、2倍賠償の請求を目的にして商品を購入するといった状況は想定していなかった。この問題は消費者の定義に帰属するものだが、法49条と深く関わる問題として、懲罰的損賠賠償制度を検討する際、無視してはならない。

近年、生活水準の向上につれ、マイカー、住宅などの高額商品が次々と登場している。これらの商品はいったん法49条の適用対象と認めると、賠償の高額化という新たな問題が生じる。また、サービス分野において、医療契約、教育契約、金融サービス契約などを消費者契約と認めるべきかどうか、認めれば法49条の適用対象になりうるかどうかについては、新たに論争の焦点となっている。このような状況の中、司法現場にいる裁判官に非常に困難な決断が迫られる。彼らの本心は、できるだけ少額被害に対して2倍の賠償を適用し、高額被害に対してある程度の制限をかけたいと願っているかもしれないが、法理上は通用しない。同じ種類、同じ性質の消費者被害であれば、被害の金額を問わず、同一の法の適用が求められるのである。裁判所は、雪崩のような連鎖反応を回避するため、被害金額を無視し、商品あるいはサービスの種類、性質によって、それぞれ異なる対応を取るという立法趣旨から見ると望ましくない手法で裁判を行う。言い換えれば、消費者少額被害が高額被害にハイジャックされるのである。消費者保護の本来の目的を達成するため、このような状況は一刻も早く是正されなければならない。私見として、法49条は次の要点に基づいて改正する必要があると考えている。

① 懲罰的損害賠償は2倍に限定せず、2〜3倍のような一定の自由裁量権を裁判官に与える。
② 最高5倍にも達する行政罰を修正し、上記の民事罰に相当する倍率に改め、消費者に公平感を与える。なお、行政罰に対する民事罰の優先権を法によって確認しなければならない。
③ 懲罰的損害賠償の上限額を明示する。
④ 一定の条件（故意・重過失など）の下で、最低賠償金額を明示する。あるいは損害額認定制度[27]によって、損害額の立証できない消費者を救済する。

　懲罰的損害賠償制度、あるいは重畳賠償制度によって引き起こされた問題は、大陸法を伝統とする中国にとって異質的存在であることを鑑みると、ある程度の制度の不備が想定範囲内で起こったことである。また、同じような制度が、台湾の消費者保護法においても導入されている。これらの法制度革新の試みは、懲罰的損害賠償制度の導入を拒み続ける日本にとって良い刺激となるかもしれない。

第3節　消費者私法の未来を考える

（1）消費者政策と経済政策

　2008年政府が公表した国民生活白書[28]の表題が示したように、いまの日本は「ゆとりと成熟した社会構築に向けて」、消費者市民社会を形成している。今後、経済の成長が落ち着き、市場がさらに成熟し、量より質といった豊かな消費生活が維持されると予想される。さらに、情報社会の進展とも絡み合って、人・モノ・カネ・情報が大量に世界を対流する中にあってはその相互依存はますます強まり、日々の日常生活はそうした相互依存の中でしか成り立っていかない。「消費者市民社会（Consumer Citizenship）」という考えは、個人が、消費者・生活者としての役割において、社会問題、多様性、世界情勢、将来世代の状況などを考慮することによって、社会の発展と改善に積極的に参加する社会を意味している。つまり、そこで期待される消費者・生活者像は、自分自身の個人的ニーズと幸福を求めるとしても、消費や社会生活、政策形成過程などを通じて地球、世界、国、地域、そして家族の幸せを実現すべく、社会の主役として活躍する人々であ

る。そこには豊かな消費生活を送る「消費者」だけでなく、ゆとりのある生活を送る市民としての「生活者」の立場も重要になっている[29]。

このようにますます社会問題、環境問題などが深刻化する中で「消費者市民社会」への転換が求められ、個人の利益よりも社会の利益が優先だという考え方は次第に主流となっている。意識調査で見てみると、「個人の利益よりも国民全体の利益を大切にすべきだ」という人の割合は2000年を底に近年上昇を続けており、2008年に初めて50％を超えた[30]。

こうした消費社会の地殻変動は消費者私法ないし消費者政策にどのような影響を与えるのだろうか、深く吟味する必要がある。自己本位・利己主義は決して良いイメージとはいえないが、消費者の「人間性」から見ると、こうした利己的動機こそが、私人による権利実現を推し進める重要な原動力でもある。理想と現実の間で、いかに両者を調和していくかについて、今後、注目する必要がある。

2008年アメリカ発の世界金融危機を機に、市場原理主義・規制緩和がおおいに反省・批判され、1990年代以来行われた一連の構造・制度改革が再検討に迫られる。社会・経済情勢の変化が、経済政策ないし消費者政策の変化をもたらすことは必至であろう。こうした背景の下で、規制緩和の波に乗り、ここまで順風満帆だった消費者私法の推進は萎縮・挫折ないし後退に陥って、行政主導による消費者保護の復権が来るのではないかという危惧が隠せない。

これからの日本社会が低成長時代を迎え、経済成長の内在的圧力が一層強まると予想される。消費者保護の強化は、事業者が不利になって経済成長に悪影響を及ぼすという慎重論が次第に有力となっている。経済成長と消費者保護について、松本は、消費者保護が経済を成長させると指摘している。消費者が安心して市場に参加できるようなれば、まじめな事業者は利益を上げられるので市場は拡大するからである[31]。今後、消費者庁設置の動きを踏まえて、消費者政策の変化に留意する必要がある。

他方、中国の場合、高い成長率を果たした社会経済は、いよいよ終盤を迎え、これからは厳しい冬の到来なのではないかという悲観的な見方が増えている。WTO加盟以降に果たしていた高度成長の維持が難しいという警戒感から、政府は経済の発展に力を入れている。今後、中国の経済は未知の時代に突入するといわれるが、経済発展優先といった政策基調は変わらないと思われる。

2008年12月18日、改革開放30周年記念式典で、胡錦濤国家主席が公開演説を行い、今後の施政方針について、「不動揺、不懈怠、不折騰（動揺せず、怠けず、無茶をしない）」というスローガンを打ち出した[32]。これは、引き続き改革開放の方針を堅持しながら、慎重に政策決定を行うことを意味すると解してもよいだろう。このような施政方針は、消費者政策にどのような影響を与えるのか、興味深い問題である。

中国を含むアジアの開発途上国における消費者保護法には、一般に、経済発展にともなって自覚されるようになってきた消費者の利益を積極的に保護するという側面（保護的側面）と、市場経済のためのルール整備の一環としての側面（競争法的側面）とがある。前者は経済的発展の結果生じたことに対する対応策として現れ、後者は経済発展を進める目的で導入されるという点で、開発に対するベクトルは異なっている。そして、先進国においては、競争法的側面がより重視されるようになっている[33]。

中国においては、WTO加盟以降、国際ルールとドッキングするため、一連の立法や法改正が行われていた。従前より、競争政策の一環としての市場ルールの整備が重視されるようになった。2007年の独占禁止法の採択はこのような政策調整を反映するもっとも直接的な現れとして周知される。しかし、注意すべきなのは、独禁法の制定は単に競争促進・消費者保護といった国内競争環境の整備に着目することではなく、WTO加盟に伴う急増した国際資本の進出に対抗する手段としての側面を無視してはならないことである。消費者法全体から見れば、競争法的側面の内容はまだ限られたものであり、市場競争法律と消費者私法との交差は皆無に近い状態だともいえよう。

1990年代から始まった「国退民進（国有企業の後退と民間企業の邁進）」といったプロセスが中国の社会・経済構造に大きな変化をもたらした。おそらく、このようなプロセスは今後も続くと思われる。改革開放の初期にほぼ国有一色の企業勢力地図が大きく塗り替えられ、今の国有企業はエネルギー・金融・通信・鉄道など重要分野に集中し、消費者の日常生活と深く関わる食料・生活用品の生産者はほとんど民間の中小零細企業となっている。国有企業のほとんどが独占的地位を持つ超巨大企業で、政府の政策決定に強い影響力を持つ。他方、民間の中小零細企業は無秩序・過度の競争に陥り、さまざまな問題を引き起こした。消費

者の相手としてのこうした事業者構成の変化は、消費者私法の立法と実務に深刻な影響を及ぼす。従来型の消費者対国・国有企業といった非経済的要素が濃厚な対決スタイルが舞台から姿を消し、代わりに新生勢力としての資本主義が登場したのである。ここで、イデオロギーの威力が大きく後退し、新たに加わった利益集団の攻防が展開されるようになる。この意味で、日中の政治・社会体制が異なったものであるにもかかわらず、今後、消費者保護の分野において共通する問題がますます増えることも予想される。

　他方、消費者私法を前進させるために、計画経済アレルギーを克服しなければならない。統一契約法以降、学者主導の立法活動は次第に増えており、国の政策決定においても学者や有識者の発言力・影響力が強くなってきた。計画経済に対する反動でもあり、学者の圧倒的大多数は現行法から計画経済的成分を排除しようと考え、先進諸国と肩を並べる法制度の確立を目指している。しかし、計画経済時代のものを一律に過去の遺物として清算するのは決して建設的なやり方とはいえない。効率より社会正義を重視するという計画経済時代の考えは、今日の意思自治・契約自由への国家の介入と発想の共通する部分がまったくないとは言い切れない。例えば、ADRに関連する制度、それを改造する価値は十分ある。また、統一契約法の下で、特別法として消費者契約法を成立させるのも決して逆戻りではない。さらに、司法制度の改革について、民衆による裁判への参加など、法の先進国にも負けない「本土資源」がたくさん埋蔵されているのである。固定観念に阻まれずに、消費者私法の発展において、これからも学者の活躍がおおいに期待される。

（2）消費者保護の第三の道を探る

　松本が指摘したように、アジア諸国の消費者保護法が不十分だとされる場合として、次の3つの場合が考えられる。

　第1は、消費者に権利を与えたり、行政に一定の規制権限を与える立法が不備である場合である（実体法的不備）。第2は、消費者の権利を行使するための手続きや制度が不備であったり、紛争解決の機構が整備されていない場合である（手続的不備）。第3は、実体法も手続も存在しているが、その運用や執行が不十分であったり、でたらめであったりする場合（運用面での不備）である。最後の

場合は、人材が資質を欠いていることであり、人材的不備と言い換えてもよかろう[34]。

　このような基準を持って中国の現状を鑑みれば、3つの不備がすべて当てはまるといわざるをえない。実体法と手続の不備について、本書においてはすでに多くの筆墨を費やして説明を図ったが、とりわけ、人材の不備については再度強調したいと思っている。中国の法曹養成制度は1949年中華人民共和国の建国によって完全に破壊され、その後、10年にわたって混乱の続く文化大革命を経て、1980年代になってからようやく法律人材の養成が軌道に乗ることになった。1978年、法科大学生の養成が復活され、1986年、初回の弁護士資格試験が行われ、そして2002年、裁判官・検察官・弁護士の法曹資格試験として司法試験が実施されるようになった。振り返って見ると、本格的な法曹養成制度の確立はわずか二十数年足らずで、人材の不備は当たり前のことだといわざるをえない。

　法制度の構築は短時間でできるものといえるかもしれないが、人材の育成は相当な時間と精力を費やさないと不可能ともいえる。ここで、消費者の利益を速やかかつ確実に保護するため、法整備や人材育成と同時進行の形で、行政規制と消費者私法ルール以外の手段として、消費者保護の第三の道を真剣に考えなければならない[35]。

　いうまでもなく、消費者私法について、中国が日本に学ぶべきところが多い。しかし、もっと深く追究すると、これらの法制度のほとんどが欧米から伝来したものである。それゆえ、近年、欧米留学組の急増につれ、中国の法学者の多くはオリジナルを求め、欧米に目を移してしまうのである。

　しかし、島国としての日本が世界第2位の経済大国にまでたどりついた過去を振り返って見ると、必ず何か独自のものが背後に働いていると感じる。考えてみれば、それはやはりヒトという資源の最大限の利用にあると思われる。個々の平凡な人間が組織されると、非常に強い存在となり、また、組織と組織の間にさらに大きなネットワークを結成し、内部の自治と外部の交渉を協調して行動するのである。これこそが日本最大の強みであり、自主規制の基盤でもある。企業の自主規制が発生源から消費者紛争を防ぎ、消費者保護にとってもっとも効果的な手段だともいえる。他の国・地域と比べてみると、消費者トラブルの発生の少なさがそれを証明している。

もちろん、自主規制は国民性・ビジネス慣習・企業内部のノウハウなど、真似できないあるいは公開されない部分がある。体系化、制度化されるものもほとんど存在していないので、経験の伝授に難しい事情がある。

　日本型の企業自主規制を中国に普及させるには、まず業界団体の問題を解決しなければならない。中国現存の業界団体の多くは過去の行政機関から分離・独立したもので、政府の外郭組織の形で運営している。そのため、会員企業の求心力が弱く、団体自身も業界全体の発展に熱心ではない。今までいくつかの業界団体から「自律公約」が発表されたが[36]、一時的なパフォーマンスに過ぎず、実際の効果も消費者の期待感も薄い。

　個々の企業から見れば、経営者のモラルの意識の低さが最大の問題となっている。自主規制と消費者私法の関係について、消費者私法は裁判規範であると同時に、経営者の行動を規律する行為規範でもあるので、自主規制の強化と消費者私法の推進が矛盾することはないと思われる。しかし、自主規制は法令順守を意味するものとはいえ、強制力のない努力義務、あるいは法にまったく触れない経営モラルの問題について、行為規範としての消費者私法には到底限界がある。ここで、経営者のモラル意識の向上とマスコミの活躍が期待される。

　日本においては、近年、欧米流のコンプライアンスの理念が導入され、CSR（企業の社会的責任）とともに非常に重視されている。コンプライアンス法整備から見れば、公益通報者保護法（2004年）[37]、金融商品取引法（その一部が日本版SOX法と呼ばれる）（2006年）などが相次いで制定され、企業内部統制の強化によって、消費者利益の援護を図る。中国の実情を考えると、このような法整備は時期尚早だといえるかもしれないが、将来に備え、日本におけるコンプライアンス立法の経験を学び、また、法施行の効果を研究することは、中国の消費者保護に新たな可能性をもたらすことを意味する。

〈注〉

1)　細川幸一『消費者政策学』成文堂、2007年、p.1。
2)　劉俊海「中国加入世貿組織後消費者権益保護前瞻」中国民商法律網収録。
　　http://www.civillaw.com.cn/article/default.asp?id=26149
3)　日本弁護士連合会編『消費者法講義』日本評論社、2004年、p.17。

4)　細川幸一前掲書、p.11。
5)　「国民生活白書（平成 20 年版）」p.78 参照。
6)　大村敦志『消費者法』有斐閣、1998 年、p.19 以降参照。
7)　大村敦志前掲書、p.20。
8)　日本弁護士連合会編前掲書、p.18。
9)　日本弁護士連合会編前掲書、p.19。
10)　日本弁護士連合会編前掲書、pp.11-12。
11)　梁彗星「消費者権益保護法第 49 条的解釈与適用」『人民法院報』2001 年 3 月 29 日。
12)　EC 不公正契約条項指令第 2 条 b 号において、消費者とは、「自己の営業、事業または専門職業外の目的で行為する自然人」と定義されている。松本恒雄・鈴木恵・角田美穂子「消費者契約における不公正条項に関する EC 指令と独英の対応」『一橋論叢』第 112 巻 1 号（1994 年）、p.2 参照。
13)　消費者の外延が「単位と個人」と定めている地方の消費者立法としては、上海市（1994 年改正）、湖南省、江西省（1997 年改正）、黒竜江省（1995 年）、貴州省（1994 年）、河南省（1995 年）、深圳市（1996 年）、海南省（1997 年）などの地方条例が挙げられる。王利明「消費者的概念及消費者権益保護法的調整対象」『政治与法律』2002 年 2 号、p.6 参照。なお、これらの地方消費者保護条例は、消費者権益保護法が採択される前に成立したものと採択される後に成立したもの両方が含まれ、明確な定義がなされていないため、中央の消費者立法ないし立法過程に隠された立法の趣旨が地方に及ばないことが分かる。
14)　梁彗星前掲論文参照。
15)　大村敦志前掲書　p.22。
16)　吉村良一『不法行為法』有斐閣、1995 年、p.237 参照。
17)　消費者取引に関連する過去の判例について、大村敦志『判例・法令　消費者法』有斐閣、1994 年、参照。
18)　落合誠一『消費者契約法』有斐閣、2001 年、p.51。
19)　李昌麒「弱勢群体保護法律問題研究—基於経済法与社会法的考察視角」『中国法学』2004 年 2 号、p.81 参照。
20)　来生新「消費者主権と消費者保護」『岩波講座・現代の法 13』岩波書店、1997 年、p.281 参照。
21)　この事件の一審判決に対する評釈は、陳実・馬億南「在消費者的言論自由与経営者的名誉権之間—対『恒昇筆記本電脳案』一審判決的批判」『南京大学法律評論』2000 年春号、p.172 以降参照。また、消費者保護の観点からの評釈として、張厳方『消費者保護法研究』法律出版社、2002 年、p.99 参照。
22)　大村敦志前掲書、p.23。
23)　張衛平教授による指摘。張衛平『訴訟的構架与程式：民事訴訟的法理分析』清華大学出版社、2000 年、p.350 参照。

24) 田中英夫・竹内昭夫「法の実現における私人の役割―日米の比較を中心として」『法学協会雑誌』1971 年、pp.88-89
25) 謝暁堯「消費者：人的法律形塑与制度価値」『中国法学』2003 年 3 号、p.24。
26) 例えば、反対派の意見として、梁慧星は、「経験法則」に基づいて、大量の商品を購入することは明らかに「生活消費」を超える行動とみなされ、法律上の消費者として認めるべきではないと主張している。梁慧星「消費者権益保護法第 49 条的解釈与適用」『人民法院報』2001 年 3 月 29 日参照。賛成派の意見として、王利明は、転売などの事業目的でないかぎり、商品購入時の動機を問わず、消費者としての地位を認めるべきだと主張している。王利明「消費者的概念及消費者権益保護法的調整対象」『政治与法律』2002 年 2 号、pp.8-9 参照。
27) （日本）民事訴訟法第 248 条、（損害額の認定）損害が生じたことが認められる場合において、損害の性質上その額を立証することが極めて困難であるときは、裁判所は、口頭弁論の全趣旨および証拠調べの結果に基づき、相当な損害額を認定することができる。
28) 2008 年版国民生活白書「消費者市民社会への展望―ゆとりと成熟した社会構築に向けて」
http://www5.cao.go.jp/seikatsu/whitepaper/h20/10_pdf/01_honpen/index.html
29) 2008 年版国民生活白書、p.2 参照。
30) 2008 年版国民生活白書、pp.2-3 参照。
31) 「『消費者保護』は、経済を成長させる―松本恒雄・一橋大学大学院法学研究科教授が語る消費者問題史」日経ビジネス オンライン、2008 年 4 月 8 日記事。
http://business.nikkeibp.co.jp/article/topics/20080404/152289/?P=1
32) 胡錦濤：改革開放 30 周年記念大会における演説（全文）
http://www.chinadaily.com.cn/hqzg/2008-12/18/content_7318929_3.htm
33) 松本恒雄「総論・アジア諸国の消費者保護と法」『アジ研ワールド・トレンド』2003 年 8 号、p.5 参照。
34) 松本恒雄前掲論文、pp.5-6。
35) 自主規制に関する議論は、松本恒雄ほか「新春座談会：コンプライアンスと消費者取引―消費者保護をめぐる第三の道の展望（上・下）」『NBL』No.752-753（2003 年）参照。また、国民生活審議会消費者政策部会自主行動基準検討委員会の最終報告として、「消費者に信頼される事業者となるために―自主行動基準の指針」2002 年 12 月参照。
http://www.consumer.go.jp/seisaku/shingikai/report/finalreport.pdf
36) 例えば、中国インターネット業界自律公約（2002 年）、中国銀行業自律公約（2005 年）。
37) 公益通報者制度について、落合誠一ほか「新春座談会：企業法務からみた公益通報者保護制度―消費者保護と企業コンプライアンス」『NBL』No.776（2004 年 1 月 1 日）参照。また、同法の解説について、上村秀紀「公益通報者保護法の解説」『NBL』No.790（2004 年 8 月 1 日）参照。

■著者紹介

周　勇兵（しゅう　ゆうへい）

　　1967 年　中国福州市生まれ
　　1989 年　中国西南政法大学法学部卒業
　　1990 年　中国弁護士登録
　　2009 年　一橋大学大学院法学研究科博士課程修了
　　　　　　（法学博士）
　　現　在　中国西南政法大学経済法学院準教授

消費者私法の比較法的研究
── 日中の比較を通じて ──

2011 年 11 月 20 日　初版第 1 刷発行

■著　　者──周　勇兵
■発 行 者──佐藤　守
■発 行 所──株式会社　大学教育出版
　　　　　　〒700-0953　岡山市南区西市 855-4
　　　　　　電話 (086) 244-1268　FAX (086) 246-0294
■印刷製本──モリモト印刷㈱

© Zhou Yongbing 2011, Printed in Japan
検印省略　落丁・乱丁本はお取り替えいたします。
本書のコピー・スキャン・デジタル化等の無断複製は著作権法上での例外を除き禁じられています。本書を代行業者等の第三者に依頼してスキャンやデジタル化することは、たとえ個人や家庭内での利用でも著作権法違反です。

ISBN978-4-86429-103-3